JN313088

9.11テロ疑惑国会追及

オバマ米国は変われるか

藤田幸久 編著
デヴィッド・レイ・グリフィン　きくちゆみ　童子丸開　千早

クラブハウス

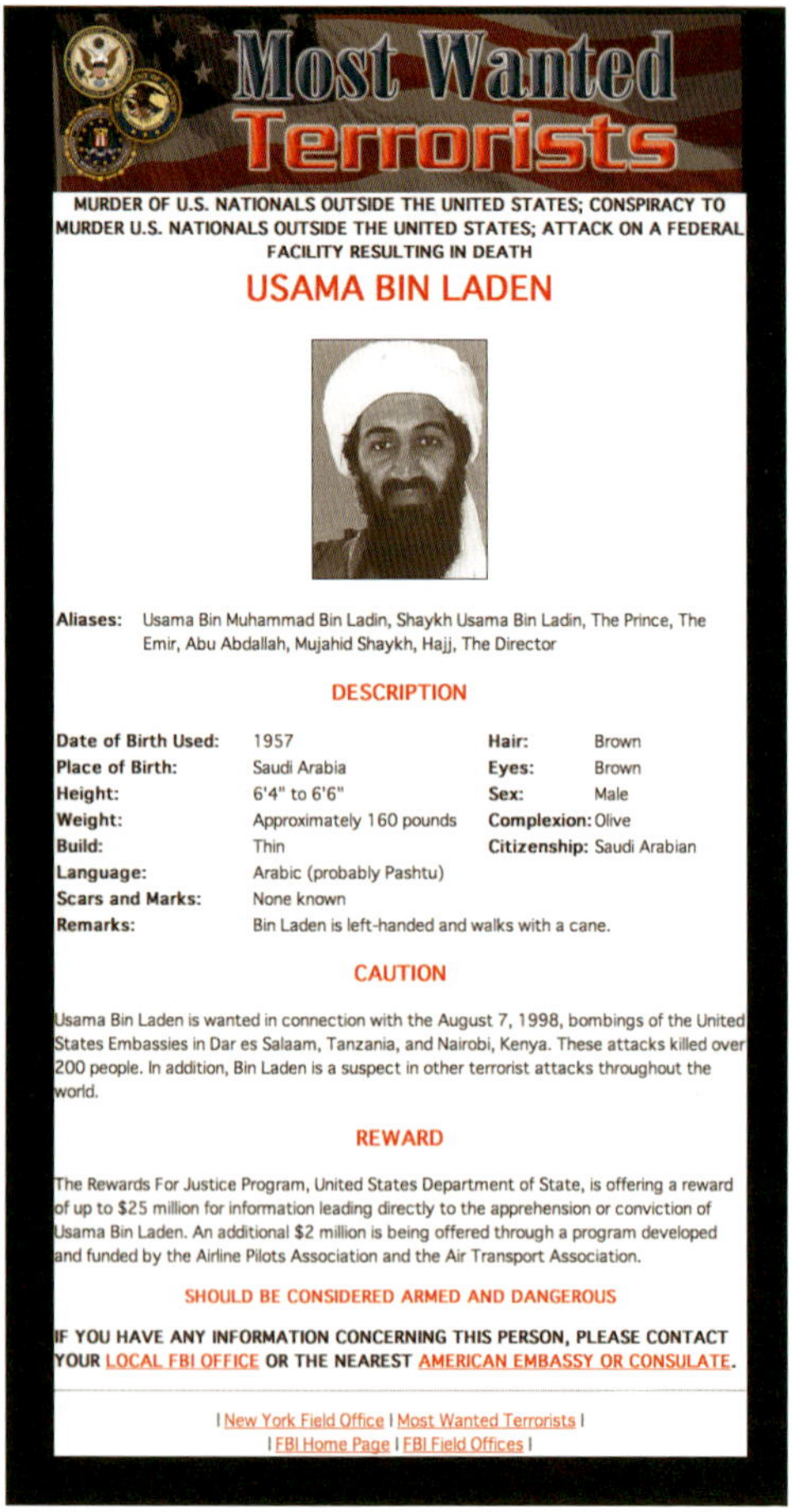
Most Wanted Terrorists

MURDER OF U.S. NATIONALS OUTSIDE THE UNITED STATES; CONSPIRACY TO MURDER U.S. NATIONALS OUTSIDE THE UNITED STATES; ATTACK ON A FEDERAL FACILITY RESULTING IN DEATH

USAMA BIN LADEN

Aliases: Usama Bin Muhammad Bin Ladin, Shaykh Usama Bin Ladin, The Prince, The Emir, Abu Abdallah, Mujahid Shaykh, Hajj, The Director

DESCRIPTION

Date of Birth Used:	1957	**Hair:**	Brown
Place of Birth:	Saudi Arabia	**Eyes:**	Brown
Height:	6'4" to 6'6"	**Sex:**	Male
Weight:	Approximately 160 pounds	**Complexion:**	Olive
Build:	Thin	**Citizenship:**	Saudi Arabian
Language:	Arabic (probably Pashtu)		
Scars and Marks:	None known		
Remarks:	Bin Laden is left-handed and walks with a cane.		

CAUTION

Usama Bin Laden is wanted in connection with the August 7, 1998, bombings of the United States Embassies in Dar es Salaam, Tanzania, and Nairobi, Kenya. These attacks killed over 200 people. In addition, Bin Laden is a suspect in other terrorist attacks throughout the world.

REWARD

The Rewards For Justice Program, United States Department of State, is offering a reward of up to $25 million for information leading directly to the apprehension or conviction of Usama Bin Laden. An additional $2 million is being offered through a program developed and funded by the Airline Pilots Association and the Air Transport Association.

SHOULD BE CONSIDERED ARMED AND DANGEROUS

IF YOU HAVE ANY INFORMATION CONCERNING THIS PERSON, PLEASE CONTACT YOUR LOCAL FBI OFFICE OR THE NEAREST AMERICAN EMBASSY OR CONSULATE.

| New York Field Office | Most Wanted Terrorists |
| FBI Home Page | FBI Field Offices |

口絵写真A：これはFBIホームページにあるビンラディンの指名手配書だが、ここにはビンラディンが9・11事件の犯人であるとは書かれていない！　またFBIはこれまで19名の実行犯を特定した根拠を明確にしていない（第4章―1）

口絵写真 B：ペンシルバニア州シャンクスビルの「UA93便墜落現場」／燃料を満載した主翼が地面と激突して凹みができたとされる場所で、元気に草が生えている！（第４章－2）

口絵写真 D：「UA93便墜落現場の地中から掘り出された乗っ取り犯のパスポート」／この人物は事件後も他の国で無事に生きていた（第４章－2）

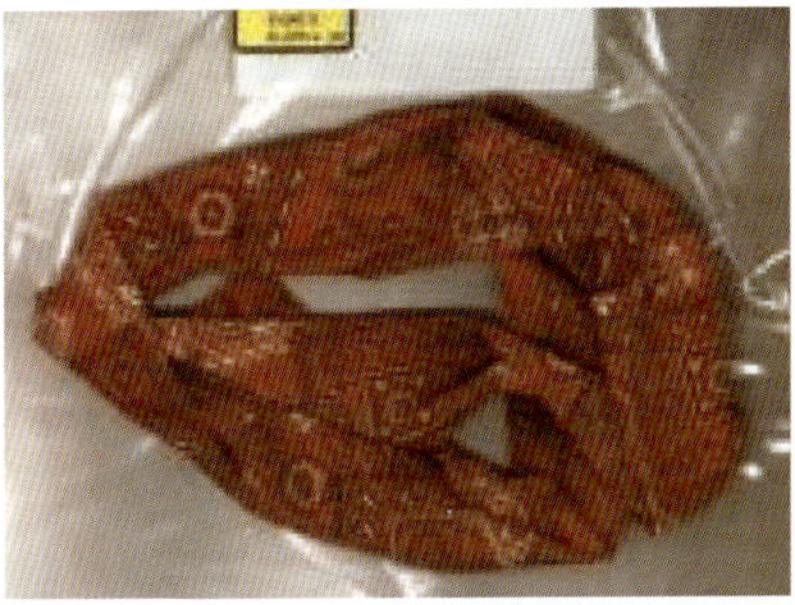

口絵写真 C：大型飛行機の残骸が影も形も無い「UA93便墜落現場」の地中深くから「掘り出された」と公表のあった、新品同様の「テロリストのバンダナ」（第４章－2）

口絵写真E：ペンタゴン「AA77便激突現場」／飛行機の残骸らしいものはどこにも見えないのだが（第４章－3）

口絵写真F：実際のボーイング757よりはるかに短い主翼と横にねじ曲がった垂直尾翼。しかも外壁に激突したのに機首も翼も壊れずにビルを付きぬけたという、とうてい信じがたいペンタゴン当局の説明（第４章－3）

口絵写真G：左下白点線円の部分に注目。「飛行機激突箇所」からは完全に陰になる、ヘリポート・タワーの裏側なのだが（第４章－３）

口絵写真H：上の写真を拡大して明度を上げると数個の「77 便の残骸」とおぼしきものが見える。この場所に激突のはずみで飛んできたとは考えにくい。しかしＦＢＩによる現場検証と残骸の収拾はまだ始まっていない。舞台裏のずさんな演出だろうか？（第４章－３）

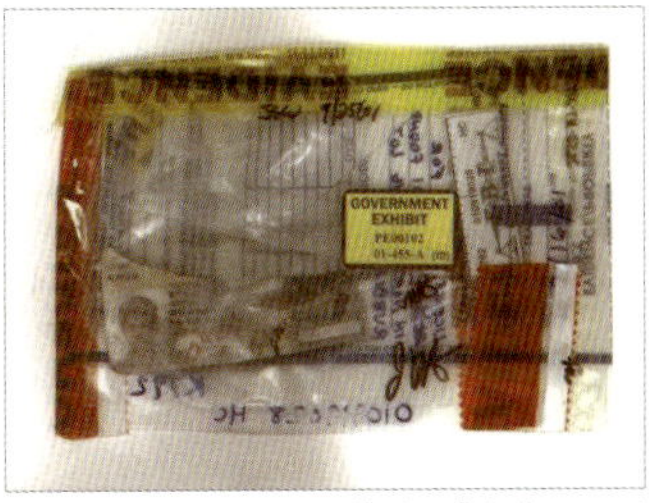

口絵写真Ｉ：AA77便の機体を「消滅させた」ペンタゴンの火災の中で生き残った（？）テロリストのプラスチック製IDカード（第４章－３）

口絵写真Ｊ：「AA77便激突箇所」を正面に見るが、飛行機はいったいどこにぶつかったのだろうか？手前の芝生には残骸が全く見えないのだが（第４章－3）

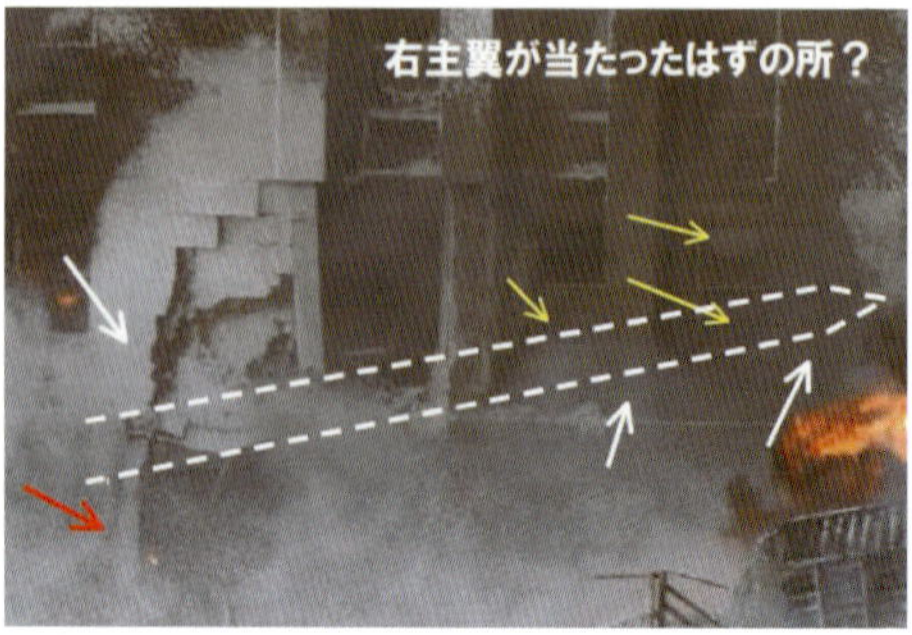

口絵写真Ｋ：ペンタゴン外壁に右主翼が激突した箇所（白い点線）付近。表面の石灰岩（白い矢印）も、窓のガラス（黄色い矢印）も、外壁の柱（赤い矢印）も壊れずに残っている（第４章－3）

口絵写真Ｌ：激しく爆発して飛び散るツインタワー第2ビル（南タワー）上層階／何の力がこんな現象を引き起こしたのだろうか？（第５章－1）

口絵写真Ｍ：130メートル以上離れたビルの壁、地上70メートル付近に突き刺さるWTC第１ビルの外周鉄骨（第５章－2）

口絵写真N：WTC第2ビル崩壊後に、火山爆発の火砕流を思わせる巨大な粉塵の雲がガレキの落下した場所で発生し、猛烈な勢いでマンハッタン南部を襲った（第5章－2）

口絵写真O：パウダー状に粉砕されたツインタワー建材（痛ましいことだが犠牲者の遺体をも含むかもしれない）（第5章－3）

9.11テロ疑惑国会追及

オバマ米国は変われるか

はじめに

ついに歴史の流れが変わった。世界に広がる「テロとの戦い」の検証

ブッシュ政権の「過ち」に対する米国議会や国連、英国による検証の動き

2009年2月アメリカ上院のリーヒー司法委員長は「ブッシュ政権による拷問の指示やイラク戦争開始などの8年間の「過ち」を検証する真実・和解委員会」の設置を提案した。下院のコンヤーズ司法委員長も「ブッシュ政権の戦争権力と市民的自由に関する特別委員会」の設置法案を提出した。

一方、国連の拷問に関する特別報告官のノワク教授は「ラムズフェルド元国防長官が拷問を承認したという充分な証拠があることを国連に報告した」と述べた。

英国では1月にミリバンド外相がガーディアン紙に「〝テロとの戦い〟は誤りだった」という論文を寄稿した。これまでにもブッシュ大統領の盟友のブレア政権で、イラク戦争や9・11の疑惑について発言して要職を辞した主要政治家は3人もいた。ミーチャー元環境大臣、ショート元国際開発大臣、そしてクック元外務大臣である。

「9・11委員会報告書」に疑問を呈する各国の首脳、外交官、軍人、航空管制官、パイロット、消防士、建築家、科学者、被害者家族、目撃者、FBI・CIA職員

テロとの戦いの原点である9・11に関する委員会報告が2004年7月に発表されたが、これに対しさまざまな立場の人々から以下のような多くの疑問点が指摘されている。

①報告書をまとめたケイン元ニュージャージー州知事とハミルトン元下院議員が「CIAや連邦航空局などが多くの情報を隠蔽した」と報告書の信頼性を自ら否定。
②FBIはビン・ラディンの9・11への関与を断定できず、容疑者を正規に起訴していない。
③FBIがハイジャック犯として公表した19人のうち8人が生存とBBC等が報道。
④4機の航空機の乗客名簿、フライトレコーダーなどの一部しか公開されず、4機の残骸も、強固なタービンエンジンまでもほとんど残っていない。
⑤ペンタゴンに突入したとされる大型旅客機の映像も突入した後の映像もなく、建物の中にも前庭にも機体の残骸や遺体の写真がほとんどない。
⑥飛行機が突入していない47階建ての世界貿易センター第7ビルが、小規模な火災によって6・5秒の超高速で倒壊した。真空状態で落とし穴に吸い込まれるように。
⑦9・11の数日前に、事件で大損害を受けた航空会社に対する大量のプットオプション買いや、金や石油市場の不可解な売買が行われたと、ヴェルテケ・ドイツ連邦銀行総裁が証言。

世界初の9・11テロ疑惑国会追及が、EU議会、そして世界へ。
オバマは、世界史の流れを変えられるだろうか？

9・11テロの疑惑について国会でまとめた質問を行ったのは世界で私が最初と言われる。数回の質疑で明らかになったのは、「24名の日本人が犠牲になっており、テロとの戦いは他人事ではない」と日本政府が度々宣伝したにもかかわらず、捜査情報や事故調査委員会報告を米国側に求めた形跡も無ければ、被害者家族の救済もまともに行っていない姿だ。

私の質問によって、やっとテロ被害者救済策の検討が始まった。そしてNHKで中継された私の国会質問が、日本のマスコミが沈黙するなか、数ヶ国語に訳され、You Tubeで世界に配信された。そして真相解明の動きをEU議会、欧州や豪州で講演することになった。

2008年の大統領選挙でオバマ大統領に圧倒的勝利を与えた最大の功労者は、あのおかしな戦争と、100年に一度の金融危機を生んだブッシュ大統領であるとも言われる。世界に不幸をもたらしたブッシュのアメリカを変えるためには、その原点である9・11を直視し、検証することが不可欠である。

世界の様々な市民のネットワークが今、国境を超え、疑惑解明のダイナミックな活動を展開している。本書は、その一翼を担った、私の粘り強い国会追及の記録である。

二〇〇九年三月十一日

藤田幸久

目次

第2章　日本にも広がり始めた疑問の声　藤田幸久

第5章 ツインタワー全面崩壊への明確な視点 童子丸開

【本書に出てくる人名、用語などの主な表記事例一覧】

チェイニー米国副大統領↓　チェイニー
オサマ・ビンラディン（テロ首謀容疑者）↓　ビンラディン
ウィリアム・ロドリゲス（元世界貿易センタービル保守管理人）↓　ロドリゲス
デヴィッド・レイ・グリフィン博士（神学者）↓　グリフィン博士
モハメッド・アタ（容疑者）↓　アタ
トーマス・キーン元知事（9・11委員会の共同議長）↓トーマス・ケイン元知事
グレゴリー・ゼイグラー（ズィーグラー）元陸軍情報将校　↓　グレゴリー・ジーグラー（共同通信表記）
リチャード・クラーク前大統領特別顧問　↓　クラーク
テッド・オルソン司法省訟務長官　↓　テッド
NISTの訳は米国大使館の表記に従い『米国標準・技術院』とした
FEMAの訳は米国大使館の表記に従い『連邦緊急事態管理庁』とした
※人名などの複数の公的な発音表記は、主に共同通信表記に準ずるが例外もあります
※人名は章や引用文によっては、デビッド、デイビッド表記もそのまま併記した

9・11の真の被害者はアフガニスタンの子供

2002年6月。私は民主党アフガニスタン調査団団長として、アフガニスタンを訪問した。

駒野欽一日本大使のご協力をいただき、緊急国民大会議（ロヤ・ジルガ）で移行政権の大統領に就任したばかりのカルザイ大統領に、日本の政治家として木俣佳丈参議院議員とともに初めて会談することとなった。

大統領は、かん高い声で「もはや北部だ、南部だという地域も、パシュトゥン人だ、タジク人だという区別も軍閥もない、新しいアフガニスタンの始まりだ」と熱い思いを語ってくれた。民族衣装をイキにまとった彼からは、1週間に及ぶロヤ・ジルガの難産を経て、新政権を樹立できたという興奮があふれていた。

2001年9月11日のアメリカ同時多発テロを支援し

2002年、日本の政治家として初めてカルザイ大統領と会談

たタリバンに対する米国主導の空爆を逃れて、アフガニスタン市民の多くが、パキスタンに流出し、難民と化していた。民主党は、アフガニスタン難民の支援活動を2001年11月から始めていた。それ以来、パキスタンのペシャワールと首都カブールに、日本の政党としては初の駐在員事務所を設けて人道支援活動を行ってきたが、私は、新政権の誕生にともない、その幕引きの任務を授かっていた。いわば、平和のバトンを渡すために、アフガニスタンへ向かったのである。

皮肉なことに、この訪問は私に「テロとの戦い」の本質を学ぶ重要な視点を与えてくれることになった。カブールに向けて出発する直前に、「明るい社会作りの会」というNGOの田中常隆さんから、9・11の1周年に同時多発テロの犠牲者を追悼するチャリティ・コンサートを開催したいので、その募金の受け皿となる学校作りのプロジェクトを探してきてほしいという依頼を受けた。

「なぜアメリカの犠牲者の追悼にアフガニスタンを?」

「9・11とは何の関係もないアフガニスタンの子供たちが犠牲になっているのは本当に心が痛みます。そうした子供たちを支援しようということになったのです」田中さんの答えは、衝撃的だった。

9・11は、アメリカ同時多発テロを支援したタリバンに対する空爆を、アフガニスタンにもたらした。その結果、アフガニスタン市民の多くが難民としてパキスタンに流出した。

私は、アフガニスタンの新政権樹立とともに、民主党がパキスタンに構えた駐在員事務所の幕引きのためにカブールを訪れたのだが、そこで知ったのは、平和のバトンを渡す形で、人道支援活動を終了するという穏やかなものではなかった。アメリカがどこにあるかもわからない子供たちが、空から降ってくるその見えない敵によって投下された爆撃によって傷ついた姿だった。

こうした紛争直後の途上国で信頼できる現地の援助の受け手を見つけるのは至難の業である。だが、幸い民主党の青葉博雄駐在員の紹介でシュハダ・オーガニゼーションというNGOの代表で、人権委員会委員長でもある女医のシマ・サマルさんにご縁をいただいた。そして、タリバンによる巨大な仏像破壊が行われたバーミヤンに小学校を建設する話をまとめることができた。

小山宙丸元早稲田大学総長を実行委員長とするチャリティ・コンサートは9・11の1周年に当たる2002年9月11日に東京芸術劇場で開催された。コンサートは盛況で、その収益700万円で翌2003年8月に「希望小学校」という学校をバーミヤンに完成させることができた。「アフガニスタンの市民こそ、気の毒だ」という素朴な直感を、大多数の日本の国民が抱いていることは、アメリカ軍によるアフガニスタン空爆が終わった2001年の年末にも身近に感じることができた。

当時私は、東京都北区の田端に自宅があった。火の用心の夜回りの納会で、町会長の高橋幹二さんが語ったことが、今も胸に残っている。

「アメリカ軍による攻撃は、最新ハイテク兵器を敵地に送り込んで爆撃するだけで、兵士は一人も地上に送らない。米軍兵の損害を最小に抑えるためと言うが、それならアフガニスタン人の命はどうでもよいということですか！　命の値段に格差があるんですかね？　藤田さん」

また、最近私は9・11の日本人被害者24人のご家族の方々数人とお会いした。そのお一人に、一人息子の敦さん（当時36歳）を失った白鳥晴弘さんがいる。

白鳥さんは、オサマ・ビンラディンのような男が「何故このようなことをしたのか?」という強い怒りから、「ビンラディンに会いたい」、そして彼に直接それを確かめたいとの思いで、パキスタンに飛ぶ。そこで、カタールの衛星テレビ「アルジャジーラ」の特派員に「私はアメリカが絶対の正義だとは思わない。しかし息子はあなたが起こしたテロで殺された。あなたの本意を聞かせて欲しい」と書かれているビンラディン宛の手紙を手渡した。

そこからアフガニスタンに飛んだ白鳥さんは、米軍の圧倒的な戦力と、空爆の犠牲者や貧困などの対比を見て「世界の富は偏りすぎている。自爆テロも空爆も、子どもには責任はない。悪いのは大人たちと政治だ」と感じる。そして、たびたびアフガニスタンを訪れて、子どもの教育支援活動を続けている。「報復によらないテロの撲滅こそが息子の遺志ではないか」との思いで。

たった一人の息子さんを失った悲しみを、白鳥さんが完全に断ち切れたとは思えない。しかし、私は、あの事件が引き金となって、大きな悲しみと憎しみの連鎖が世界中に広がっているのを断ち切るためにも、9・11の真相を解明しなければならないという思いを深めた。私は9・11の真相を究明する行動を起こしていた。

与党、防衛省、外務省幹部の中にもあった疑問の声

9・11の真実をたぐり寄せるにあたって、錯綜する情報に惑わされないようにする必要があった。9・11直後から、「マンハッタンで働くユダヤ人には事前に情報が流れ、その日会社に出勤しなかったので全員助かった」といった噂が流れたが、その後、ユダヤ人の犠牲者もいたこと

が明らかになった。少なくとも、この事件については入手する情報を自分の立場で吟味する必要がある。その中で、ある自民党の幹部が、このように語ってくれたのである。

「アメリカ国防総省（ペンタゴン）への飛行機の突入やペンシルバニアへの飛行機の墜落などは、どう考えてもおかしい。ただこれはブッシュ家につながることなので、あまり突き詰められないんだよね！」

政権中枢に近かったその人の言葉が、私には鮮明に残っている。

その後、9・11の認識を疑わざるを得ない数々の情報に出会うことになった。ある防衛省の情報・調査専門の元幹部が、各国のインテリジェンス情報を基に「アメリカ自身の関わりの疑いもある」と語っていたこと。外務省の元大物大使でこうした情報の存在を明言している人がいたこと――。

調べれば調べるほど、巷で言われている事実とは遠くなっていく9・11に、私は改めて疑いの目を向けざるを得なくなったのである。

テロとの戦いは他人事ではない、と言いながら、9・11は他人事のような日本政府

数年前、民主党青年局主催のアフガニスタンに関するシンポジウムでパネリストとして同席したのが、きくちゆみさんとの出会いだった。

彼女から「ボーイングを捜せ」というDVDを頂いたのが、私の9・11に関する疑問の始まりだった。さらには、ベンジャミン・フルフォード氏の「暴かれた9・11疑惑の真相」（扶桑社）

などを読み、ペンタゴンの建物の損傷が突入した大型機の機体に比べて小さすぎることなどが私に大きな疑問を与えた。

しかし、アメリカ政府が公式にアルカイダの犯行だと断定し、アフガニスタンへの戦争まで始めているのだから、まさかアルカイダ以外の犯行などはあり得まいというのが当時の私の思いだった。

その間に、日本は、この事件を契機としてアフガニスタンやイラク戦争への自衛隊派遣へと巻き込まれていった。

国際NGO出身初の国会議員として、衆議院議員を2期東京で務めた後、落選していた私は、2007年7月に故郷の茨城県から参議院議員選挙で当選して国政復帰を果たした。

民主党が参議院第一党になった、いわゆる「衆参ねじれ国会」の最重要法案はテロ特別措置法による自衛隊のインド洋給油活動の延長法案であり、私はその法案を審議する外交防衛委員会の理事と民主党次の内閣の防衛副大臣に就任した。

しかし、世界における日本の信頼の全てがかかっているかのように鳴り物入りで審議に入った新テロ特別措置法案だが、政府は「ニューヨークの同時多発テロで24人の日本人が犠牲になったんです。テロとの戦いは他人事ではなく、日本自身の問題なんです！」とテロとの戦いの意義を強調するものの、肝心の同時多発テロの根拠については、「ブッシュ大統領がこう発言した」、「アメリカ政府の発表によれば～」、といった他人事のような答弁に終始した。

自衛隊の海外派兵のあり方と日本の安全保障政策を大きく変えたテロとの戦いの原点を避け続ける日本政府やマスコミの姿勢を見て、私は、9・11同時多発テロへの疑問をさらに深めざるを得なくなった。

各国の大統領、軍人、航空管制官、消防士、被害者家族に広がる疑問の声

そんな折、私は世界貿易センター第7ビル崩壊のビデオを見る機会があった。飛行機が突入しておらず、大した火災も起きていないのに、47階建ての超高層ビルが、まるで歌舞伎のせり舞台がスーと沈むように、6・5秒という自由落下速度で消えていく映像である。

しかもブッシュ大統領と議会が任命した「9・11委員会報告書」には、この第7ビル崩壊の理由に関しては何も触れられていない。これは極めて不自然である。

Patriots Question 911.com というサイトを紹介してもらったが、これには世界各国の①大統領、首相、大臣、議員などの公職経験者、②外交官、軍人、FBIやCIAなどの政府関係者、③パイロット、航空管制官、事故調査官、警察官、消防士、弁護士などの専門家、④建築家、構造専門家、科学者などの学識経験者、⑤ジャーナリスト、NGO活動家、⑥被害者家族や目撃者、学生などの市民など合計1200人以上のテレビ、新聞、議会などでの発言が掲載されている。つまり、政治家、各分野の技術者や科学者といったスペシャリスト1200人以上が、「アメリカ政府の9・11公式見解はおかしい」と疑問を唱えているのである。

またアメリカ、カナダ、欧州などでの世論調査で、アメリカ政府が何か隠している、ウソをついていると思っている市民が相当いるという事実にも目を見張った。これらを見逃すわけにはいかなかった。

テロは戦争ではなく犯罪だが、9・11は武力攻撃とする福田総理

私は、2007年11月28日の新テロ特別措置法の参議院での最初の審議を行う本会議で、福田康夫首相に質問できる機会を得た。

「総理、テロリズムは犯罪ですか、それとも戦争、つまり武力紛争ですか？（中略）テロとの戦いとは、誰の誰に対する戦いですか？　これが不明確であるが故に、「不朽の自由作戦」（OEF）が「無差別、報復的」になり、（中略）最近の軍事活動は、むしろテロを誘発し、憎しみの連鎖をもたらしています。対テロ戦争のあり方の検証と見直しが必要と思われますが、お答え下さい」

私の質問に対して、福田首相は次のように答えている。

「国際社会は、いわゆる典型的なテロ行為に該当するものについてはこれを犯罪とし、（中略）これを処罰するための法的枠組みを着実に整備してきております。（中略）他方、911テロ攻撃は、高度の組織性、計画性が見られるなど、通常のテロの事例とは次元が異なり、国連憲章第51条による武力攻撃に当たるものと考えられます。（中略）この米国の行動は適法な自衛権の行使であると考えております」

テロ犯人の捜査も、日本人被害者の遺体確認も、事故調査委員会の説明も求めない

このやり取りを経て、2008年1月10日の参議院外交防衛委員会で、私は福田首相他の閣僚に質問する機会を得た。国会が再々延長された上での新テロ特措法案の採決を行う質疑で、

NHKのテレビ中継入りだった。私は、ペンタゴンや世界貿易センターの写真数枚の拡大パネルを使って質問を行った。9・11については30分ほどしか質問できず、予想された通り紋切り型の答弁が続いたが、日本政府の対応で重要な点が幾つか明らかになった。

第一に、日本人犠牲者24人のうち、遺体確認がされないために米国の裁判所によって死亡宣告がされている犠牲者が11人いるが、驚いたことに、日本政府はその方々の資料すら持っていない。DNA鑑定が行われたかについても、「そう推測できる」という答弁である。

その後私は、政府に対する質問主意書でやりとりをしたが、福田総理は、「テロは犯罪である」と答弁しているにもかかわらず、日本側捜査当局は他の犯罪で行うような厳密な捜査活動は行わず、その後も捜査情報などを米国当局に求めたり、事故調査委員会に説明を求めた様子もない。犠牲となった24人の方の家族に対しても適切なケアも行っていない。現地領事館が米国の各機関から入手した分厚い英語の書類を遺族に送りつけたり、年に一度の追悼行事に案内するといった程度のことしかやっていないのである。

やっとテロ被害者救済に動き始めた日本政府

私は2008年10月22日の参議院本会議で、「家族の皆さんは、拉致問題では政治家が動いたが、911に関してはだれも全く動いていない、拉致家族は忘れられないが、911被害者家族は無視されているとの強い思いをお持ちです」と河村健夫官房長官に訴えた。これに対し、長官は「海外でのテロ被害者については、当該テロ事件を指定した特別措置法を迅速に制定することなどの対応が考えられますが、具体的事案に応じた必要な救済措置が検討されるべきものと考えます」と前向きな答弁を行った。そして、その日の記者会見で、「現在、国内では犯罪に巻き込まれた場合に本人や家族に国が給付金を支給する制度があるが、国外での犯罪は対象外だ。検討をすべきだと思い、早急に検討に入るよう（内閣府に）指示した」と述べた。

　7年経ってやっと山が動き始めた。

増大する疑惑と拡大する公式報告の矛盾

　テロは犯罪と明言しておきながら、事件に関する刑事手続きや遺族へのケアが全くなされていないのは、驚きである。それ以上に重要なことは、２００８年1月10日の参議院外交防衛委員会での私の9・11に関する質問に対し、福田首相をはじめ、他の閣僚や議員からヤジや反論がまるでなく質疑が続いたことだ。質疑の最中、大臣席や与党の議員達も、私が配布した資料に食い入るように目を通し続けたのである。

　この委員会に臨むにあたって、私はPatriots Question 911.comのサイトから大統領経験者を含む各国の専門家の証言や、世論調査の翻訳の一部を配っていた。「与党や政府関係者も情報を持っていたり、疑問を感じていた人々も少なくないのではないか」と考えていたが、おそらく間違いないだろう。そして、この質疑は世界各国に広がることとなった。

　ＮＨＫで放映された質疑の映像に、誰かが英語の字幕を付けてネット上で配信し、それを基に、フランス語、ドイツ語、スペイン語、イタリア語、そしてスロバキア語の字幕へと広がった。その結果、ジュリエット・キエザ欧州議会議員（イタリア）の招きで、2月26日にベルギーの欧州議会で開催された9・11に関するパネル・ディスカッション、3月1日の9・11NGO欧州会議（オランダ）、3月15日〜16日の9・11真相究明国際会議（オーストラリア）で講演することになった。

2004年7月に米国の公式報告である「9・11委員会報告書」が発表されて以来、多くの矛盾点が加速して指摘されるようになった。

主な疑問点を挙げると以下のようになる。

(1) ペンタゴン

1 ハイジャックされたボーイング757型大型旅客機（アメリカン航空77便）がペンタゴンに突入する映像も、突入した後の映像もない。建物の中にも前庭にも機体の残骸や遺体の写真がほとんどない。

2 ペンタゴンに設置されている84台の監視カメラの映像がほとんど公開されていない。翌年になって1台のカメラの5枚の静止画像が公開されただけ。それには機体が写っていないし、しかも事件翌日の9月12日という日付が入っている。

3 77便の中からバーバラ・オルソン夫人が電話してきたと、夫のテッド・オルソン司法省訟務長官は証言したが、FBIは77便からはそうした電話通信は事実上なかったことを認めた。

4 77便は、ラムズフェルド国防長官室の手前で迂回し、曲芸飛行的にターンし、補強工事後で幹部職員のいない反対側の壁に突入したとされる。

5　9・11委員会報告書では、地面すれすれを時速530マイル（850キロメートル）で突っ込んだとされるが、専門のパイロットは、技術的に不可能な操縦だと証言。高度や進入経路、街路灯の倒壊なども「9・11委員会報告書」と国家運輸安全委員会（NTSB）の報告などとの間に多くの矛盾がある。

（2）3つの世界貿易センタービルの崩壊

1　飛行機が突入していない世界貿易センター第7ビルが、貿易センターのツインタワーから飛来した残骸によって生じた小規模な火災によって倒壊したとされる。しかも、47階の高層ビルが真空状態で物体が降下するようなハイスピード（6・5秒）で落とし穴に吸い込まれるように落下。残骸は外部に倒れず、内側にきれいに落下。

2　「9・11委員会報告書」はこの崩壊について一切言及せず、また、連邦緊急事態管理局（FEMA）は倒壊原因の説明を避けた。米国標準・技術院（NIST）はやっと2008年になって報告書を発表したが、肝心の倒壊原因については充分な説明を行っていない。

3　3つの鋼鉄構造の超高層ビルが史上初めて火災によって崩壊したとされる。しかし、飛行機の燃料（灯油とほぼ同じ）の熱ではとても融点に達しない。また、崩壊を始める場所から助けを求める女性の映像があるが、ビルを弱めるほどの高熱で生きていられる筈がない。落下したコンクリートが粉々になって白い微粉末となり、5センチ以上も地上に積もった。

4　3メートルほどの大きな鉄骨などが水平方向に150メートルも飛ばされている。

5　2006年にツインタワーから約60メートル離れたドイツ銀行ビルの屋上で約700個の

人骨が発見された。

6　ツインタワーの崩壊前に「爆発音を聞いた」と証言する消防士、救命救急士、ビルの勤め人、通行人などが多いが、報告書にはそれらが盛り込まれていない。

7　3つのビルの鋼鉄破片などが、ビル倒壊の数時間後からすばやく撤去され、切断され、廃棄物処理場や埋立地、リサイクル工場などに運ばれた。それは3ヶ月以上も続き、中国などに輸出された。

（3）その他の疑問点

1　北米航空宇宙防衛司令部（NORAD）には、管制塔の呼びかけに応じない飛行機に対し15分以内に緊急出動する迎撃発進（スクランブル）体制があり、4機のハイジャック機、とりわけ、ニューヨークの2機目やペンタゴンへの攻撃を阻止できないはずがない。

2　FBI捜査官がニューヨーク攻撃の時間と標的を何カ月も前に知っていたと述べた、と報道されている。ビンラディンが飛行学校に中東出身者を送り込み、航空機ハイジャックによる攻撃を計画している可能性をFBI局員が事前警告していたと「ニューヨーク・タイムズ」が伝え、翌日ライス大統領補佐官もこれを認めた。

3　10以上の外国諜報機関と元首たちから米政府に対し20を超える警告が送られていた（ミーチャー元英国環境大臣他の証言）。

4　9・11直前の数日間に、ハイジャックされたユナイテッド航空（UA）とアメリカン航空（AA）、及び世界貿易センタービルの最大テナントのモルガン・スタンレー・ディーン・ウィターやメリル・リンチに対する、大量の「プットオプション」（株を一定の価格で売る権利。暴落した分だけもうけとなる）買いと空売りによるボロ儲けが行われた。（エルンスト・ヴェルテケ・ドイツ連銀総裁（当時）は、「プットオプションの他に金や石油市場の不可解な売買が行われている」と語った（デイリー・テレグラフ紙他）。

5　9・11当日に飛行機をキャンセルし命拾いしたサンフランシスコ市長ウィリー・ブラウンがラジオ番組「アクション・レポート」で「ライス大統領補佐官（当時）から『ハイジャック・テロがあるから乗るな』と言われた」と語った。他にもアシュクロフト司法長官が民間機の利用を拒んでいたり、複数のペンタゴン関係者が当日の飛行機をキャンセルしていた。

6　FBIとCIAは、9・11の数日後に「ハイジャック犯」の名前と写真を公表した。しかも彼らが行きつけのレストランや家、飛行訓練学校まで捜査を行っていた。しかし、最終的に公表した19人のうち少なくとも7人から8人は、サウジアラビアなどで生きているとBBCなどが報じている。

7　ペンシルバニアに墜落したUA93便の破片が10キロ以上にも散在している。墜落による破片は通常1キロ程度である。墜落現場にもほとんど残骸が残されていない。

8　世界貿易センターに2機目が突入したことが報告された後も、ブッシュ大統領は訪問中のフロリダの小学校の教室を動かず、更に15〜18分間も子供たちの朗読を聞いていた。

9　9・11の直後に、米政府はビンラディンの親族20人以上を事情聴取もせずサウジアラビアに帰国させた。彼らを警護し、移動の交通手段を提供し、ジェット機で出国するのを許した。9・11直前の2001年7月にドバイのアメリカン病院に入院中のビンラディンを現地のCIA職員が見舞った、とフランスの「フィガロ紙」が報道。

10 ハイジャックされたとされる4機の乗客名簿、ボイスレコーダー、フライトレコーダーで公開されているのはごく一部に過ぎない。ニューヨークではフライトレコーダーをFBIが回収したという消防士などの目撃証言がある。

11 4機の残骸は、チタン合金による強固なタービンのハイテクエンジンを含めほとんど残っていない。「エンジンを含む機体が全て消失することはあり得ないし、機体番号のついた膨大な部品が見つからない筈がない」(元米軍大佐の証言)

12 FBIは、これまで19人の実行犯を発表したが、その根拠を明確に示しておらず、また正規の刑事手続きで容疑者を起訴していない。FBIのホームページでもビンラディンを最重要指名手配者としている理由の中に9・11との関与を挙げていない。

これらの疑問点には証言、映像、写真などの裏づけがあり、多くの市民がその情報を共有し、専門家が疑問を投げかけている。しかも、「9・11委員会報告書」をまとめたケイン議長(元ニュージャージー州知事、共和党)とハミルトン副議長(元下院議員、民主党)が、「CIAや連邦航空局(FAA)などが、同委員会に非協力的であり、いい加減な情報を与えたり、多くの情報を隠蔽した」と証言し、報告書の信頼性を自ら否定する内幕本まで出版しているのである。

国際政治を一変した世界史的事件で、一般市民の目に触れる疑問点がこれだけ存在するにもかかわらず、関係者が説明責任を果たしていない事件は前代未聞である。余りにも多くの無実の人命が失われたこの7年間の世界を検証するためにも、新たな国際的、客観的な調査が必要である。
本書が、それらの疑問点を整理し、世界的な情報共有を通じてこの世界を不幸にした戦争の原点の検証への一助となれば幸いである。

藤田幸久

第1章　世界に広まる疑問の声

——藤田幸久
参議院議員

1 国会の爆弾質問映像が数ヶ国語になって世界に配信

2008年2月26日、私はベルギーのブリュッセルの欧州議会会議場で開かれた、熱気あふれる会議に出席していた。その熱気は「9・11独立調査を求めるヨーロッパ」というパネル・ディスカッションに欧州各地から駆けつけた、9・11テロ事件の公式説明に疑問を抱く約150人の政治家、ジャーナリスト、学者、NGO活動家、アーティストたちによるものだった。

会議の主催者が私の名前を知ったのは、1月10日の参議院外交防衛委員会での質問のNHKの中継映像が、英語、ドイツ語、スペイン語、フランス語、イタリア語、スロバキア語に翻訳されて世界に伝わったことからだった。

国会での私の質問は、テレビ中継はされたものの、その後、日本のマスコミではほとんど取り上げられていない。なぜなら日本では「9・11のテロは、国際テロ組織アルカイダが実行した」というアメリカ政府の公式説を疑いも抱かずに受け入れ、定着してしまっているからである。

この公式説は、9・11の事件の当日フロリダから急いでワシントンに戻ったブッシュ大統領が招集した米国国防会議での政府高官たちが出した「犯人はオサマ・ビンラディンだ」という結論がそのまま定着したものである。

米国の安全保障を担当する高官たちは、警察が通常の捜査に着手するのを待つことなく、事件が起きたその日のうちに犯人を特定し、報復を決定するという、あまりにも異常な政治決断を行ったのである。

その後、ブッシュ大統領と議会の指名によって真相解明のための「9・11委員会」が作られた。

2008年「9.11 真相究明NGO欧州連絡会議」

9.11 真相究明を目指す欧州11カ国のNGOが一堂に会しての初の連絡会議が開かれた。主な議論のポイントは以下の通り。

1 膨大な疑惑の材料の中から、明白な事例に絞り、共通の情報として優先順位を明確にして広報活動をすべきだ。

2 疑惑に対する説明責任は米国政府にあり、われわれの役割は疑問点を提示することであり、犯人探しをする必要はない。

3 インターネットという軍が発明したツールを、市民が活かして、これまでは隠し通せた映像や写真、データにアクセスすることができるようになった。もう市民の目から情報を隠すことはできない。しかし、われわれがインターネットの世界から踏み出して、政治や世論を巻き込む運動を展開するときだ。

4 エスタブリッシュメントは、われわれに陰謀論者や狂信論者とのレッテルを貼ったり、タブー化しようとするので、それに惑わされない慎重な動きが必要だ。

2008年にEU議会で開催された「独立調査委員会を求めるヨーロッパ」、映画「ゼロ－9.11の調査」試写会

EUアフガン交流議員団副団長モリリョンEU議員（フランス）

EU議会のエシュロン特別委員会委員長、コエジョEU議員（ポルトガル）

ミーチャー議員（元英国環境大臣）

内外に衝撃を与えた2008年1月10日参議院外交防衛委員会「テロとの戦い」についての質疑

しかし、この委員会も、FBIやCIAなどのデータを含むさまざまな矛盾をきっちりと精査せずに、ビンラディンが率いるアルカイダによる組織犯罪だという内容の報告書を2004年7月に発表したのち、解散している。

日本ではこの委員会は、共同通信が最初に「9・11独立調査委員会」と訳したことによって、「独立」した第三者による委員会だと思われることが多い。だが、英語での名称は911Commissionであり、独立という名称は与えられていない。単に「9・11委員会」と呼ぶのが正しいだろう。

こうした大規模な事件であるにもかかわらず、きちんとした捜査の手順を踏まずに犯人を断定するのは、およそ民主主義からかけ離れた強権手法である。実際、アメリカ政府はあれから7年経った今ですら、アルカイダとビンラディンを刑事告発していないのである。

「9・11委員会報告書」を手にしたアメリカ市民は、その内容のずさんさに憤慨した。報告書が出るまでのアメリカ市民は、心の片隅で一抹の不安を抱えながらも、対テロ戦争という大義名分によるアフガニスタンとイラクの戦争を支持し続けてきた。しかしイラクでのアメリカ兵士の死者の数が増大するとともに「これは正しい戦争なのだろうか」という疑問が、彼らの心の中に強く刻まれ始めた。

そうした時期に発表されたのが、「9・11委員会報告書」だった。

9・11は、大量の証拠映像や写真がテレビなどからあふれた事件だった。それだけに報告書で詳述されている様々な事実関係のあいまいさに、多くのアメリカ市民が疑問を感じたのである。

ひとつの例を挙げよう。

9月11日の朝、新しい教育政策のプロモーションのためにフロリダの小学校にいたブッシュ大統領は、子供たちが読む「ヤギさんのお話」をじっと聞いていた。副官がブッシュ大統領の耳元に「2機目の飛行機が突入した」とささやいたのは9時5分だった。しかしその言葉を聞いても大統領は、その場から動かず子供たちが朗読する「ヤギさんのお話」を聞き続けていた。

翌年の9・11追悼の記者会見で「大統領が小学校を出たのはいつか」と聞かれたホワイトハウス報道官は「副官から報告を聞くと、直ちに小学校を出て空港へ向かった」と話した。

だが、副官から耳打ちされる形でニューヨークのビルが攻撃されているという報告を受けてからも、そのまま子供たちの話を聞き続けていた大統領の様子はテレビカメラに収められていた。各社のビデオの記録によればブッシュ大統領はあわてるでもなく、その場に最長で18分もとどまっていたことが広く知られるようになった。

そのことを指摘されたホワイトハウスは「大統領は子供たちをおびえさせたくなかったのだ」という言い訳をして前言を取り消した。

国民は首をかしげた。アメリカが攻撃されているときに真っ先に大統領の安全確保を考えるのが警護官の任務だ。テレビカメラの前でその場にとどまっている大統領は、犯人にとって絶好のターゲットではないか。なぜ直ちに大統領を安全な場所に避難させなかったのか。そこで9・11のテロを大統領は事前に知っていたのではないかという率直な疑問がアメリカ市民に広がることとなった。

やっと出た報告書を手にした人々は、小学校での大統領の件がどう書かれているか興味を持って読み進んだ。

報告書には「大統領はさらに5分ないし7分間教室にとどまって子供たちが読むのを聞き、

9時15分ちょっと前に控え室へ行き、スタッフの報告を受け、テレビ画像を見た」と書かれていた。なにせ国民が大統領の動向をテレビで見ていたのだから「直ちに空港へ向かった」とは書けないので、「大統領の車列は9時35分に小学校を出て、9時42分ないし9時45分に空港に到着…」と、すぐにその場を立ち去ったかのように思わせる表現にされた。それにしても、直ちに警備体制に入ることなく、敵の前に生身の大統領の体をさらし続けたことは隠しようもない。

報告書のあちこちがこういった具合で、ある程度は要点に触れているものの、広がっている疑問を払拭できないあいまいな記述だらけなのである。報告書が出たことで、逆に国民が心の中にしまい込んでいたブッシュ政権への不満が一気に広がってしまった。

その広がりは時間と共に拡大している。２００６年10月に行われた「ニューヨーク・タイムズ」とＣＢＳの共同世論調査では、アメリカ政府が何かを隠していると思う人が53％、嘘をついていると思っている人が23％という数字が出ている。

その疑問の声がこうして大西洋を越えてヨーロッパにも広がり、ここブリュッセルの欧州議会会議場で「9・11独立調査を求めるヨーロッパ」というパネル・ディスカッションが開催されたのである。

会議に先立ってＥＵ議員でジャーナリストのジュリエット・キエザ氏（イタリア）がジャーナリスト仲間と一緒に製作した映画『ＺＥＲＯ―9・11の調査』の試写会が行われた。

この映画は、自国イタリアがアフガニスタンとイラクの二つの戦争に巻き込まれたことを憂えるキエザ氏が、9・11の真実を追究する仲間とともに製作したものだ。

ニューヨークの世界貿易センターに突入するハイジャック機、ビルの崩壊、ペンタゴンの壁の損傷の模様などの生の映像に加えて、貿易センタービルに勤務していた生存者、救助に当たった消防士、航空専門家、元FBI職員、犠牲者の父親などの証言をまとめた作品だ。

イタリア人なら誰でも知っている演劇人、ダリオ・フォー氏も進行役としてこの映画に登場している。フォー氏は脚本家、役者、舞台監督として演劇にかかわるすべてをこなす人物で、1997年にはノーベル文学賞を受賞している。フォー氏が出演していることで映画『ZERO—9・11の調査』は2007年の第2回ローマ国際映画祭にも招待され、好評を博している。試写会ののちパネル・ディスカッションが開かれ、熱心な質疑応答も加わり、討議は夜遅く11時まで続いた。

パネリストの席に座ったのは、ジュリエット・キエザ（EU議会議員、ジャーナリスト、イタリア）、クラウディオ・フラカッシ（映画『ZERO—9・11の調査』監督、雑誌編集者、イタリア）、藤田幸久（参議院議員、日本）、デヴィッド・レイ・グリフィン（クレアモント神学院名誉教授、アメリカ）、モニ・オバディア（俳優、歌手、ユダヤ系ブルガリア人）、フランコ・フラカッシ（映画監督、イタリア）、フランセスコ・トレント（映画監督、イタリア）の7人だった。

会場に集った人々が最も注目したのは、アメリカから参加したグリフィン博士の発言だった。

グリフィン博士は、長年カリフォルニアで神学を教えてきた教授だが、9・11はアルカイダだけで単独に行えるものではないと考え、精密な検証を重ねて次々に9・11の矛盾を指摘する本を出版してきた。

その1冊が、日本語にも訳されている『9・11は謀略か「21世紀の真珠湾攻撃」とブッシュ政権』（緑風出版）だが、この本を読んで早速行動した人物がいる。

米国科学アカデミー会員で、細胞内共生説で有名な、生物学者リン・マルギュリス博士である。彼女は2007年8月に「グリフィン博士が指摘している疑問はまさにアメリカ政府が責任を持って説明をしなければならない重要な事柄です。9・11委員会報告書は間違いであるとして直ちに却下し、新たに厳密で偏らない調査を開始しなければなりません」と発言し、世界に波紋を広げたのである。

アメリカの叡智のトップをも動かしたグリフィン博士が語ったのは、次のような話だった。

「私は自著で、アメリカ政府による説明の矛盾の中から、25の点を取り上げました。空軍のスクランブル対応を許さなかったチェイニー副大統領の不可解な行動。リチャード・マイヤーズ空軍将軍が『自分は議会にいた』と言ったのに、リチャード・クラーク大統領補佐官が『マイヤーズはペンタゴンにいた』と食い違った発言をしている点。ペンタゴンに突入したと言われる77便の中から夫に電話したとされるバーバラ・オルソン夫人の電話に関する疑惑。19人のアルカイダ実行犯の一人とされるモハメッド・アタの行動についてFBIの発表が二転三転している点、そしてビンラディンが9・11に関与したという確証がないとFBIが発表したことなどです」

グリフィン博士は、さらに、会場の誰もが感じていた大きな疑問が、現在アメリカではどう扱われているかについて話した。

「ハイジャック機が突入していないのに突如崩壊した世界貿易センター第7ビルの崩壊原因について、9・11委員会報告書では何も述べていません。連邦緊急事態管理局（FEMA）が崩壊原因のシナリオを考えたのですが、結局火災による崩壊の『確率は低い』と言わざるをえなかったのです。また米国標準・技術院（NIST）も約束した報告の発表を2年以上も先延ばしにしています。それからペンタゴン襲撃と同じ時刻にホワイトハウス上空を旋回していた最新鋭軍用機E4Bのビデオを、最近CNNが6年ぶりに公開したことも矛盾の一つです」

グリフィン博士が指摘するポイントは、9・11に疑問を感じる人々に「問題は何か」を明瞭に伝えてくれる。聴衆は膝を乗り出しながら、博士の話に聞き入っていた。

日本からやってきた私も注目の的となった。欧州では、いつもアメリカの言いなりに行動するように見える日本の国会議員が、今回の対テロ戦争への疑問を国会で取り上げた。いったい、どんな人物なのだろうかという興味津々の視線が私に注がれた。私は次のように話した。

「2002年9月11日、東京のNPOが『9・11犠牲者追悼チャリティー・コンサート』を開催しました。1年前の9・11の結果起こったアフガニスタン戦争で、大変な目に遭っているアフガニスタンの子供のために小学校を建設しようという趣旨でした。その学校は『希望小学校』と名づけられ、バーミヤンに建設されました。日本の市民の目には、アフガニスタンの市民こそが9・11の最大の犠牲者だという素朴な感性があるのです。

9・11に関してはアメリカの牧師、共和党をふくむ多くの議員、消防関係者、空港当局者、軍や国務省などの関係者、さらに各国の閣僚経験者や中央銀行総裁までもが、それぞれの専門的な立場から多くの具体的な疑問を投げかけています。その検証と説明責任を求めることは、世界の市民として当然なことです。

また9・11の日、ニューヨークでは24人の日本人が犠牲になっています。しかし、日本も参加に追い込まれたアフガニスタンやイラクでの『テロとの戦い』の根拠とされた日本人犠牲者の死亡状況、犯罪としてのテロの捜査、犯人や事件概要など、まるで明らかにされていない事実を検証する責任が日本政府にもあります。インターネットは軍によって発明されたものですが、今ではそのおかげで市民が情報にアクセスできるようになり真実が隠せない時代になりました。今後は、パソコンも使わないような市民の多くもありのままの事実に触れられるように、この映画が各国の一般劇場で上映されることは極めて意味深いことです」

映画「ZERO—9・11の調査」は、2008年9月11日に、ロシアのテレビ局チャンネル1から、夜9時半というゴールデンタイムのトークショーで放映されている。

ロシアの視聴者のショックは大きく、当日の視聴率は34パーセントを超えたそうである。少なくともロシアの3000万の人が、トークショーで放映されたこの映画を見たことになる。さらにテレビの電波はウクライナをはじめ旧ソ連各国にも届いているので、9・11には数多くの疑問があることが、旧ソ連圏に一気に知らされることとなった。

トークショーのゲストには、「9・11トゥルサー(真実を求める人の意)」の草分けティエリ・メイサン(フランス・第1章コラム参照)の他、ロシアからはレオニード・イワショフ元軍参謀長(第1章「3各国から渦巻く疑問の声」参照)、元KGB分析局長、建築物危機・安全センター所長など10人のゲストが登場、二手に分かれて9・11の疑問に関する議論がなされ、映画「ZERO—9・11の調査」で語られている数々の疑問を解明するために、アメリカを動かさなければならないという結論に達した。

この番組は、メドベージェフ大統領をはじめ、数多くの政府高官も視聴したとのこと。民主主義という点ではさまざまな問題を抱えているロシアだが、そのロシアで民主主義そのもののあり方を考えるこうした番組が放映されたことは、画期的なことである。

2 米国への監視の目を光らせる欧州の要人たち

ブリュッセルの欧州議会会議場でのパネル・ディスカッションが始まる前に、私は欧州議会のキーパーソン5人と会談することができた。

特に重要だったのが、EUのアフガニスタン交流議員団副団長のフィリップ・モリリョン議員（フランス）だ。

モリリョン議員は9・11が起きる前から頻繁にアフガニスタンを訪れ、欧州議会としてマスード将軍を招待している。マスード将軍は北部同盟の英雄だったが、9・11の直前に暗殺された。

モリリョン議員は、アフガニスタン支援の難しさについて次のように語った。

「カルザイ政権はとても腐敗しています。せっかく物資を援助しても、国民に行き渡る前に消えてしまいます。調査によれば1ドルの支援のうち11セントしか現場に届いていないそうです。カルザイ政権に圧力をかけて、汚職や軍閥にきちっと対応してもらうことが必要です。欧州としては灌漑施設を修復して農業を復興し、自国による治安回復のための協力をしたいと思います」

また元エシュロン特別委員会委員長で、『米国は欧州をスパイしているのか？』〝Al Americanos Espiam a Europa〟の著書があるカルロス・コエジョ議員（ポルトガル）に会うことができたのも大きな収穫だった。

エシュロンというのはアメリカの諜報機関のひとつ国家安全保障局（NSA）に本部のある国際盗聴網で、1980年ごろ、アメリカとイギリスが中心となり、さらにカナダ、オーストラリア、ニュージーランドが加わって作り上げた傍受システムである。

この傍受システムの存在を明らかにしたのは1996年、ニュージーランドの調査報道を専門とするジャーナリスト、ニッキー・ハーガー氏で、『シークレットパワー・国際盗聴網エシェロンとUKUSA』（ニッキー・ハーガー著、佐藤雅彦訳、リベルタ出版）の著作もある。冷戦時に対共産圏対策に使われたこのシステムは、冷戦後は欧州に対する産業スパイ的な活動が主流となった。米英がこのシステムで国際入札情報を傍受して欧州企業を追い落としていた事実も発覚し、CIAのジェームズ・ウールジー氏もウォールストリートジャーナル紙でこうした活動を認めている。

欧州議会は、コエジョ議員を長として32人のメンバーによる「エシュロン特別委員会」を発足させて調査を開始した。この委員会の調査に基づき、欧州議会は2001年9月5日にエシュロンの不法行為を停止する決議を採択した。

コエジョ議員は苦笑する。

「決議から1週間後に9・11が発生したので世論が一気にアメリカに好意的になり、こうした難しい質問をしなくなってしまったのです」

9・11でハイジャックされた航空会社などの株が直前に大量に買われていたプット・オプション問題や、第7ビルの崩壊などについて尋ねてみた。彼はとても驚き、「そうした疑惑の事実があるのなら、市民全員が等しく情報を共有する権利を持つのが民主主義ですから、調べなければ」と答えた。

さて、アメリカ政府はエシュロンを通じて、事前にアルカイダの動きをキャッチしていたのだろうか。これはコエジョ議員にぜひ答えてもらいたい質問だった。

「その点について私はわからないのですが、２００１年当時のＣＩＡは、国内のコミュニケーションの諜報活動を禁じられていたのです。ＦＢＩも犯罪しか捜査が出来ませんでした。当時のエシュロンは経済分野を対象にしていただけです」との答えだった。どちらかといえば、アメリカ政府がエシュロンでアルカイダをモニターしていた可能性は低いだろうというのが議員の考え方のようだ。

さて、ブリュッセルのあと、私はロンドンとアムステルダムを訪ねた。ロンドンで最初に面会したのは、マイケル・ミーチャー元英国環境大臣だった。

ミーチャー議員は英国の日刊紙「ガーディアン」（２００３年９月６日）のインタビューで「米国はテロを知っていた」と発言した人物である。

「藤田議員が日本の国会の場で、日本人が犠牲となった事件の真相解明を求め、アフガニスタンとイラク戦争の根拠となったテロとの戦いの事実関係を質すというアプローチは賢明なやり方です。９・11の真相解明の活動は、インターネットの世界から政治や世論へ踏み出す時代になったのです」と私の国会での質問を高く評価した。

「ブレア首相は私のガーディアン紙での発言を全面否定し、左翼のレッテルを貼ることで活動を縛りました。しかし９・11は、アルカイダだけで実行できる事件ではありません。真相を解明する必要があります。私は英国のＮＧＯとも連携して戦ってゆきます。ブッシュ大統領の任期も残り少なく、私たちの出番がやってくることを確信しています」と述べ、アメリカ政府が９・11の前にさまざまな国の諜報機関から「航空機を使ったテロがある」ことを伝えられていた事例について話した。それでもテロを防げなかった理由は、アフガニスタン攻撃の口実を作るためだったということを彼は強調した。

ミーチャー議員は、ブレア首相との意見の相違から環境大臣を退くことになったが、ブレア首相が退任した結果、彼の意見を支持する議員が増えてきている。2004年に、当のホワイトハウスが、テロの1カ月以上前の2001年8月6日の大統領日報に「ビンラディンが米国内の攻撃を決意」と書かれていたことを明らかにしたことも、ミーチャー議員の確信をますます強めているようだ。

同じくロンドンで会談したのは、9・11当時ドイツ連邦銀行総裁だったエルンスト・ヴェルテケ氏だった。ヴェルテケ氏は9・11直後に開かれた欧州財務大臣・中央銀行総裁会議の席上、「9・11の前後にインサイダー取引が行われた形跡がある」と発言している。そのことを確認したかったのである。

彼は、「確かに、そうした発言をしました。当事の市場は非常に不可解な動きを見せていたのです」と語り、当時のドイツ連銀の調査でハイジャックされた2つの航空会社や、世界貿易センター内の大きなテナント企業へのプット・オプションが大量に買われていることが判明したことを再確認してくれたのである。

プット・オプションというのは、あらかじめ決められた価格で株を購入する権利のことで、値下がりした分だけ儲けになる。

私が調べたところでは、9・11直前の数日間にシカゴ・オプション取引所（現シカゴ・マーカンタイル取引所）で、ユナイテッド航空の親会社に通常の180倍、アメリカン航空の親会社に120倍のプット・オプション取引があった。英国、スイス、香港、日本などでも同じような動きがあったそうである。両航空会社の株価は、9月17日にそれぞれ43％と39％下落した。オプション購入者が得た利益は150億ドルにも達すると言われている。

ヴェルテケ氏は当時、これらの航空会社だけでなく、原油や金相場でもテロ後の値上がりを見込んだと思われる異常な値動きが見られたと語っている。彼は別れ際に、当時の関係者から何か新たな情報が得られれば教えてくれると語ってくれたが、その後進展はない。

アメリカ政府が発表した9・11に関する公式見解に関して疑問を抱く者は、今まで述べた人々だけではない。

世界中の政治家、外交官、専門家、さらにアメリカ国内で9・11に直接関わった情報機関員、軍関係者、航空関係者、消防士、警察官、弁護士など、さまざまな人々が「9・11委員会」の報告書はおかしいとして、公平な機関による再調査を求めているのである。

3　各国から渦巻く疑問の声

アメリカ政府の公式発表にあまりにも矛盾が多いことから、世界中から9・11に関する再調査を求める声が起きている。

建築家や科学者たちは、世界貿易センタービル群の崩壊に関する公式発表に対する疑問を感じ、世界規模で再調査を求めるグループを結成、参加者がどんどん増えている。

また航空関係者、退役軍人、被害者家族、建築士、エンジニア、法律家、宗教関係者なども、再調査を求めるグループを結成している。2009年2月末には政治指導者のグループ(Political Leaders for 911 Truth) も結成され、署名者の確認作業が進んでいる。

さらには、膨大な資料を保有しているCIAやFBIに情報公開を求めているグループもたくさんある(巻末にこれらグループのウェブアドレスを載せたので、ぜひアクセスしていただきたい)。

こうした多くの真相解明を求める声を代表する政治家や様々な専門家、著名人など1200人以上(2009年1月現在)の発言をウェブ上に公表しているのが、Patriots Question 911というサイトである。同サイトから日本語訳での掲載の許可を得たので、発言の一部をご紹介しよう。

(1) 政治家、議員

Mahathir bin Mohamad, MD

マハティール・ムハマド　マレーシア　元首相

マハティール元首相は「ニューヨークの世界貿易センターが2機の飛行機の突入によって崩壊したということは信じられない」と語った。彼は「ビルは軍隊が入念に準備したかのごとく、整然と崩壊している」と語った。「65万人のイラク人を殺す理由作りのために3000人を殺したなどということは信じがたい。しかし、私たちはそういうことをした

人々と付き合っているのである。これは小説ではない」（出典／グローバル・リサーチ２００７年６月２日）

Hosni Mubarak

ホスニー・ムバラク　**エジプト　大統領**

「私はフロリダで1年半だけ飛行術を学んだ人物が、大きな旅客機を操縦し、パイロットにとっては鉛筆の大きさほどでしかない世界貿易センターの２つのビルに正確に命中させることが出来たことを、信じることはできない。プロのパイロットだけに可能なことであり、フロリダで18カ月飛行技術を学んだ人物に出来ることではない」（出典／エジプト国家情報サービス　２００１年10月25日）

Francesco Cossiga

フランチェスコ・コッシガ　**イタリア　元大統領**

「９・11の悲惨な攻撃は、アラブ諸国を非難し、西側諸国によるイラクとアフガニスタンへの介入を導くために、シオニストの支援を受けたＣＩＡとモサドが企て、実行したものである」（出典／コッリエーレ・デッラ・セーラ紙　２００７年11月30日）

Ernst Welteke

エルンスト・ヴェルテケ　ドイツ　元ドイツ連邦銀行総裁

ドイツ連銀のヴェルテケ総裁は22日（著者注／欧州財務大臣、中央銀行総裁会議で）、米同時テロ事件の前後に各国市場で金や原油に関し「不可解な取引」が行われた疑いがあると述べ、事件発生を事前に知り得る者の取引があった可能性を指摘した。総裁は「原油価格はテロ事件の直前、急に上昇した。これは原油を買って、後で高値で売り抜けたことを意味する」ことを指摘するとともに「金市場でも説明が必要な動きがあった」と語った。

（出典／毎日新聞２００１年９月25日）

Michael Meacher

マイケル・ミーチャー　イギリス　元環境大臣

「アメリカ政府が９・11テロ阻止に何の対策もしなかったのは明らかだ。11の諸外国や諜報機関が事前に警告したことがわかっている。テロを防がなかったのは、アフガニスタン攻撃の格好の口実を作るためだったという見方に何の不思議もない。『対テロ世界戦争』はアメリカが世界の覇権を握ること、石油を武力でおさえることを覆い隠すための、政治的な作り話であることの証明である」（出典／ガーディアン紙２００３年９月６日）

Paul Hellyer

ポール・ヘリヤー　**カナダ　元副首相、元国防大臣**

「なぜブッシュ大統領は、何が起こっているか既に知っていたにもかかわらず認めなかったのか？　アンドリュース空軍基地からのスクランブルもなされずに、不審な飛行を続ける旅客機が1時間半も飛行できたのか？　調査報告は疑わしい。真実を追究しなければならない」（出典／ビデオ・インタビュー　２００４年5月27日）

Paul Lannoye

ポール・ラノイ　**ベルギー　元欧州議会議員**

「私は、世界中の国会議員、市民に対し世界的規模で９・11真相究明運動に加わり、www.911Visibility.org と www.911Truth.org に署名するように呼びかけている。これらのグループは、政府、メディアや９・11委員会に真実を求めるとともに、明白な９・11の隠ぺいについて世界を教育する大衆行動を行っている」（公開書簡、２００４年5月24日）

Max Cleland

マックス・クリーランド　**アメリカ　民主党元上院議員**

元９・11委員会委員。委員会報告書が出る半年前の２００３年12月に委員を辞任。

「もし、ホワイトハウスの文書へのアクセスを制限する決議が通ったならば、私は９・11委員会委員としてアメリカ国民、特に被害者家族の目を見て、委員会には完全なアクセスの権限があった、と言うことはできない。この調査は今や押え込まれてしまった」（ボストン・グローブ紙　2003年11月13日）

Ron Paul

ロン・ポール　アメリカ　共和党下院議員、2008年共和党大統領候補

「私は9・11委員会報告書が、第3のビル（第7タワー）の件や、9月11日の当日誰もが飛行機への搭乗を許されなかったにもかかわらず、ビンラディンという名前を含む多くのアラブ人がサウジアラビアに帰国できたのかなど、多くの極めて重要な点を無視していると思う。とりわけ19人（実行犯）のうち15人がサウジアラビアから来たというのに。彼らは（9・11を利用して）イラク戦争への口実に使ったのだ」（「ウェイク・アップ・ラジオ」インタビュー　2007年6月21日）

Dennis Kucinich

デニス・クシニッチ　アメリカ　民主党下院議員、2008年民主党大統領候補

クシニッチ議員の提案で、ブッシュ大統領に対する弾劾決議案が251票対156票で米国下院司法委員会への付託が可決された（2008年6月11日）。ロン・ポール下院議員など24名の共和党議員も賛成した。詳細は3章に記載。

（第2条）侵略戦争を不正に正当化するため、不当に、組織的に、また犯罪的な意図をもってイラクが軍事的脅威であるという虚像を2001年9月11日の攻撃と結びつけたこと

（第８条）国連憲章に違反して主権国家イラクを侵略したこと
（第33条）テロリストが米国攻撃を計画しているというハイレベルの諜報機関の警告が９・11前にあったにもかかわらず、それらを繰り返し無視し、９・11を防ぐことに対して取るべき行動を怠ったこと
（第34条）２００１年９月11日の攻撃に関する調査を妨害してきたこと
（第35条）９・11で最初に駆けつけた人々の健康を危険にさらしたこと

Karen S. Johnson

カレン・ジョンソン　**アメリカ　共和党アリゾナ州議会上院議員**

「政府の３つの調査と６年以上の経過にもかかわらず、私たちはいまだに９・11についての答えをもらっていない。なぜ第７ビルは崩壊したのか？　崩壊した（南北のタワー）ビルのように、飛行機が衝突していないのに。『９・11委員会報告書』は完全に第７ビルについて無視している」（アリゾナ・リパブリック紙への寄稿　２００８年５月３日）

Cynthia McKinney

シンシア・マッキニー　**アメリカ　元下院議員、２００８年緑の党大統領候補**

「９・11の後、数日以内に、犯人はアルカイダとして知られるテロリスト・ネットワークだと知らされた。ジャーナリストや一般の人々が詳しいことを聞くと、コリン・パウエル元国務長官が、すべてを明らかにした白書を世間に公表すると約束した。４年近

く経って、その後戦争が2つあった。ブッシュ政権は、誰が行ったのか、誰が支援し、資金援助をしたのか、彼らの出身地はどこなのかなど、具体的事実に関する公式見解を明らかにしていない」（議会演説　2005年7月22日）

Andreas von Buelow

アンドレアス・フォン・ビューロー　**ドイツ　元研究科学大臣、元国防省政務次官**

「攻撃計画は、技術的にも組織的にも卓越したものだ。数分以内に大型機4機をハイジャックして、複雑な操縦をこなし、1時間以内に各標的に激突させている。こうしたことは、長年の国家や産業界の秘密組織の支援なしには考えられない」（ターゲスシュピーゲル紙　2002年1月13日）

Axel Troost

アクセル・トゥルースト　**ドイツ　連邦議会議員**

「ヨーロッパの国々ですらグァンタナモ（キューバ東南部のアメリカ海軍基地）のような、拷問が行われている可能性の高い秘密刑務所の設置に協力している。イラクは虚偽の証拠によって攻撃され、数万の人々の死と、あらゆる破壊と不安定がもたらされ、癌を引き起こす劣化ウラン弾によって汚染されている。またイランを攻撃する計画は、新しい世界大戦の恐れをもたらしており、先行きが不透明なことから、米軍内の中道派からの抵抗も起きている」（「戦争は違法だ」の請願の中での声明文　2007年12月）

Berit Ås

ベリット・オース　**ノルウェー**　**元国会議員**　**元ノルウェー女性解放大学学長、名誉教授**

「ノルウェー9・11記者会見グループは、2007年1月に、私達が個人として自発的に立ち上げた。2001年9月11日の米国でのテロリスト攻撃は、内部犯行であった。ノルウェー9・11記者会見グループの目的は、動かしがたい多くの証拠を討議し、分析するための緊急の解決を求めるためである。しかし、ノルウェーの主流メディアからは意図的に無視されている。9・11は内部犯行だったに違いない。われわれが言う『内部犯行』とは、アメリカの支配層、政権、政府および諜報機関の上層部が、テロ攻撃を計画・指示し、実行したという意味である」（ノルウェー9・11記者会見グループ声明より　2007年9月）

(2) 軍人、パイロット、航空管制官、事故調査官、警察官

Leonid Ivashov

レオニード・イワショフ将軍　**ロシア**　**元軍参謀総長**

「シークレットサービス諸機関、およびそれらの現在のトップ、又は退役後もこれらの国家機関に影響を持つ人達のみが、あれだけの規模の作戦を計画、組織、実行する能力がある。ビンラディンやアルカイダは9・11の計画犯や実行犯ではあり得ない。彼ら

には、必要な組織や資金、そしてリーダーがいない」（出典　カール・ゼロとのビデオ・インタビュー、２００６年11月24日）

John Lear

ジョン・リアー　**元旅客機パイロット**

飛行1万9０００時間のベテラン、１００種以上の旅客機操縦経験あり。

「もし幾つかのビルにまっすぐ飛行しなければならないとしたら、たぶん私は何回かの試みののちに、やり遂げることが出来るだろう。しかし、初めての試みでそれを行うことはまったく不可能だ。ましてや時速５００マイル（時速約８００キロメートル）とか６００マイルでは、絶対に不可能である」（ロブ・バルサモによるインタビュー２００７年9月３日）

Wesley Clark

ウェズリー・クラーク　**アメリカ**　**元NATO最高司令官**

「政府内で明らかに行われている権力の濫用に関する真の調査が必要だ。９・11と、当局が保有していた諜報機関の情報を意図的に悪用したのかどうかについての調査は決して終わっていない。私にとって証拠は極めて明白だ」（「今週のＡＢＣ」ジョージ・ステファノポーロスによるビデオ・インタビュー）

Capt. Russ Wittenberg

ラス・ウィテンバーグ　**アメリカ　元空軍大尉**

「私は9・11に関わった175便と93便の2機を実際に操縦したことがある。93便はシャンクスビルに墜落したとされる757型で、175便は南タワーにぶつかったとされる飛行機だ。私は、セスナ172型で訓練したテロリストが、いきなり757型や767型クラスの旅客機を操縦できるとは思えない。しかも、垂直あるいは左右に大型機を飛行させているのだ。ましてや、5G、6G、7Gという重力の負荷が予想される中で、100ノット（時速185・2キロメートル）という設計上の限界を超えた速度で転回をしたなどとは信じられない。それらの飛行機は文字通り、空からまっさかさまに降下してきたのだ。私はそんなことは出来ないし、テロリストたちがそんなことを出来たとは絶対に思えない」（ビデオ・インタビュー「9・11の連鎖反応」2007年8月）

Alfons Olszewski

アルフォンズ・オルゼウスキー　**元米軍航空機整備隊長**

「私は2001年9月12日に、9・11の調査を開始した。なぜなら航空機のいくつかが1時間近くにわたって空域緊急事態であることが知られていたからである。私はまず連邦航空局（FAA）に出向き、FAAのマニュアルの空域緊急事態に関する章をチェックした。その中に書かれていたことでわかったのは、北米防空司令部（NORAD）もFAAも、共に手順を守っていなかったことだ」（エッセイ　2006年7月8日）

グレゴリー・ジーグラー　元陸軍情報将校

Gregory M. Zeigler

「私は9・11の公式見解は嘘であることを、2001年9月18日以来知っている。異常な点が次々に出てきたのだ。ハイジャック犯の名前は、公表されたいずれの搭乗者名簿にも載っていない。また、BBCの報道で、ハイジャック犯といわれた人々の身分証明書が盗まれていたことや、彼らが事件以降も生存していることを知った。さらに、9・11の公式見解が嘘であることを裏付けるものとして、北タワーと南タワー、それに第7ビルの明白な爆破解体、ペンタゴンでのボーイング757の残骸が特定できないことなどが挙げられる」

（真相解明要請サイトへの書き込み　2006年9月19日）

チャドウィック・ブルックス／ウィリアム・ラガッシ

Chadwick Brooks

共にペンタゴン警察巡査部長、9月11日に飛行機が北方から飛んでくるのを目視した。委員会報告書では南方から飛んできて追突したとされている。

ランク「本当に飛行機は北側から飛んできたのですか。海軍アネックス方面の北側から、つまり海軍アネックスとアーリントン墓地の間から。確実に本当ですか」

ラガッシ「100%。命を賭けてもです…（中略）」

ランク「ブルックス巡査部長はその様子を描いてくれます（ブルッ

クス巡査部長、ペンタゴン周辺地図に線を引く)」
ラガッシ「私が見たのとほぼ同じです。私たちはお互いこのことについて話したことがないのに」
ブルックス「はい、誓って私たちは、このことを話し合ったことはありません」

William Lagasse

(PentaCon ビデオ・ドキュメント、クレイグ・ランクによるインタビュー　2006年11月7日)

ニューヨーク市消防局消防士

ニューヨーク市消防局の消防士の証言は、膨大な数に上っている。9・11当日、市消防局コミッショナーのトーマス・エッセンは、消防士の証言を録音し記録するように命じている。将来、集合的な記憶になってゆがめられる事を恐れて、個々の証言を取ろうと考えたのである。

エッセンの命令によって503人の消防士による口述証言が得られ12000ページの文書として2002年1月にまとめられた。しかしながら、ニューヨーク市当局はこの文書の公開を拒んだ。それに怒った9・11被害者の何人かが裁判を行い、ニューヨーク市に対して裁判所から公開命令が出された。それを受けてニューヨークタイムズが2005年8月から、自社ホームページで公開を開始した。

一部がニューヨーク市当局によって黒塗りにされて発表されたという問題点もあるが、各証言はなまなましいスラングがそのまま記述されており、臨場感にあふれている。

ところが、証言のあちこちの部分が、政府にとって都合の良い形に、あるいは政府にとって不都合な形は切り取られて、部分的に発表され続けているという問題も発生している。つまり9・11委員会報告書ではツインタワーが火災によって崩壊したという推測にとって都合のよい証言だけが抽出されており、政府の発表を信じない人々の著作物では、ビル内に仕掛けられた爆発物によって崩壊したという推測にとって都合の良い証言だけが抽出される形になっているのである。

あまりにも膨大な量なので、本書を書くに当たって、バランスを配慮するために、その一部を整理して日本語にするのは差し控えた。

現在、マクマスター大学平和研究所のグレアム・マックィーン博士が中心になって、当時の消防士からの再聞き取り作業を進めると同時に、それぞれの証言を別な角度からつなぎ合わせて、全体像を明らかにする作業を続けている。

興味のある方は、直接ニューヨーク・タイムズの下記のサイトにアクセスしていただきたい。

http://graphics8.nytimes.com/packages/html/nyregion/20050812_WTC_GRAPHIC/met_WTC_histories_full_01.html

(3) 外交官、CIA、FBI、ジャーナリスト、学者、目撃者

モーガン・レイノルズ　アメリカ　テキサスA&M大学経済学名誉教授

ブッシュ政権下で労働省主任エコノミストを務めた経験から、イラク戦争の背景を疑い始め、2005年6月に「貿易センター高層ビルはなぜ崩壊したのか」という論文を書き、3つのビ

Morgan Reynolds

ルは制御解体によって崩壊したものであると結論付け、大きな反響を引き起こした。

「私が9・11は内部犯行だと最初に疑い始めたのは、ブッシュ・チェイニー政権がイラクを侵攻したときだ。我々は政府の見解が偽りであることを証明できる」（アレックス・ジョーンズのビデオインタビュー　2006年6月2日）

Alex Jones

アレックス・ジョーンズ　**アメリカ**　**トークショー司会者**

9・11の真相解明をするために、元政府高官や科学者などさまざまなゲストを番組に招いて精力的に放送している。また9・11の2カ月前に米政府による自作自演のテロが行われ、オサマ・ビンラディンが犯人とされるであろうという予測を発表したことでも有名。

「それから公式見解を見ていただきたい。消防士、警察官、何百人もがビルの中で爆発があったといっているのに、政府はしゃべらないようにと言っている。第7ビルを見れば、起爆装置が爆発したことが確認できるではないか。9・11は内部犯行である。自作自演は明白である」（CNNインタビュー　2006年3月23日）

ベス・ファーティグ　アメリカ　WNYCラジオ記者

Beth Fertig

南タワーへの飛行機衝突の後、ビルの側で録音取材をしていて崩壊に遭遇した。

「(その音は)まるで、意識的にビルを解体するときの時限爆弾のように伝わってきた。今まで見たことのない奇妙な光景だった。それは私の脳の一部に、自分の考えとして完全に伝わってきた。『やつらは全員を追い出そうとしている。ビルを解体しようとしている。そうしなければならないからだ』」(『グランド・ゼロに女性記者がいた』スザンヌ・ハフマン、ジュディス・シルヴェスタービー著　2002年)

レイモンド・マクガバン　アメリカ　元CIA調査官

Raymond L. McGovern

「簡単に言えば、隠ぺい工作があったということだ。問題は、何が隠ぺいされたのかということだ。これは、ぞっとするような違法行為であり、いまわしい怠慢行為であり、職権乱用である。山のような未回答がある。なぜ彼らが答えられないかと言えば、現政権は答えようとしないからだ。私はスコット・リッター(元海兵隊少佐、元国連イラク特別査察団長)が言ったことを重ねて主張したい。それが私にとっての原点だからだ。ちょうどヒトラーが1933年に国会議事堂の火災をうまくつけ込んで利用したように、まさに我々の大統領が9・11を利用して行ったのである」(ビデオ・インタビュー2006年7月22日)

Melvin A. Goodman

メルヴィン・グッドマン　アメリカ　元CIAソ連アナリスト

「私は9・11委員会そのものについて申し述べたい。委員会自体のプロセスの欠陥と、内部の利害対立の結果は、委員会が破綻したことを知る上で極めて重要である。最終報告書はつまるところ隠ぺいでしかない。それ以外にどう説明したらよいかわからない」（下院委員会での証言　２００５年7月22日）

Sibel D. Edmonds

シベル・エドモンズ　元FBI翻訳官

「報告書には、すでに確認された捜査情報や、委員会で私が証言したことなどが盛り込まれていないことから、決定的な欠陥がある。従って私の知らないその他の重要問題も、この報告書では無視されている可能性がある。こうした無視により、報告書の価値とその結論に関しては、重大な疑義が生じるものである」（9・11委員会への書簡　２００４年8月1日）

ボグダン・ジャコヴィッチ　アメリカ　元連邦航空局職員

連邦航空局安全保障課で14年間テロ対策にたずさわる。

「われわれ署名者は、２００１年7月10日に行われた元ＣＩＡ長官ジョージ・テネットと国家安全保障担当補佐官コンドリーザ・ライスの会談に関するすべての会議録と文書について、早

Bogdan Dzakovic

急な機密解除を求める。この極めて異例な形での緊急会議は、アメリカ国内でのアルカイダによる攻撃の可能性について、緊急警告が増えている対策を講じるために開催されたとされている。
また9・11テロ攻撃合同調査から、編集された28ページ分と、CIA監察官による報告『9．11攻撃に関するCIAの説明責任』の機密解除も求める」
（9・11に関する情報公開を求める請願書の署名2006年10月5日）

William Rodriguez

ウィリアム・ロドリゲス　**アメリカ**　**世界貿易センター保守管理責任者**

多くの人々の救出活動ののち最後に脱出してがれきの中から救出される。人命救助活動により、プエルトリコ国民栄誉賞受賞。9・11当日、地下1階にいた彼は、北タワーに飛行機が追突する前に爆発に遭遇し、次のように証言している。

「そのとき私は爆発音を聞き、足元の床が振動しました。壁に亀裂が入り始め、建物全体が揺れ始めました」

ロドリゲスはそのとき、半地下1階の事務所に他の14人とともいた。（アークティック・ビーコン記事　2005年6月24日）

2006年10月には日本の市民団体の招きで「911真相究明国際会議in東京」に招かれ、飛行機が追突する前の爆発の状況について詳しく証言している。（詳細6章）

Stephen Evans

スティーヴン・エヴァンズ　イギリス　BBC経済記者

「別のタワー内部で、もう一つの大きな大きな爆発が起きました。（明らかに2番目の飛行機が南タワーに追突したことを指している）炎が見えました。灰色の大きな煙が上がりました。人々はまだパニック状態になっていませんでした。何が起きたのか判らなかったのです。

誰かがもうひとつのビルに、飛行機が突っ込んだのを見たと言いました。それから、よくわかりませんが、それより1時間後に、はるかにはるかに低い場所での、あの大きな爆発に出会ったのです。何が起きたのかは、まったくわかりません」（BBCビデオ・インタビュー2001年9月11日）

(4) 建築士、構造専門家、科学者、生存者

Richard Gage

リチャード・ゲイジ　アメリカ　建築士　アメリカ建築士協会会員

「オハイオ大学のスクリプス・ハワードによる2006年の世論調査によれば、ショッキングなことに16%の人が世界貿易センターのツインタワーは爆破によって倒壊したと信じている。残念なことに、私の調査でも、ツインタワーの崩壊は、爆破によるものと

結論づけられた。今夜は、3つの高層ビル、つまりツインタワーと第7ビルが、アメリカ政府が言うように火災によって倒壊したのではなく、爆薬による制御解体によって破壊されたという極めて明確な証拠を提示する」（ソノーマ州立大学での講演　2007年4月20日）

ケネス・ミード　アメリカ　元運輸省監察官

Kenneth M. Mead

「あの2001年9・11の当日、ハイジャックされた2機の航空機との管制作業を行った少なくとも6人の航空管制官が、何が起きたかを詳述した録音を行った。しかし、そのテープは誰からも筆記されないままに、さらに聴かれることもなく、ある幹部によって壊されたことを、運輸省が今日の報告で述べている…。センターの職員は誰もテープが存在していることを上層部に伝えていない。報告によれば、米国連邦航空局（FAA）のクオリティー・アシュアランス部長によって壊されたとのことである。今日公開されている運輸省の監査局長の報告によれば、その部長はカセットを自分の手で握りつぶして、シュレッダーにかけ、その破片を建物内のいくつかの異なったゴミ箱に捨てたそうである」（ニューヨーク・タイムズ　2004年5月6日）

フィリップ・モレッリ　アメリカ　生存者、建設作業員

9・11当日8時30分に北タワーの地下4階に向かった。そこで出会った爆発について、次のように証言している。

Phillip Morelli

「廊下を走っているビル備え付けの貨物自動車の側を歩いていた時に、私は吹き飛ばされました。つまり、爆発による衝撃によって吹き飛ばされたのです。その直後、私は床に叩きつけられました。そこからすべてが始まりました。まさにそれは、私を床に叩きつけたのです。何だったのか、わからなかった。もちろん荷積みセンターの上に何かが、何かとても重くてとても大きなものが落ちたんだと思うけれども。何が起きたのか、わからなかったんです。そして突然、床が動き始めました」（ビデオ・インタビュー）

Frank A. DeMartini

フランク・ディマルティーニ　アメリカ　世界貿易センター建設部長

　1993年のテロリストによるトラック爆弾事件のダメージを測定するために雇用され、それ以降88階のオフィスに勤務。9・11で死亡した。

「ツインタワーは満員の707型機が衝突しても大丈夫なように設計されています。707型機はその当時、最大の大きさを誇った航空機です。ビルは恐らく複数のジェット機による衝撃に耐えるだろうと確信しています。というのは、ツインタワービルを支える鉄骨が、家庭の網戸に見られる蚊帳状の構造だからです。鉄格子になっている部分にジェット機がぶつかるのは、あたかも網戸に鉛筆で穴を開けるようなものです。網目が広がったとしても、網戸には何の影響も与えないはずです」（ビデオ・インタビュー　2001年1月25日）

ダン・バートレット　アメリカ　建築士　キーン州立大学の建築科非常勤教授

「第7ビルに疑問のポイントを絞ろう。これが制御解体によるものだということは、疑いのないところである。唯一の疑問は、なぜその日に行われたのかということだ。さらに何らかの疑いがあるとするならば、なぜ当時の状況がもっと十分に調査されないのか。

B52爆撃機（B25爆撃機の書き間違え）が土曜にエンパイアステートビルを直撃したが、次の月曜には頂上付近の最も影響を受けた部分を除いては、営業が再開された。航空機の型も違うし、ビルの種類も違う。しかしあの事故と、9・11当日第7ビルに起きたこととの折り合いをつけるのは難しい」（建築士とエンジニアの請願署名を支持する個人的なコメント）

※著者注　B25爆撃機の事故は、今から50年以上も前、第二次世界大戦中の1945年7月28日に起きた。大きな穴も開いたエンパイアステートビルの事故と比べ、航空機の突入もなかった第7ビルの崩壊を疑問に思うバートレットのような専門家は数多い。

参考画像　http://www.aerospaceweb.org/question/history/empire-state-building/esb-crash01.jpg

Graeme MacQueen

グレアム・マックィーン　アメリカ　マックマスター大学平和研究所部長、宗教学準教授

「ニューヨーク消防局が9・11の直後に503人の消防士から採取した録音は、9・11のビル崩壊はあくまでも爆発によって生じたものであることを主張している。だが、政府の意向を受けた調査は、これらの声を無視、あるいは否定している。我々は個々の目撃者118人の話を聞き、さらに多くの爆発の目撃に関する、直接・間接の資料を加えることから始めるべきだ。次に我々がしなければならないのは、豊富で、相互に支持しているこれらの証言の詳細を検討することだ」

（エッセイ　２００６年８月21日）

column

欧州とオセアニアへも広がる「9・11トゥルサー」の波

千早（平和活動家）

9・11の真実を求める動き

9・11の公式発表の話に疑問を見出し、真実を求めて本当に公正で独立した調査を要求する人々を「9・11トゥルサー（真実を求める人の意）」と呼ぶ。ここでは、世界各地の主だったトゥルサーの動きをご紹介しよう。

9・11の真実を訴える市民の動きは、インターネットから始まった。初期に疑問を呈した中にはヴォルテール・ネット（独立系ジャーナリズムのサイト）の創始者で2002年に『恐るべきペテン』を出版したフランス人のティエリ・メィサンや、『悲痛な欺瞞』（DVD）と『悲痛な疑問』（著書）のエリック・ハフシュミット、また事件当日、空軍のスクランブルが皆無だったことから「これは内部犯行だ」とその日に見抜き、2002年に『大いなる欺瞞』をケーブル・テレビで放映したカナダ人ジャーナリストのバリー・ズウィッカーなどがいる。

メィサンのサイト「ハント・ザ・ボーイング」（ボーイングを捜せ）は、米国ミズーリ州で「パワー・アワー」という独立系ラジオ番組のDJを務めるデイヴ・ヴォンクライストに影響を与えた。彼はフィル・ジェイハンのサイト「レッツ・ロール9・11」で提示された疑問なども加えてドキュメンタリー映画『911 In Plane Site』（邦題『ボーイングを捜せ』）を作った。

このタイトルは「航空機の（墜落）現場で」という意味だが、同音義語の「in plain sight=

ありふれた光景のなかに」とをかけた巧みなネーミングと言えよう。というのも「当時何度も見せられた映像や画像でも、注意深く見ると別のものが見えてくる」という主張が暗に込められた作品だったからだ。ヴォンクライストは、2007年に続編の『911 Ripple Effect』を発表している。

一方、エリック・ハフシュミットの作品は実業家のジミー・ウォルターを9・11の真実に目覚めさせる役割を果たした。最初は内部犯行説などまったく相手にしなかったウォルターは、公式説の嘘を見抜くと、私財を投じて9・11の疑問点を伝えるテレビCMを作って放映し、多数の米国市民に提示した。

また9・11の真実を伝えるDVDを製作し、英、独、仏、伊、日、中、蘭、露とアラビア語の字幕もつけて希望者に無償で配布。こうした活動に使われた金額は700万ドルを超えると言われている。加えて「世界貿易センタービルの崩壊が制御解体でない等々の証明が出来る方には100万ドルの賞金を差し上げます」と宣言し、9・11の真実を求める人たちをあざ笑う動きをけん制した。この懸賞は彼の予想どおり、賞金を手に出来る人物は現れずに終わっている。

このほか早くから独自の調査内容をネット上で公表していたトゥルサーには、複数のサイトを展開しながら活動を続けるジム・ホフマン、通常の報道機関が発表した9・11関連記事を年代別に並べた「コンプリート9・11タイムライン」を作り、『テラー・タイムライン』を著したポール・トンプソンがいる。

また、9・11にまつわる偶然や奇異な事項を列挙したキルタウン、9・11以前に内部情報を得て事件発生を予測していたというアレックス・ジョーンズ、グローバリゼイション研究センター所長でオタワ大学経済学教授のミシェル・チョスドフスキー、元ロス警察麻薬課の刑事で『ルビコン河を渡って』を著したマイケル・ルパート、アメリカン・フリー・プレスなどから記事を発信していたクリストファー・ボウリンやグレッグ・ジマンスキーらがいる。

このように「『陰謀説』などとんでもないから、きっぱり否定してやろう」と取り組んだ人々をも逆に目覚めさせながら、9・11の真実を求めるトゥルサーの活動は広がっていった。

セレブ、9・11の真実を語る

市民ジャーナリストに加えて米英の諜報機関や米軍および政府関係者、学者、米国内外の政治家などが続々と疑問の声を上げるなか、映画スターなどの有名人も勇気を持って9・11の公式説を問う姿勢を見せ始めた。

先陣を切ったのは映画『プラトーン』で知られ、テレビドラマでも活躍するチャーリー・シーンである。以前からアレックス・ジョーンズのドキュメンタリーを観ていたというシーンは、ジョーンズの情報がきちんとした事実に基づいているものだと賞賛し、2006年3月、彼のラジオ番組のインタビューで「彼らは私たちを頭のいかれた陰謀論者に仕立て上げたがっているけど、私たちは『UFOが世界貿易センターのタワーを崩壊させた』などと言っているわけではない。私たちは陰謀論者なんかじゃありません。『19人のアマチュア・パイロットがボックス・カッターナイフで4機の民間航空機をハイジャックし、標的の75%に命中させた』という話の方がよっぽど陰謀に聞こえます」と語った。また「『世界貿易センタービルの崩壊が、まるで制御解体のように見えなかったかい？』と、9・11当日兄に話した」とも述べている。

これを受けてCNNテレビの番組「ショービズ・トゥナイト」が数夜にわたって9・11を特集。シーンの発言を紹介したうえで、公式見解を支持したナショナル・ジオグラフィック・チャンネルのミニ・シリーズ『インサイド9・11』の監修担当プロデューサー、ニコール・リトゥンマイヤーと911Truth.orgコーディネーターのマイケル・バーガーを出演させた。

リトゥンマイヤーはチャーリー・シーンのタワー崩壊に関する疑問を否定したが、バーガーは第7ビルについて言及し、飛行機の突入もなかった高層ビルが当日崩壊したこと、マドリッドのウィンドソル・ビルが長時間火災にあったのに崩壊しなかったことなどを指摘。次に独立系ジャーナリストのアレックス・ジョーンズが出演し、短い時間の中で多くの事実に疑問を呈すると同時に、シーンの他にもハリウッドの有名人の中に共通の認識を持つ人々がいると述べた。

この動きに対抗して、既成のメディアは、いっせいにチャーリー・シーンの過去の大人気ない行為を大々的に報道し「信頼に値しない男だ」というレッテルを貼ろうとした。だが、シーンは「私は国を愛するアメリカ人です。そんな20年も昔の話を持ち出すのではなく、事実を議論してほしい。人々は真実を知りたいのですから」と反論した。

また70年代に『翔ぶのが怖い』で一躍有名になった作家のエリカ・ジョングが新著紹介で同番組に出演していたが、チャーリー・シーンの行動を「政府に疑問を呈する者は誰でも反逆者とみなされる今の世で、こうした疑問を公言し、権力に向かって真実を語る彼はとても勇気ある愛国者です」と称えた。また、ヒトラーやローマ皇帝とも並べてブッシュ大統領を「独裁者」と言い切った。

女優のシャロン・ストーンもチャーリー・シーンの勇気を称え、司会のA・J・ハマーも「陰謀論と呼ばれる訴えの中のたったひとつでも真実だったならば、私たちにはそれを問いかけ、調べる責任がありますよね」と述べている。

番組と平行して、CNNはインターネットで「米政府が9・11の攻撃で本当に起きた事柄を隠蔽していると主張するチャーリー・シーンに同意しますか?」というネット投票を行っていたが、最終的に5万2600人余の回答のうち84%が「イエス」と答えている。

このあと同番組は、2004年4月に「平和と真実を求めるリーダーたちへ」と題した手紙で9・11にまつわる多くの疑問を訴えていたエミー賞俳優のエド・アスナーと、9・11に関する著書もあり、ニューヨークから上院議員選に出馬していた緑の党のサンダー・ヒックスの二人を9・11委員会のメンバーだった人物と議論させる予定だった。だが、当日になって後者が降り、続編はキャンセルされてしまった。

続々と現れるトゥルサーたち

その後も著名、有名な人々が次々にトゥルサーとして声を上げている。映画『エレファント・マン』ほかで知られるデイヴィッド・リンチ監督は、ペンタゴンの穴の大きさや芝生に跡がないこと、世界貿易センターでの3つのタワー崩壊が制御解体に見えるなどの疑問を2006年12月のインタビューで明らかにした。エミー賞女優のロージー・オドネルは2007年3月、ABCテレビのトーク・ショー「ザ・ヴュー」で第7ビルの崩壊などに関する疑問を声高に述べて物議をかもし、映画『アポカリプス・ナウ』に主演したマーティン・シーンも、息子のチャーリーに1年半遅れでアメリカ政府公式説に疑問を抱いていることを公にした。

また映画『9月の数日間（邦題、カウントダウン9・11）』に出演したフランスのアカデミー女優ジュリエット・ビノシュは英テレグラフ紙のインタビューで「9・11が起こることをCIAなどは事前に知っていたのか」と聞かれ、「もちろん！」と答えている。この作品のために、ある諜報機関のスパイと長時間話をしたビノシュは「聞いたことを友人に話しても、信じてもらえなかった」と語った。

このほかバーブラ・ストライサンドの夫君で俳優のジェームズ・ブローリンやカントリー&ウェスタンの大御所ウィリー・ネルソンなど、セレブ・トゥルサーは続々と名乗りを上げている。中でも強力なトゥルサーは、元プロレスラーでミネソタ州知事だったジェシー・ヴェンチュラだろう。彼はその知名度を利用してテレビに出演するなど、市民を目覚めさせるための活動を精力的に続けている。

他方、数百万はいると思われる市民トゥルサーは米国はもとより世界各地で活動しており、WeAreChange（私たちが変化）、「～ for 9/11 Truth」といった名称を掲げて毎月11日前後に街に出てメディアが知らせない事実をDVDやチラシに託して広めたり、YouTube や Google Video などの映像サイトを通して情報の普及に努めている。なかでも2007年9月9日にベルギーのブリュッセルで行われた9・11の真実を求めるマーチの映像は、他の多くのトゥルサーへの激励となった。

マーチ参加者は「メディアや政府が嘘をついているときに、私たちが真実をないがしろにして彼らの嘘を信じていると思わせるような状況は受け入れがたい」「こんなにたくさんの疑問があるのに。とても重要な問題です」「皆が嘘をつかれたと気づくためには、一般のメディアなど見ずにインターネットで画像を見て、何が本当に起こったかを知るべきです」「戦争を正当化するために、アラブやモスリムに対する憎悪をかきたてようとした。実はすべてブッシュ、チェイニー、ラムズフェルドらがやったことだ」「アメリカで20数年来起こっていたことが今ヨーロッパで起きている。だから今何が起きているのかを理解し、目覚めることが重要なのです」「何が起きたのかが見えたのに何もしないでいるなんて不可能です。そんなことをしたら、あなた自身と人類に対する尊敬の念を失うことになるでしょう」「究極的に、これは私たち自身のことなのです。人類の尊厳と自由の問題です」などと語り、欧州でのトゥルサーが決して少数ではないことを教えてくれた。

異色のトゥルサーにはカトリックの司教リチャード・ウィリアムソンがいる。2007年9月に開かれた会議の最終日の説教で「9・11によって警察国家が多大なる飛躍を見たことは確かです。9・11が、私たちに示されたとおりの話だと信じる人は一人もいないと思いたいです。ふたつのタワーが倒れましたが、それは決して、絶対に飛行機のせいなどではない！ その道のプロによって、いくつもの爆薬を使って上から下へと破壊させられたのです。これを疑う方はインターネットで『911 Mysteries.com』を探してください。私はいつもこれを説教で話していますが、それは真実が危機に瀕しているからです」と語り、メディア、政権、政治家、大学、教師、果ては枢機卿や教会の最高権力者たちが嘘をついていると非難した。

遺族、政治家、市民トゥルサー

こうした人々以上に悲痛な訴えを続けているのが、９・11で愛する家族を失った遺族たちだ。中でも当時ニュージャージー州在住だった未亡人のミンディー・クラインバーグ、パトリシア・カサーザ、ローリー・ヴァン・オーケンとクリステン・ブライトワイザーの4人はメディアや政治家への働きかけを通して9・11の調査をしたがらなかったブッシュ政権を動かし、事件から14ヶ月後に調査委員会を設置させる原動力となった。

遺族会の中核となって公式調査を見守り続けた彼女たちジャージー・ガールズは、同じく世界貿易センターで息子を失ったボブ・マックィルヴェインらとともにドキュメンタリー『9/11プレス・フォー・トゥルス』に出演し、調査委員会とその報告書が如何に嘘と隠蔽に満ちているかを訴えている。

一方、同調査委員会の委員だったマックス・クリーランド上院議員（当時）は、攻撃を事前に知らせるＣＩＡのホワイト・ハウスへの報告書を閲覧することも許されない事態に抗議して２００３年11月にその職を辞任したが、その際「日が経つにつれ、この政府は9・11以前にこれらのテロリストたちについて、彼らが認めるよりよっぽど詳しく知っていたことがわかってきた。彼らは戦争することを計画していたし、9・11が起きたとき、まさしくその戦争を始めたのだ」と語り、「ブッシュはアメリカをペテンにかけている」と言い残している。

また２００４年7月末に上院で開かれた9・11の調査報告書に関する公聴会でマーク・デイトン上院議員（当時）は、北米航空宇宙防衛司令部（ＮＯＲＡＤ）のトップが「米国民、議会と調査委員会に対して嘘をついた」と非難し、「国民の血税をいくら投入したところで関係者たちが責任も取らずに嘘をつき、罰も受けずに済まされるならば、税金投入の価値もない」と訴えた。

２００５年９月には上院で初めて平和省設立に向けた法案を提出したデイトンは２００７年に再選を目指さずに議員生活を終えたが、２００８年２月、ウィアーチェンジ（真実を求める市民グループ）・ミネソタのネイト・クラークにインタビューされ、９・11の新たな調査を今も求めていると答えた。

このビデオではミネソタ出身でカーター政権の副大統領を務め、その後日本で米国大使として勤務したウォルター・モンデールも同じ質問を受け、「あれがなぜ起こったのか？　第二弾が必要だよ、全然（調査を）やってないんだから」と新たな調査を支持している。

また反戦活動家や左派の人々に９・11への疑問を重要な問題とみなさない者が少なくない中、デイヴィッド・チャンドラーのような市民トゥルサーは増加するばかりだ。高校の物理教師であるチャンドラーは、誰でも買えるソフトを使ってＷＴＣ７の崩壊が実際に自由落下速度だったことを示し、政府説の嘘をみごとに暴いている。

藤田議員の活躍と、2008年のニューヨーク

２００８年１月の参議院外交防衛委員会で、福田首相（当時）らを相手に９・11にまつわる多くの疑問を提示した藤田幸久参議院議員は、その映像が数ヶ国語に翻訳されて広まった。

そのことから欧州議会イタリア選出のジュリエット・キエザ議員の招きで2月に訪欧し、市民トゥルサーの会議にも出席。また3月には航空会社でボーイング機のエンジニアをしているトゥルサーからの招きでシドニーの国際会議に出席するため、1泊4日の強行軍で渡豪。疲れも見せずに、国会での質疑や欧州の国際会議の様子を力強く報告し、国政の場で9・11への疑問を大きく取り上げた勇気ある政治家として、参加者総立ちの拍手喝采を浴びた。

それらの活動を通じてアレックス・ジョーンズのラジオ番組にも出演し、今後皆で協力して本当の調査を求めていくことを誓い合っている。

オーストラリアでは、3月の会議をきっかけとして国内に散らばっていたトゥルサーの多くが結集した。ビクトリア州の労働組合では9・11の真相を求めるための新たな調査を要求する決議が提出され、5月に同総会で採択されている。

他方私は9月の記念日に向け娘を連れてニューヨークを訪れたが、全米のみならず、他国からもトゥルサーが参加している様子に大変勇気付けられた。9・11以降グランド・ゼロで働いたがために病気になり死亡した方も200人を超えているが、イベントの主催者は、政府からの援助もなく苦しんでいる多くの人々への寄付金集めを、今年の大きな目標としていた。

また前述のボブ・マックィルヴェインや、叔父を失ったマニー・バディーヨ、条件付きの一時賠償金を拒否して航空会社を訴えた未亡人のエレン・マリアーニが、緑の党の大統領候補だったシンシア・マッキニー元下院議員、リチャード・ゲイジや若手人気俳優のダニエル・サンジャタらとともども真相究明への思いを熱く語った。

このサンジャタは9・11の真実を求める勇気ある言動が認められ、2007年9月にボストンで開かれた「ラテンの誇り国家賞」で「百万人の声」賞を授けられている。彼は「この受賞は、生存者でトゥルサーのウィリアム・ロドリゲスが推薦してくれたからこそ」と述べ、受賞時のスピーチは9・11トゥルス一色だった。

政府説を信じきっている妻と離婚の危機にも遭遇したが、真実を求めて活動を続けているボブ・マックィルヴェインは「息子の財布の臭いときたら、ひどいものだった。7年たった今でもひどい臭いがする。グランド・ゼロの臭いだ。1周年にも行ったが、そのときも前年と同じ臭いがしていた。私も慢性閉塞性肺疾患と線維症を患っているが、階段を昇るだけでも大変だ」と述べて、グランド・ゼロで働いた人たちが病気で死にかかっているのも当然だと語った。

また「25人いるサポート・グループのなかで、遺体が戻ってきたのは、私ともう1人しかいない。身長が188センチもある犠牲者ですら骨のかけらも戻ってこなかったことに比べれば、私は本当に恵まれた方だ」と言い、加えて「ボビー（息子）の胸全体にガラスが突き刺さっていて、顔ときたらまるでショット・ガンで撃たれたようだった。息子は爆破で死んだのだと思う」と断言。あちこちで講演している彼は、彼の話を聞いて「自分でもっと調べてみる」と言った女性を例にあげ、真実を求める種をまく作業がとても大事だと訴え、トゥルサーたちへの感謝を表した。またピースフル・トゥモロウズのメンバーとして訪れた日本がとても好きだと言ってくれたのが、印象に残っている。

アメリカ旅行中、私は自作の「9・11は内部犯行」と大書したTシャツを着ていたが、多くの人から「そのTシャツ、いいね！」と言われたり、空港で航空会社の職員やセキュリティーまでもが頷いたり「それはどういうこと？」とまじめに質問をしてきた。黒人、インディアン、ヒスパニックなどの有色人種の方が事態をすぐ理解したが、白人の中にもすでに政府発表の嘘に気づいた人がたくさんいることが確認できた。ボブの言うとおり、本当のことを知りたがっている人々にメディアが伝えない事実を広める大切さを、改めて実感する旅となった。

事件の初期報道に真実が

1996年4月にオーストラリアのタスマニアで起きたポート・アーサーの虐殺事件をずっと調査してきた友人がいる。ビクトリア州の警察官だった彼は「初期報道に真実が隠されている」という。同事件の単独犯として終身刑にされた若者のことを「ただ利用されただけの冤罪だ」と確信している彼は、バリ事件でも初期報道で伝えられた「C4型爆弾が使われた」事実を重視する。

C4型爆弾は軍の関与を示す証拠といえるのだが、その後は〝テロリスト〟アムロジらの手製爆弾が、決して作り得ない大きさの穴を地面に開け、多数の犠牲を出した罪で死刑になって〝解決〟されている。

2008年11月に起きたインドのムンバイテロもパキスタンのイスラム過激派の犯行と言われているが、お酒を飲まないモスリム犯が事件直前にカフェでビールを飲んでいたり、1人はブロンドだったという、公式説を覆す報道が存在した。また銃撃場面で写真を撮っていたカメラマンから「現場にはたくさん警官がいたのに、私が頼んでも犯人たちに向かって発砲もせずにいた。私のカメラが銃だったらよかったのに」と訴える報道も目に付いた。

9・11でも初期の報道はWTCで起きた無数の爆破を伝えていた。反撃されないことを知っていたかのように落ち着いていて、訓練されたガンマンぶりを見せていたムンバイの〝テロリスト〟が、本当は誰の命令で動いていたか、明らかにされる日は来るのだろうか?

9・11の真相を求める理由

最後に、9・11の真相解明の重要さに触れておきたい。私が9・11の真相を求める理由のひとつは、モスリムやアラブの人々に着せられた濡れ衣を晴らすことである。最終的に米国が起訴すらできなかった〝罪〟で4年も監獄に入れられ、ひどい拷問を受けた豪人モスリム、マムドゥー・ハビブに会ったとき、彼が今も生きているのは奇跡であり、彼の件だけでも充分許されざる犯罪だと痛感した。イラクやアフガンの犠牲はもとより、マムドゥーのような犠牲者がどれほどいるのか(不当に殺された者も少なくない)、誰も数えてはいないだろう。

加えて最大の理由は「故意に引き起こされた事件を口実に戦争が始められる」というパターンに世界市民が気づけば、この世の戦争をすべて止めることができると思うからだ。その日を目指して、私は活動を続けている。読者の皆さんも、どうか力を貸していただきたい。Ask Questions, Demand Answers!――疑問を持って、答えを要求しよう!

Profile

千早

東京生まれ。平和活動家。サラリーウーマンの傍らシンガー・ソングライターをしていた頃、環境問題関連のイベントに招かれたことをきっかけに熱帯林問題のボランティアをするようになり、1990年のアースデイで実行委員を務める。

転勤で暮らしていたことのあるニューヨークやロンドンで"テロ事件"が起き、ショックを受ける。が、殊に9.11後「誰が本当のテロリストか」を考えるようになり、地元(オーストラリア)の平和活動やTUP速報に参加。イラク侵略開始後、名古屋のメル友が送ってくれたペンタゴンやWTC7の情報を得て9.11という根本の嘘に目覚め、真相究明を目指して活動中。

2008年9月には娘を連れてニューヨークに赴き、7周年イベントで『ルース・チェンジ』製作者であるコーリー・ロウの紹介で舞台に上がり、自作の歌(http://youtube.com/aftertruth で聴ける)を娘と歌って大好評を博した。

ブログ「同時多発テロはヤラセだよ!」

http://insidejobjp.blogspot.com/

豪州の市民グループ、9/11 Truth Australia の活動としてメルボルン市内の広場でビラ、DVDを手渡すパワフルな著者

オーストラリアの9.11会議で講演した藤田議員(右)。中央に「偽りのタワーズ」の著者で評論家のカナダ人、バリー・ズウィッカー氏。

第2章　日本にも広がり始めた疑問の声

――藤田幸久

参議院議員

1　日本人犠牲者に対して配慮の欠けた日本政府の対応

２００８年1月10日、その日の外交防衛委員会で私は、福田総理に対して「9・11というものはそもそもアルカイダあるいはアルカイダのみによる犯行でございましょうか、その根拠は何でしょうか」とたずねた。

なぜこうした質問をしたかといえば、日本人24人が犠牲となった重大犯罪の犯人を、日本政府がいかなる根拠で犯人と断定しているのかを知りたかったからである。

白昼の都心で事件が発生し、捜査機関がただちに動いた地下鉄サリン事件ですら、犯人がオウム真理教のメンバーであるということを確定するまでに、2カ月近くの時間がかかっている。

地下鉄サリン事件が発生したのが１９９５年3月20日である。警察は捜査の過程で同教団の医師であった林郁夫を同年4月8日に別件で逮捕する。オウム真理教の広報幹部が何度も記者会見を行い、この別件逮捕を強く批判した。だが、口の堅かった林郁夫が、自白という異例な形で犯罪の全容を捜査陣に語った結果、麻原彰晃が逮捕された。5月16日のことである。5万人もの警察官を動員した地下鉄サリン事件の捜査と犯人逮捕にも、これだけの時間がかかっているのである。

証拠や自白に基づく明確な理由がなければ、犯人を特定できないことは誰もが知っている。しかし、アメリカ政府は9・11当日の夜になって、警察が捜査にすら着手していない時点で「犯人はアルカイダだ」と断定しているのである。

アフガニスタンとイラクへの報復的な戦争を支持する立場の日本政府は、こうした問いに対して、明確に答える必要と責任がある。

私の質問に対して福田康夫首相は、次のように答えている。

「日本政府としては、いろいろなレベルで米政府の関係機関に対して事件関連情報、または各政府機関の対応について照会して情報交換を行ってきております。我が国は、入手した非公開情報や外国政府等が作成した報告書等の公開情報を総合的に勘案しまして、9・11テロ事件は国際テロ組織アルカイダによって実行されたものと判断しております」

私は、正味30分にわたって9・11にまつわるさまざまな疑問点を問いただした。首相をはじめ閣僚は、今までタブー視されてきた大き過ぎる問題を、私が国会で取り上げてしまったことに戸惑いを隠せなかった。

9・11に関して、日本政府はアメリカ政府の説明をすべて受け入れて、いわゆる「テロとの戦い」に率先して協力してきた。しかし私の質問は、その鵜呑みにした内容がそもそも真正なのか、はっきりさせてほしいというものだった。今まで、こんな基本的すぎる問題をズバリ質問した議員はいないのだから、閣僚たちが戸惑うのは当然ともいえる。

実際、小泉首相から福田首相に至る日本政府の9・11に関する答弁は、すべてアメリカ政府発表に基づくものばかりだった。

ところがその肝心のアメリカの市民たちが、政府による発表に大きな疑問を抱くようになっている。つまりブッシュ大統領と議会の指名によって結成された「9・11委員会」による報告書が、「飛行機が突入していないのに崩壊した第7ビルの崩壊の理由」に関しては何も触れられていないなど、肝心な部分を避けた結論を並べており、疑問だらけで信用出来ないというものである。

ごく一部の市民が疑問を感じているというレベルではなく、「ニューヨーク・タイムズ」とCBSの世論調査（2006年10月）では、「53%が、政府が何かを隠していると思っている。28%が、政府が嘘をついていると思っている」と報告されている。被害者であるアメリカ国民自身が、政府は肝心なことを隠していると答えているのだから、事は深刻だ。

当時国会では、インド洋での自衛隊による給油活動の延長、つまり、新テロ特別措置法の審議が与野党の最大の争点となっていた。日本政府は9・11で犠牲になった邦人24人を「『テロとの戦い』がいかに日本にとって必要か」という根拠にし、「テロとの戦いは決して他人事ではなく、日本も当事者なのです」といった答弁を繰り返した。事件直後は、被害者を出しているにもかかわらず、日本は無関係であるという論調が一般的で、被害者支援についても冷淡だった国会審議が、戦争容認へと変質していった。

邦人が海外で犯罪の犠牲になった場合、当然捜査をしなければならない。現地の警察の協力を得た上で、証拠に基づいて犯人を特定するのが捜査の常識であろう。その場合に、犠牲になった邦人の遺体や遺留品に対してもきちんとした証拠保全がなされているかどうかを確認し、その犯行の手口や犯人の手がかりについて厳密に捜査されなければならない。

そのことを福田首相にただしたところ、「政府は、9・11テロ事件の発生を受けまして、在ニューヨーク総領事館に設置されました対策本部に警察庁の国際テロ緊急展開チームを派遣しました。また、米国法執行機関との連携や行方不明邦人の身元確認等に関する情報収集を当時いたしました」という答弁だった。

限られた時間の中の答弁だったので、実際日本の捜査当局がテロ事件に対する現地での犯罪捜査を行ったのかどうかを２００８年1月24日、質問主意書で問いただした。

政府側の答弁は次の通りだった。

「警察庁は、平成13年9月、同時多発テロ事件の発生を受け、在ニューヨーク日本総領事館に設置された対策本部に国際テロ緊急展開チームを派遣した。米国法執行機関との連携や行方不明邦人の身元確認等に関する情報収集を行い、消防庁は、平成14年1月、職員を派遣し、同時多発テロ事件での米国の消防防災体制及び米国危機管理庁（連邦緊急事態管理庁・ＦＥＭＡ）を中心としたテロ事案での各機関の活動について調査を行った」

この答弁では、日本政府が犯罪捜査を行ったのかどうかが不明である。２月になってから、次のような再質問を行った。

「前回政府答弁書によれば、事件の真相究明のための日本政府が行った調査等について、犯罪としてのテロ捜査あるいは調査は含まれていないようである。日本政府は、独自の捜査等は行っていないのか。あるいは、米国政府にそれらを要請し、回答を求めたことがあるのか。回答があったとすればその内容を明らかにされたい」

それに対する答弁は、次の通りであった。

「警察においては、同時多発テロ事件について、当該事件の捜査を行っていた米国法執行機関と連携しつつ、行方不明邦人の身元確認等に関する調査を行ったところであり、米国からは、邦人犠牲者の特定に関する情報その他所要の事件関係情報の提供を受けている」

つまりこれらの答弁からは、日本政府の職員がアメリカに出向いて行ったのは、現地の捜査機関の行方不明邦人の身元確認作業を手伝った程度であり、事件の容疑者などにまつわる重要事項についてはアメリカ当局の事件関係の提供を受けただけであったのだろう（ちなみに、当時の刑法には「国外犯規定」はない）。

1月10日の外交防衛委員会での質疑終了直後、外務省から一枚の資料が届いた。

その資料には犠牲者となった邦人の氏名、年齢、勤務先、遺体発見場所が書かれており、さらに遺体確認方法が書かれていた。

それによれば犠牲者24人のうち、遺体が確認されたのが13人。残る11人については「米国の裁判所により死亡宣告がなされている」と記載されていた。しかし、裁判所がどういう確認方法で死亡宣告を行ったかについて外務省は把握していないようである。

それらのことをさらに確認するため、同じ質問主意書で、次のように質問した。

日本人犠牲者に関して、以下について明らかにされたい。

（1）氏名、年齢、勤務先及び御遺体の発見場所

（2）DNA鑑定実施の有無

（3）航空機に搭乗していた方の便名

（4）御遺体の確認方法

（5）御遺族からの要望等に対して我が国政府が行った支援内容

（6）米国政府が御遺族に対して行った事件の概要説明の内容

これに対する政府答弁は、次の通りだった。

（1）同時多発テロ事件の邦人犠牲者のうち外務省が氏名、年齢または勤務先を公表することにつき御遺族の同意を得ているものは（省略、9人の氏名、年齢、勤務先記載）である。また、邦人であるとの確認がなされた御遺体が発見された具体的な場所は特定されていないと承知している。

（2）と（4）

同時多発テロ事件の犠牲者の御遺体については、米国の関係当局において、主にDNA鑑定等の手段による身元確認作業がなされ、同作業を通じて、その一部は邦人犠牲者のものと特定されたと承知している。

（3）ユナイテッド航空93便及びアメリカン航空11便である。

（5）同時多発テロ事件の発生後、在ニューヨーク日本総領事館においては、邦人の安否確認を行うとともに、身元確認に必要となるDNA検体等行方不明者に関するデータの登録手続、米国政府による補償金及び米国赤十字社による給付金の請求手続等に係る情報収集を行い、その結果邦人行方不明者の御家族等に提供した。

また、邦人行方不明者の御家族等を精神面で支援するため、同総領事館の医務官等が個別訪問や電話カウンセリングを実施するとともに、その結果を踏まえ、必要に応じ、同総領事館が作成した日本語の話せる精神科医及びカウンセラーのリストを配布するなどのメンタルケアを実施した。

さらに、米国の関係当局から邦人犠牲者の御遺体の一部が発見された旨の通知を受けた際には、御遺族の要望を踏まえつつ、御遺体の火葬等に係る支援を実施した。平成

14年以降毎年9月11日にニューヨークで行われている同事件の追悼式典に際しては、出席される御遺族の要望等に応じ、式典への案内等の支援を実施している。

（6）米国政府が同時多発テロ事件の邦人犠牲者の御遺族のみを対象として同時多発テロ事件の概要説明を行ったかどうかについては承知していないが、同国政府は、同時多発テロ事件に関する報告書を公表し、同時多発テロ事件をめぐる状況につき調査した結果を明らかにしている。

2　与党、防衛省、外務省関係者の中にもあった疑問の声

さて昨年1月の外交防衛委員会に戻るが、私は9・11に関して、大きなパネル写真を示しながら、最もわかりやすい基本的な疑問のいくつかをただした。

まず、ペンタゴンに突入したとされる飛行機に対して、建物の損傷が明らかに小さいこと。前庭の芝生にも残骸がないこと。初めてジャンボを操縦するテロリストが、機体をほぼ垂直に降下させる操縦を行うのは不可能なことなどである。

ペンタゴンに飛行機が突入したとされるのは、最初に世界貿易センターの北タワーに飛行機が突入してから51分も後のことである。

アメリカのような軍事大国が攻撃を受ければ、すぐに空軍がスクランブル発進し、陸海軍もただちに迎撃態勢を整えたはずである。しかし第2の南タワーへの攻撃を許し、挙句の果てに

は最初の攻撃から51分も経っているのに国防の心臓であるペンタゴンへの攻撃も許してしまっている。なぜ、このような失態が起こり得たのか。

それに対して石破防衛大臣は、真剣な面持ちで次のように答弁した。

「こういう事態が生起したときに空軍が上がる、そしてそれを撃ち落とすことあり得べしというような対応がこの後に定められたと承知をいたしております。これがドイツにおきましては、憲法裁判所において違憲であるという旨の判示がなされたと承知をいたしております。

日本では飛行機がどの国籍なのか、それを乗っ取って操縦している者が何なのか、その意図が何であるのかによって対応する法制が異なるのだと思っております。これが日本国籍の飛行機でなければ、領空侵犯措置というのは外国の航空機というふうに定められておりますから、これは該当しないのだろう。

しかしながら、単に高度をどんどん下げておるということだけで我が国に対する急迫不正の武力攻撃というふうな法的な評価ができるかといえば、それは困難な場合があるかもしれない。だとすれば、航空自衛隊に対して治安出動を命令するということしか、今の法体系では難しかろう。

さすれば、閣議決定等々の時間的な余裕をどう見るかという議論、そして航空機には無辜《むこ》の民が乗っておられるわけですから、その場合にどうするのかという議論はしておかねばならぬのではないかと思います」

洞爺湖サミットを控えた石破防衛大臣は、私の質問に真剣にうなずきながら、同じようなテロが日本で起きた場合を想定して、真剣な答弁をしてくれた。石破防衛大臣は別の場で、私が抱いている数々の疑問に関し、きちんと検証しなければならないと応じている。外交防衛委員会での私の質問は、日本のマスコミではほとんど取り上げられなかった。

逆に、産経新聞1月18日付け「断」の評論家、宮崎哲哉氏による「『陰謀論』に毒される民主党」や、週刊文春の1月28日号に「『9・11』陰謀説をブチあげた民主藤田幸久に『あの人ダイジョブ?』」という、私を揶揄する記事が掲載された。

記事は「民主党には、トンデモ議員を止める奴はいないのか!」というオチで締めくくられていたが、これまでに私を「トンデモ議員」と非難する声は、直接私の耳には届いていない。

逆に、岩國哲人さんや鉢呂吉雄さんなど民主党代議士の呼びかけによる「9・11に関する勉強会」(2月20日)、民主党外交安保部会での「欧州議会での9・11検証会議報告」(4月)、そして政権交代を実現する会(5月5日)での報告の機会が与えられている。

実際、民主党の中には具体的な疑問を抱いていた議員が想像以上に存在し、独自の調査を始めたり、9・11のDVDなどを後援者やマスコミ関係者に上映する議員も出てきた。

そもそも、私があえて国会でこの問題を取り上げたのは、自民党、防衛省、外務省の中にも具体的な疑念を抱いている幹部がいることを直接知っていたからである。

また後の章で詳しく説明しているが、私の外交防衛委員会での発言は日本よりむしろ海外で評価された。

私のもとには、マスコミでほとんど報道されなかったにもかかわらず、日本の内外の多くの一般市民から大量のメールが殺到した。

もちろん中には週刊文春と同じようなタッチで私を批判するメールもあった。売国奴呼ばわりの脅しもあった。しかし、そうした批判メールは全体の1割弱で、9割以上のメールは、今回の質問に対する励ましと、情報提供、そして「身辺にくれぐれも気を付けて」と心配してくださるものばかりだった。

日本でも多くの市民が9・11のアメリカ政府発表に対して疑問を抱いていた——このことが、国民の皆様から寄せられた数多くのメールによって実感でき、この上ない励みとなった。しかも、建築士、外国人弁護士、エコノミスト、県庁職員、ジャーナリスト、航空会社社員、主婦、学生など多彩で、政治的背景のない人々がほとんどであった。

3 「テロは基本的には戦争ではなく、犯罪」という福田総理の答弁

1月10日の外交防衛委員会に先立つ2007年11月28日の参議院本会議で、私は福田康夫首相にテロリズムに関する基本的な考え方について質問している。

新テロ特別措置法、つまりインド洋での給油活動延長に関して、参議院での審議が始まったその最初の質疑で「テロとの戦い」の原点を問いただしたわけである。

「総理、テロリズムは犯罪ですか、それとも戦争、つまり武力紛争ですか？　これこそ、本法案の最も根幹をなす大前提です。逃げずにお答え下さい。もし犯罪とするならば、『犯罪者が潜伏する他国の政権を、別の国の軍隊が武力で倒す』ことを容認することになりませんか？

また、テロを戦争と考えるとしても、この間アメリカが行ってきた先制攻撃には、証拠がな

いままに、勝手な言い訳で他国を攻撃することを認める危険性はありませんか？

総理、そもそもテロとの戦いとは、誰の誰に対する戦いですか？これが不明確であるが故に、『不朽の自由作戦』（ＯＥＦ）が『無差別、報復的』になり、市民に対する『大量破壊戦争』と化したとは思われませんか？　９・11同時多発テロを受けて採択された国連決議１３６８号は、テロ実行犯の引渡しによる解決と、正当防衛としての米国の自衛権を認めたもので、他国の体制変換を目的とする戦争として認めた訳ではないと思いますが、総理の見解を求めます。

テロリストの掃討を目指す最近のＯＥＦの軍事活動は、むしろテロを誘発し、憎しみの連鎖をもたらしています。対テロ戦争のあり方の検証と見直しが必要と思われますが、お答え下さい」

それに対する福田首相の答弁は、次のようなものだった。

「テロはいかなる理由をもってしても正当化できず、断固として非難されるべきものであります。国際社会は、テロ対策の抜け穴をつくらないよう、テロ防止関連条約の作成を通じて、いわゆる典型的なテロ行為に該当するものについてはこれを犯罪とし、各国がこれを処罰するための法的枠組みを着実に整備してきております。

一方、９・11テロ攻撃は、高度の組織性、計画性が見られるなど、通常のテロの事例とは次元が異なり、国連憲章第51条による武力攻撃に当たるものと考えられます。また、２００１年９月12日に採決されました決議１３６８において、安保理は９・11のテロ攻撃を国際社会の平和と安全に対する脅威であると認定しました。

当時、米国等は、このテロ攻撃の中心的役割を果たしているとされるアルカイダ及びそれを支援するタリバンに対して、米国に対する更なる攻撃を防止し又は阻止するために、アフガニスタンの軍事施設への攻撃等の行動を開始しましたが、この米国の行動は適法な自衛権の行使であると考えております。

不朽の自由作戦下の米国の活動は、9・11のテロ攻撃によってもたらされた脅威を除去するための活動であり、適法に自衛権を行使するものとして開始されたものであります。また、ご指摘の安保理決議第1368号が国際社会に求めているテロ行為を防止し抑止するための努力にも当たるものでありまして、ご指摘のような他国の体制変換を目的とする戦争であるとは考えておりません」

福田首相の答弁は次のように要約できるであろう。

・テロは正当化できない犯罪である。国際社会はその犯罪を処罰するための法的枠組みを整備している。他方9・11テロは武力攻撃に当たる。

・アメリカのアフガニスタン攻撃は、安保理事会が国連憲章51条の自衛権にあたると認定したものであり、適法である。

・不朽の自由作戦はテロによってもたらされた脅威を国際社会が一致して取り除くための活動であり、他国の体制変換を目的とする戦争ではない。

つまり福田首相は「テロは犯罪」であり、それに対するアメリカの対応は「自衛権の行使」であって、「戦争ではない」という考えを表明しているのである。

2008年秋の臨時国会において、河村官房長官と中曽根外務大臣との間で「アフガニスタンに展開する国際治安部隊（ＩＳＡＦ）は、国際法上は武力行使にあたらないが、日本国憲法上は様々な制約があり、武力行使にあたらないとは必ずしも言えない」という政府見解をめぐり、度々不一致を露呈して立ち往生した。

麻生総理にいたっては「国際法と憲法の解釈との間には乖離がある」と述べて紛糾したほどである。つまり、日本政府は内と外では異なる理屈を展開する「説明のつかない戦争支援」を行っているのである。

アメリカはアフガニスタンへの武力侵攻を行った後、イラク戦争も開始した。そのイラク戦争は攻撃理由である大量破壊兵器がなかった不当な戦争であったことが明らかになったのに加えて、アフガニスタン戦争も国を安定化させるどころか、ますます抗争を激化させている。

アメリカは空爆によって、一旦はタリバンを崩壊させ、カルザイ政権を誕生させたが、その後さまざまな軍閥や武装勢力が力を増し、特にイラク戦争以後は外国からの武装勢力の流入も激増し、治安が極端に悪化した。今やアフガニスタンの方がイラクよりも危険な国と言っても過言ではないほどである。

この間日本は武装解除（ＤＤＲ）を主導することによって、予想以上に成果を上げたが、成功の理由はタリバン政権崩壊直後で、武装勢力との対話がやりやすかったということと、日本が送り込んだ伊勢崎賢治氏（現東京外国語大学大学院教授）や自衛隊ＯＢなどの優れた対応能力によるものであった。

誰も好き好んで武装活動をする者はいない。生活のために武装勢力に参加する彼らの心情を良く知っていた伊勢崎さんは、武装交渉にあたって、一人一人のゲリラ兵士から生活への不安、家族をどうやって面倒を見ているかを問いかけながら、武装解除への約束を取り付けている。

いわば心と心の対話を促すことによって「戦争をやめるようにお互いに協力しよう」という気持ちを芽生えさせたのである。

そうしたプラスの努力がその後、どんどん崩れてきている。イラク戦争後アメリカに対する反発が日に日に大きくなり、それがカルザイ政権に対する恨みに変化してきた。アフガニスタンにはほとんどなかった自爆テロや仕掛け爆弾などが激増し、2007年には自爆テロで1200人が命を失い、地雷やクラスター爆弾によって800人が命を落としている。

国連のブラヒミ特使は、アフガニスタンの状況を指して、一に治安、二に治安、三に治安と述べているが、今アフガニスタンで最も必要とされているのは、復興支援を行うための土台となる治安構造改革（SSR）である。

テロという犯罪を抑止するはずだったアメリカの軍事活動が、今やアフガニスタン国民を苦しめる自爆テロの連鎖を生み出し、国民の支持を失いつつあるカルザイ政権による有効支配は首都カブールなどの限られた地域まで狭まっている。

最近カルザイ大統領自らが、外国軍の誤爆などによる無実の市民に対する殺傷への抗議と停止を呼びかけたり、タリバンとの和解政策を打ち出しているのも、それだけ追い込まれている証拠である。

そもそも、内陸国アフガニスタンへの武装勢力、武器、麻薬などの出入りは、長く入り組んだ国境を接する多くの隣国から陸路で行われるのが多いのが自明の理である。

それを、遠いインド洋の海上でアメリカ軍などへの給油活動を続けることは、アフガニスタンの一般国民の復興支援にあまり結びつかないばかりか、アフガニスタン国民が知れば反発を感じる行為である。その証拠に、日本が給油活動を行っていることを、当のカルザイ大統領も近年まで知らなかったほどであり、反米意識の強いパキスタンでも、政府はパキスタンが「不朽の自由作戦」（OEF）に参加していることをほとんど国民に知らせていないほどである。

またイラクでのアメリカ軍の戦争は、アメリカでも国民の半数以上が「失敗」と認めているが、米軍撤退後もその負の遺産と余波はアメリカ国内とイラクの両方で長く続くものと思われる。

イラクでのアメリカ兵の戦死者は2009年1月には4224人に達した（AP通信2009年1月11日発表による）。これにアフガニスタンでの戦死者630人（AFP通信1月3日発表）を加えると、両国でのアメリカ兵の戦死者は4854人となっている。

また各紙の報道をもとにイラク国民の戦死者数を推計している「イラク・ボディー・カウント」によれば、2009年1月には9万3000人ないし9万8500人の推定死亡者数がカウントされている。また世界保健機関（WHO）は2008年1月の時点でイラク政府と共同で調査した結果として15万1000人という数字を発表している。

「報復」は憎しみの連鎖を生み、さらなる「報復」を招いている。

4　小泉総理に対する遺族の直訴

海外で家族が犯罪や自然災害の被害者になった場合、その家族には国内での事件の被害に遭った場合の何倍もの重圧がかかることは容易に想像がつく。

まず、言葉がわからない。誰に頼ればよいかわからない。現地の警察や役所に問い合わせるといったことは、一般の日本人にとっては、想像すらしていなかった事態だ。

さらに遠く離れた海外に行くためには、どれだけ仕事を休めばよいかも見当がつかない。何度渡航することになるのかもわからない。その間に必要になる経済的負担についても想像がつかない。

先に私は、日本政府は、「テロとの戦いは決して他人事ではなく、日本も当事者なのです」といった答弁ばかりしていると書いた。犯罪被害者の家族の戦いは、まさに当事者の戦いであり、遠いアフガニスタンやイラクの問題ではない。

9・11の恐ろしい事件に巻き込まれた被害者の家族たちは、アメリカからの連絡を受けるとともに、家族が「生きていて欲しい」という必死の思いを抱きながら、何がなんだかわからない状態で現地に飛んでいったに違いない。

9・11の後、アメリカの行政機関と市民団体は、被害者に対してどういう対応をしていたのだろうか。そのときの実情が描写されている本がある。著者はグレッグ・マニング氏。9・11の事件に巻き込まれて全身の83%に火傷した妻のローレンさんが、医師の努力に支えられて生還した記録である『9月11日からのラブレター』（マガジンハウス）という邦訳本である。

妻ローレンさんは70人もの犠牲者を出したカンター・フィッツジェラルド社の社員である。9・11当日に北タワーのオフィスに行こうとして1階ロビーに到着したとたん、噴出してきた炎の塊に包み込まれ全身に火傷を負った。マニング氏は、生まれたばかりの幼子をかかえながら、必死で妻の看病をする。そのときの心の動き、医師の戦い、社会の対応について綴った日記が、友人の勧めで出版されたのである。

事故直後のマニング氏は、死線をさまよう妻ローレンさんにかかりっきりだった。災害の補償や、医療助成についての手続きを開始することが出来たのは、10月7日になってからだった。

その日の日記には、司法省によってマンハッタン中西部のピア94番地に設置された家族援助センターを訪問した様子が書かれている。

そこに行くには、4カ所のチェックポイントで身分証明書を見せなければならなかった。チェックポイントにはニューヨーク市警の係官がいて、その前のテーブルには救済機関のリストや電話番号、施設の地図などの印刷物が山のように積まれていた。(中略)

入口を抜けると放射状の空間が広がり、間仕切りが並んだ通路がある。まるで産業展示会を思わせるセクションが並んでいる。産業展示会との違いは、さまざまな組織の名前が並んでいることだ。

「ニューヨーク市消防局」「犯罪犠牲者委員会(CVB)」「社会保障」「労災補償」「連邦捜査局(FBI)」「労働省」。長い通路にこうした機関の名前がただ並んでおり、その中に一つだけ民間の会社名があった。「カンター・フィッツジェラルド社」。

私はここから届け出作業を開始することに決めて、カンターのボランティアの説明を受け、資料をもらった。資料にはカンターの家族が届け出をするための機関への訪問順序が書かれていた。

およそ20ほどの機関名が書かれたその資料は、亡くなった犠牲者の家族が法律上の手続きをする役所や慈善団体の一覧表だった。これらの機関を訪ねて、社会保障、労災補償、死亡保険、遺族年金などを受け取るための届

け出をするわけだ。（中略）

カンターから渡された資料は、主に亡くなった犠牲者の家族を対象に作られていたので、ひどい傷害を受けたローレンに適合する機関がどこなのか、一読しただけではよくわからなかった。

そこで、私はまずニューヨーク市消防局に立ち寄った。セント・ヴィンセント病院にローレンを移送してきた救急隊員の名前を調べたかったからだ。（中略）ローレンにとって、とりわけ助けになりそうな機関は、各地から届けられた善意や救援基金を扱っているＮＰＯ（非営利団体）だった。「セーフ・ホライゾン（ＳＨ）」「エンジェル・ネットワーク（ＣＡＮ）」「仏教慈善財団」「赤十字社」などのＮＰＯも並んでいた。

私は、ローレンの代わりに政府機関である「犯罪犠牲者委員会」の届け出に記入しようとした。この機関は労災の医療費を上限なしで補ってくれる。しかし、法的な委任状なしでローレンの代わりに私がサインすることはできないと断られた。労災被害者自身がサインしなければならないわけだ。

私は、ローレンは人工呼吸器がつけられていて話すことができないうえに、しばらくの間、昏睡状態が続くかもしれないと述べ、その後もすぐにはサインできないだろうと伝えた。職員は、ローレンが目覚めればたぶん口述で委任状を作れるだろうと言った。それに対して私は、ローレンがサインすることが不可能な状況を確認して証明してもらえないか尋ねた。職員は可能性について調べてはくれたものの、そうすることを拒絶した。

次に、「犯罪犠牲者委員会」のテーブルの隣の「セーフ・ホライゾン」という救援ＮＰＯのテーブルを訪ねた。この機関は政府や民間の基金をもとに、犯罪や暴力の被害を受けた人々に対して生活を立て直すための緊急援助を行っているＮＰＯだった。特に、法的扶助がおよばない場合や家庭内暴力の被害者、あるいは今回のように犯人からの賠償が得られない場合などで、法律の対応が遅れて取り返しがつかなくなる前に、迅速に対応することを目的にしている機関だった。

「セーフ・ホライゾン」に置いてあったパンフレットを見ながら、そこにいた男性に話を聞けるかどうか尋ねた。彼は自分の左側を見て、テーブルにいたほかの2人の手が空いていないことを確認すると、OKと言った。

2、3分話した後、彼もローレンの代わりに私がサインすることができるかを調べに立ち上がった。数分後に戻って来た彼の答えは「ノー」だった。

――――『9月11日からのラブレター』(グレッグ・マニング著、菅原秀訳　マガジンハウス社P58〜P63)

この本を読んで感心するのは、アメリカの行政機関が被害者家族への便宜のために、あちこちを訪ねなくてもいいように、窓口を一ケ所にまとめたセンターを迅速に作っていることだ。さらに犯罪被害者救援のためのNPO(非営利活動団体)が、被害者家族のための窓口を開いて、資金支援も含めた活動をしており、センターの建物内に行政機関とともに窓口を開いている点も特筆に価する。

マニング氏は、NPO「セーフ・ホライゾン」で「ノー」と言われたことで、あちこちの機関をたらいまわしにされることになる。しかし、各機関の職員が本部に電話をして、現場窓口と本部の見解の違いを指摘したり、親切な弁護士が介入してくれて担当機関に厳重に抗議をするなどのサポートを受け、散々苦労をしながら、少しずつ支援の可能性を広げてゆくのである。

これだけ窓口がそろっているセンターにもかかわらず、各機関もそれぞれの縦割り行政の違いや思惑を抱えており、マニング氏は大変な思いで神経をすり減らしながら、補償にたどり着くことができた。

アメリカ人以外の被害者家族にとっては、勝手がわからない国で、しかも語学のハンディーもある状態で、こうした機関と渡り合うことはまず不可能であろう。

日本人被害者の家族は、はたしてこの家族救援センターにたどり着くことが出来たのだろうか。

在ニューヨーク総領事館が、そうした複雑な手続きのケアーをしてくれたのだろうか。日本人被害者の家族が、司法省による補償の手続きを行っていないのではないかと思われる記事が見つかった。


【日本経済新聞２００３年9月11日】

日本の被害者も支援要望して
（略）先月末、米国の犯罪被害者保護の実情視察のため第一東京弁護士会の志賀こず江弁護士ら三人が司法省を訪れると、犯罪被害者支援の担当検事らから逆に相談を持ちかけられた。「日本にいる同時テロの被害者や遺族に支援が行き届かないのではと悩んでいる」…。

テロの被害者支援はニューヨーク市や民間基金、地元の遺族会など様々な機関が手掛け、司法省は支援の総合窓口的な役割を果たしている。テロ実行犯の刑事裁判の審理状況を被害者側に通知するうえ、公判を傍聴する手続きも引き受ける。精神的ショックが大きい被害者にはカウンセリングや治療のアドバイス、専門機関の紹介などを行い、米国内の被害補償制度の利用の仕方も二十四時間態勢で相談に乗る職員を配置する。

担当検事は「国籍や人種を問わず被害者全体をカバーしたい」というが、時差や言葉の壁で米国外に出た被害者との連絡は途絶えがち。被害者の現状を把握しにくいうえ、支援策の内容も十分に伝わっていないのではとの懸念を抱く。「日本人の被害者や遺族に支援策の内容を知らせ、これまでの対応で不備がなかったかも尋ねてほしい」。（後略）

こうしたことを最初に取り次ぐ責任があるのは、日本政府である。米国司法省が外務省を通じずに日本の弁護士会に相談を持ちかけたのだから、どこかで情報の伝達が途切れてしまい、司法省としても途方にくれていたものだと思われる。この新聞記事からは、ニューヨーク総領事がきちんと被害者家族と司法省との橋渡しをしていなかったのではないかと判断せざるを得ない。

さらに民間NPOからの支援も、日本人被害者に届いているかどうか疑わしい。次のような記事がある。

【週刊新潮2002年9月12日】

世界に流れたショッキングなテロの映像。米国には世界中から巨額の義損金が寄せられた。事件後、米国に集まった義捐金の総額は約9億8000万ドル（約1150億円）にのぼる。その大半が赤十字経由で集められたというが、金はどう分配されたのか。米国赤十字のナンシー・ラザフォード女史（広報担当）によれば、「義損金は、遺族への資金援助はもちろん、重症者への支援など、いろいろな形の支援に使っています」

米国赤十字では被害者が世界貿易センターに勤めていたことを証明する給与明細などを提出すれば、ほぼ自動的に支給している。遺族には3カ月分の生活費が支給され、それに加えて子供の学費なども面倒見てきたという。

「遺族は平均して12万1000ドル（約1430万円）の援助金を受け取っている計算になります。それだけではありません。事故現場が閉鎖されたために引越さなくてはならなくなった人、世界貿易センターにあったレストランで働いていた人や、その区域で営業していたリムジンの運転手の生活援助など、テロの被害にあった人すべてを援助しているんです。ええ、もちろん金額の上限はありません」（ラザフォード女史）（中略）テロの義損金は日本からも送られ、その金額は総額で50億円以上といわれ日本赤十字経由のものだけで22億5000万円にのぼる。この義損金は、いったん米国に送られ、そこから日本の赤十字に再分配されるという。
（中略）日本赤十字杜に聞いてみると、これが何とも不思議な答え。「米国赤十字から邦人への援助金は届いていますが、金額は22家族分で合計7400万円でした。なぜと言われても我々には分かりません。援助の対象になってない残り2遺族は、きっと米国で受け取られたんでしょう」（企画広報課）なんと1遺族あたりたったの300万円である。米国の犠牲者遺族が補償金も合わせて受け取る金額からすると、日本の遺族はその10分の1も受け取っていない。

日本赤十字では2001年9月18日から10月17日までの一カ月間、NHKの協力を得て米国に送金する義捐金を募集し、合計22億円を集め、5回にわたって米国赤十字に送金している。同年9月28日、米国赤十字から日本在住の関係家族のケアをして欲しい旨の連絡があり、日赤が窓口となって、航空券の支給、ホテルの手配、空港での送迎の手配を行っている。また家族からの要請を受けた日赤は、米国赤十字と協議をし、11月7日に葬儀費用の補助を開始、さらに2002年1月30日には、亡くなった人に経済的に依存していた家族の方々に12ヵ月相当分の支援金、カウンセリング受診費用、その他の諸経費の支援を行うとの通知を行い、申請した家族に対して送金をしている。

こうした財政支援とは別に、米国赤十字が日赤を通さずに直接日本人被害者家族に支援したものもある。また2003年になってからは各遺族に対して一律5万5000ドル（約660万円）の追加支援金が米国赤十字から直接支給されている。一連の支援の大部分は2003年上半期に終了したが、一部については2004年まで継続して実施されている。

もちろん、赤十字は民間団体であるから、外務省には責任がない。しかしその後、外務省の邦人保護を担当するニューヨーク総領事館のホームページに、米国赤十字の支援事業に関するお知らせが掲載された。それによれば米国赤十字による最初で最後の「米国赤十字9・11メンタル・サポート・プログラム」説明会が、２００７年11月に東京、神戸で開催されている。ここでも米国赤十字が、その後日本の被害者の家族からの音沙汰がないことから、総領事館に相談を持ちかけて、日本でのプログラムを履行したものと思われる。外務省が米国赤十字のようなＮＰＯと協力してこうしたサービスを行うことは極めて大事なことであり、積極的に評価したいが、それにしても、事件より6年も経ってから「最初で最後の」説明会を行うというのは、どういうことか。

ある被害者の方によると「援助金として現金が支給されたことはない。1周年式典の際の交通宿泊費は米国赤十字ではなく、国際赤十字から負担していただき、ありがたかった」という。「米国赤十字9・11メンタル・サポート・プログラム」も日本の被害者にはあまり知られなかったようで、米国在住の日本人ボランティアの来日時に、その説明を受けたそうである。

日米の赤十字以外にも、米国では多くのＮＰＯが犠牲者家族への支援を申し出ているようであり、国籍を問わず支援をする姿勢であった。そうした官民の多くの善意が、日本人遺族にどれだけ届いたのだろうか。日本政府はそうした善意を受け止める手続きについて、どの程度ケアしたのだろうか。

家族を失った悲しみは金銭では決してまかなえない。しかし具体的な支援が直接届くことで、家族にとって少しでも支えになるのではないだろうか。

さて、事件の1年後の2002年9月12日、その前日にニューヨークのグラウンド・ゼロを訪れた日本人被害者家族の一行は、国連での演説のためにニューヨークを訪れていた小泉純一郎首相が宿泊するホテルを訪ねた。

小泉首相もまた前日にグラウンド・ゼロを訪れて献花して追悼の意を表明したことを家族に報告し、この1年間の心労をねぎらった。

家族の側から口火を切ったのは、白鳥晴弘さんだった。証券会社のカンター・フィッツジェラルド社に勤務していた一人息子の敦さん（当時36歳）が被害にあい、亡くなっている。白鳥さんは私に対して、小泉首相に話した内容を次のように述懐している。

「私は、小泉総理に対して、あなたは日本の首相ですから、いわば親の立場にある人ですと語りかけました。親の立場である人が、被害者に対して、何もしていないというのはおかしいのではないか。地球は一つという認識で若い人が海外で活動している。不幸にも海外で犯罪の犠牲になっても、日本政府は『知りませんよ』という態度をとっているように思えてならない。

補償をしてくれというのではなく、何が起こったのか、どうしたらいいのか、私たちに情報を伝え、最低限の通訳や解説をする形で、きちんと私たち被害者に対応していただきたいと訴えました。さらに、こうした形で亡くなった被害者に対しても、所得税が課税されるのは理不尽だ。アメリカでは全額控除されている。日本でも控除する対策を講じて欲しいとお願いしました」

小泉首相は、真剣な面持ちでじっと耳を傾けていたそうである。恐らく「日本政府が何もしていない」という家族の訴えを知り、内心驚いたのではないだろうか。面会の場には、小泉首相に対して「一体、この責任をどうしてくれるんだ」と強い口調で何度も食い下がった家族もいたそうである。

それもそのはずである。白鳥さんたち家族は事件の後、政府が被害者の家族を集めて今後どうすればいいかについて、助言をしてくれるのではないかと待っていたそうである。しかし、そうした連絡や政府主導による会合は一度もなかったのである。その代わりに政府からは時折、各家族にアメリカの各官庁や州政府が作成した分厚い英語の文書が、送られたそうである。

どういった対応をすればいいのかがわからないので外務省に問い合わせても、受け答えは丁寧だったものの、具体的な対応の仕方は何も教えてくれなかったそうである。文書は保険や補償に関する重要書類であったが、各家族は英語で書かれた分厚い文書を手にして、ため息をつくしかなかったのである。

大部分の被害者は富士銀行（当時）などの大企業に勤めていたわけだが、渡航の連絡や通訳などは勤務先がケアしていたようだ。さらに日本赤十字からの渡航費支援があったものの、日本政府からは渡航費や宿泊費などの支援は一切なされていないのである。

そんな冷たい対応をされながらも、9・11被害者の家族たちは、自分たちと同じ思いを持つ人々が二度と現れないようにという気持ちから、海外で犯罪被害にあった人々を救済するシステムが整備されることを強く願っている。言葉の壁に対して被害者の側に立ってきめ細かくケアする施策はまだ作られていないということだ。

9・11被害者の家族の声をしっかり聞くこと。それがテロ対策の第一歩でなければならなかったはずだ。日本政府は、まだその第一歩を踏んでいなかったのだ。

5　7年経ってテロ被害者救済に動き始めた日本政府

また、日本側捜査当局は、他の犯罪で行われるような厳密な捜査活動や遺体確認活動は行わず、現地領事館が米国の各機関から入手した書類をもとに、それを遺族に伝達するといった程度のことしかやっていなかったと思わざるを得ない。

人類史上経験したことのない余りにも大きな事件であったが故に、ご遺族は、そのかけがえのない肉親がなぜ、どのような形で亡くなったかを尋ねることすらできないまま、今日に至っているという状況である。

たとえば、アメリカにおいては航空事故調査委員会というものが遺族に対して事故の経緯などについて報告しなければならないという法律がある。

私は、当然そうした報告を日本人遺族に対して行うよう、日本政府の方から同委員会に対して求めるべきではないかと、２００８年4月24日の外交防衛委員会で求めた。だが、木村外務副大臣の答弁は次の通り、木で鼻をくくったような内容だった。

「米国国家運輸安全委員会からの事故の原因について、説明を受けたいという御遺族の意向もございません。死亡宣告をされておりまして、死体が発見できない方の遺族等につきましては、政府としてもいろんな形で最大の支援を行っておりますけれども、結論的に言えますことは、その過程で御遺体を確認してほしいという要望が遺族から出たことは承知しておりません」

私は、遺族の方々何人かとお会いしたが、そもそも航空事故調査委員会の存在や遺族に対する報告義務、遺体確認の世界的な技術とレベル、アメリカ人遺族や消防士の遺族などがアメリカ政府を相手取って訴訟を行っていることなどについて、全く日本政府から説明がなされていないことを知ったのである。

そこで、私は2008年10月22日の参議院本会議において、河村健夫官房長官と中曽根弘文外務大臣に以下のように質問した。

「日本政府は、テロとの戦いに参加する正当性の一つとして、日本人二十四名が犠牲になった、テロとの戦いは決して他人事ではなく、日本も当事者なのですと繰り返しています。しかし、日本政府はその御家族に対して心の通った対応をほとんどしていません。事件の一年後の二〇〇二年九月十二日ニューヨークで、被害者家族で一人息子の敦さんを失った白鳥晴弘さんは、小泉純一郎元総理に以下のように直訴しました。

『日本政府は知りませんよという態度を取っているように思えてならない、補償をしてくれというのではなく、何が起こったのか、どういう状況なのかという情報の集約と公開、そして最低限の通訳やガイドなど、私たち被害者に対応していただきたい』

これに対して歴代総理が白鳥さんたちに何も応えていないという事実を、官房長官はどう認識されますか。また、遺族の一人は、『外務省に対してアメリカ政府や関係機関と連絡を取って対応してほしい。被害者に対する補償金に対して所得税が課税される。アメリカでは全額控除されているのだから、日本でも控除する対策を講じてほしい』とお願いしましたが、補償交渉に対しても何ら支援もアドバイスもないと述べています。

政府からは時折、各家族にアメリカの各官庁や州政府が作成した分厚い英文の文書、保険や補償に関する重要書類などが何の日本語による説明もなく送り付けられております。そして、日本赤十字から限られた渡航費支援があったものの、日本政府からはその後の度々の渡航費や宿泊費などの支援も一切されていないとのことです。御家族のこうした要望に誠実にこたえるのが、テロとの戦いの第一歩と考えますが、こうした要望への対応について外務大臣からお答えいただきたい。

二〇〇四年に成立した犯罪被害者等基本法では、海外での犯罪被害者も区別することなくその対象となっており、犯罪被害者給付金制度の充実を求めています。本年四月十五日、犯罪被害者給付金等に関する法律が改定され、交通事故被害者並みの給付となりました。しかし、依然として海外における被害者は対象外になっています。フランスは全世界を対象とし、イギリスでもEU諸国が対象になっています。

アメリカでは9・11を契機に、国際テロ被害者費用補償制度を設立しました。これにより、国外でテロの被害に遭った米国民は、死亡補償金、医療費、対物損害、葬儀埋葬代、精神面のケアなどの補償が受けられるのです。日本においても早急にこうしたテロ被害者を救済する制度を創設すべきです。政府の決断を求めますが、官房長官、いかがでしょうか。

また、アメリカ航空事故調査委員会は、米国人遺族に対しては事故の内容についての報告義務があると認識しています。四月の外交防衛委員会で木村副大臣は、『事故の原因について説明を受けたいという日本人遺族からの要望はない』と答弁していますが、私がお会いした家族の皆さんは是非希望したいと言っております。

そもそも、そうした仕組みがあるということを御家族に対して紹介するのが日本政府の責任ではないでしょうか。今からでも調査委員会にそうした申入れを行う意思があるのかどうか、外務大臣の見解を伺いたい。

9・11で亡くなった私の高校の後輩、小川卓さんの父親小川繁さんは、『テロリストの背後にある民衆のすさまじい怨念を想像してほしい。その怨念をどうしたらなくせるか多くの人々に考えてほしい』と述べ、自衛隊のイラク派遣に反対を表明されました。

ある家族は、『拉致問題では政治家が動いたが、9・11に関してはだれも全く動いていない、拉致家族は忘れられていないが、9・11被害者家族は無視されている』との強い思いをお持ちです。テロの温床を根絶することこそ、テロの犠牲となった自分たちの肉親が浮かばれると御家族は考えておられます。これらの御家族やアフガニスタンの無実の市民が真に望む政策の実現を強く訴えてまいります」

これに対して河村建夫官房長官は以下のように答弁した。

「政府としても、事件直後から御家族の御意向も踏まえつつ、御遺体の確認、米国政府が支給する補償金の請求手続や、補償金の非課税に関する情報提供等、御遺族に対して種々の支援や情報提供を誠実に行ってまいりました。今後とも、御遺族から御要望があれば、可能な限り御遺族の支援に当たってまいりたいと考えております。

日本でも早急に海外でのテロ被害者を救済する制度を創設すべきとの御指摘がございました。犯罪被害者等基本計画に基づく検討会において、テロ事件の被害者について、一般の犯罪被害者等とは別に特段の救済策を取ることをあらかじめ包括的に定めることは困難であると提言をされております。

海外でのテロ被害者については、無差別大量の死傷者が生じた場合等に当該テロ事件を指定した特別措置法を迅速に制定することなどの対応が考えられますが、具体的事案に応じた必要な救済措置が検討されるべきものと考えます」と答弁した。

官房長官は、この方針を午後の記者会見で確認したが、10月23日の毎日新聞は以下のように報道している。

「河村官房長官：海外テロ被害に給付金支給検討　会見で表明

政府は22日、海外でテロ被害に遭った邦人について、国内の犯罪被害者と同じ救済措置を受けられるよう法整備する方針を固めた。河村建夫官房長官が同日の記者会見で『欧米諸国は既に制度を持っている。早急に検討に入るよう命じた』と表明した。内閣府が中心となり作業を進める。日本の犯罪被害者給付金制度は、被害者が死傷したり、障害が残った場合、本人や遺族に給付金を支払う。政府は7月から国内での犯罪被害者に対する給付金制度の支払最高額を約１８５０万円から自動車損害賠償責任（自賠責）並みの約３９７４万円に引き上げたが、海外での被害者は対象外になっている。【坂口裕彦】」

また中曽根外務大臣は以下のように答弁した。

「米国国家運輸安全委員会への申入れに関するお尋ねでございますが、米国同時多発テロ事件に伴うハイジャック事件につきましては、同委員会が説明を行うべき事故に含まれるか否か必ずしも明確ではございません。今後具体的な御要望があれば、政府として何ができるか検討したいと考えております。」

これらを踏まえて、11月6日と12月24日の2回、国会内でご家族数名と内閣府、外務省、厚生労働省、警察庁からのヒアリングが行われた。2回目には「テロ等被害者・家族支援政策研究会」という仮称の勉強会として開催し、自民党、民主党、公明党、共産党、国民新党の衆・参国会議員も呼びかけ人として名を連ねたり、出席してくれた。

主管の内閣府は、「海外における犯罪被害者等に対する経済的支援」に関する欧米諸国の制度調査として、制度の有無、趣旨や理念、給付内容、被害認定方法などの調査に着手している。現行法では、「現行の犯罪被害者給付制度の対象を維持すべき」としてテロ被害者は対象とならないが、「過失犯ないし海外で身体犯被害を受けた日本人に関しては特別の理由がある場合、対応を考慮すべき」としている。

また、「テロ事件の被害者等に対する特例的措置について」は「特別の救済策をとることをあらかじめ包括的に定めておくことは困難」としつつも、「国家または社会に対するテロ行為により無差別大量の死傷者が生じた場合には、当該テロ事件を指定して特別措置法を制定するなどにより、国の対処方針を決定し、被害者等の経済的救済を図る」という考え方である。

他方、外務省も、9・11の他、スマトラ沖大地震、津波などの経験に伴う「大規模緊急事態対応」への以下のような取組を整備してきている。

1　大規模緊急事態への迅速な対応への取組として

（1）「緊急展開チーム」（領事専門官、遺体鑑定法歯・医学専門家、精神医療専門家、遺体処理・

搬送専門家　等）の体制構築
（2）大規模緊急事態対応機材（衛星携帯電話、防護服、歯のレントゲン撮影機材等）の備蓄。
2　大規模緊急事態対応経費の予算化として
（1）大規模緊急対応要員や専門家の派遣旅費や謝金
（2）事態発生現場（遠隔地）での現地本部開設経費や車借り上げなどの活動経費
（3）これら機材の備蓄経費。
3　被害者支援体制の整備として
（1）心のケア実施（精神医療専門家との協力関係構築）
（2）（旅券紛失被害者への）渡航書の職権発給（領事手数料減免措置に関して、現地大使などの判断で職権発給を行える）。
4　遺体関連対応体制の整備として
（1）遺体鑑定専門家派遣体制（法歯科医師等との協力関係構築）及び遺体鑑定機材整備（携帯用歯顎レントゲン機材）の備蓄
（2）遺体処理専門家派遣体制（遺体処理・搬送専門家との協力関係構築）

これらは、鳩山由紀夫議員、榛葉賀津也議員と私の2004年のスマトラ沖大地震、津波の民主党調査団の現地報告に基づく、以下のような邦人保護の問題点の指摘への答えでもある。

1　財布やパスポートを失った邦人被災者に対する帰国のための渡航証明書の発行に政府は

２５００円を徴収した。後になって大災害の被災者はこの証明書を不要とする決定を行い、この金額の返済を始めた。

２　被災者が、家族との連絡や渡航手配のために必要な現金を日本大使館から借り入れたが、大使館員からしつこく返済の確約を迫られた。これら貸し出しは合計22人の66万円である。被災国支援５０００億円に比べれば、微々たる額ではないか。

３　死亡者の家族は、大使館紹介の葬儀社から法外な火葬代を請求されたり、火葬の段取りの手違いが生じたり、自力で搬送するケースが多かった。その自前の費用は１００万円以上であった。

４　各国は多数の検死チームを送った。香港でさえ１００名以上のＤＮＡ専門家を送り、自国民の「捜索活動」を行ったが、日本は歯型や指紋、ＤＮＡの専門家10名ほどを派遣しただけで、日本人らしい遺体が発見された後の「確認作業」が中心であった。

５　遺体を抱えた遺族がタイのプーケットからバンコク空港に着いた際、他国の政府関係者は迎えに出ていたが日本の外交官は誰もおらず、自分で日本大使館を探して遺骨証明、葬儀屋の手配、火葬料を払って帰国した。

６　スリランカの日本大使館では、着のみ着のままの被災者が大使館で長時間待たされたり、食事も与えられなかった事例がある。対照的にこの日本人の友人のアメリカ人は、現地アメリカ大使館で衣服や食事の提供などを受け、とても親切にしてもらった。

大使館員は最善の努力をしたかも知らないが、「平時の規則」のみにしばられ、災害時の遺族や命からがら逃げのびた被災者に対する対応や危機管理の体制が不充分であった。

他方、犯罪被害者に対する警察庁の積極的な取組を知り、感動した。

特に警察独自の取組と同時に、40以上の都道府県で民間による被害者支援センターが設立され、警察と一体となった支援活動を行っていることである。こうした取組が最も進んでいるのが茨城県とのことなので、12月26日にヒアリングを行った。

茨城県警犯罪被害者支援室からは、次のような制度が整備されているという回答を得た。

（1）指定被害者支援要員制度
（2）被害者連絡制度
（3）警察官による被害者訪問・連絡制度
（4）再被害防止制度

さらに、以下のような公費負担こそ、テロ被害者支援にも活用できると思った。

（5）性犯罪被害者に係る診断書料等の公費負担制度
（6）司法解剖対象死者の死体検案書料の公費負担制度
（7）司法解剖死体の公費搬送制度
（8）被害者等の緊急一時避難場所経費の公費負担制度

こういった実態に、私は全く無知であった。

また、茨城県安全なまちづくり推進室の連携のもと、日本で唯一の国際被害者学研究所の所長である常盤大学の冨田信穂教授、1995年に全国の民間被害者組織の草分けで水戸被害者援助センターとして設立された、現在のいばらき被害者センターからも活動を伺った。直接支援として、被害者の家事手伝い、病院、警察、検察庁などへの付き添い、裁判傍聴の意見陳述や証人尋問の付き添い、傍聴メモの作成、マスコミ対応、代理傍聴などを行っている。

こうした活動が、在外公館などでも行えるようになれば、テロや自然災害被害者やその家族にとっても大きな前進になると感じた。今後は、全国に点在し、相互のコミュニケーションも不充分なご家族同士の連携も深めて頂き、対策をまとめていきたいと考えている。

6 9・11委員会委員長も疑問を呈する報告書の内容を一切照会しない日本政府

9・11の直後に、ニューヨーク総領事館に設けられた対策本部に警察庁の国際テロ緊急展開チームと消防庁の担当者を派遣し、情報収集に当たったことは、私の質問主意書に対する答弁で明らかになった。

しかしその後、日本政府はテロ特措法を策定する根拠となる情報をどうやって収集したのだろうか。その部分を明確にしてもらうために、質問を投げかけても、政府から返ってくる答弁は、米国政府の調査報告書から引用したものばかりなので、2008年2月12日に提出した再質問主意書に次の質問を書き加えた。

「前回政府答弁書では、『米国政府が公開した情報によれば～承知している』『独立調査委員会報告書、米国国家運輸安全委員会報告書、米国連邦危機管理庁の報告書によれば～承知している』『米国国務省ホームページ～承知している』等の記述が極めて多い。

これら諸報告書の中には、平成14年までに政府が米国に各種調査団を派遣して行った調査などでは解明できなかった内容は盛り込まれていないのか。もし新たな内容が含まれていたならば、政府は、テロ事件の捜査、遺族の立場に立った真相解明の立場から、これらの報告書を作成した米国関係機関に直接照会等を行ったことはないか。また、その結果を遺族に報告したり、テロ特措法や新テロ特措法の内容や、今後の対テロ対策等に反映させてこなかったのか」

それに対して2月22日に答弁が届いたのだが、日本政府は、単に米国の9・11に関する各種の報告書を読んだものを書き写して答弁をしていただけであり、関連事項に関しての問い合わせや、報告書そのものの不明点への問合せなどの一切を行っていないことがわかったのである。

政府の答弁書には次の内容が記載されていた。

「米国政府による各種報告書には、当然のことながら、我が国として承知していなかった内容が含まれている。同時多発テロ事件に関する未確認情報は、数も多く、その精度も様々であると見られ、米国政府はこうした情報のすべてに対して説明を行ってきたわけではないが、各種報告書を作成し、公表している。我が国としてはこれらの報告書は米国政府による事実究明及び再発防止に向けた努力の結果によるものと受け止めており、特にこれらの報告書の内容に関して米国関係機関に照会を行ったことはない」

そこで私は、2008年4月24日の外交防衛委員会で、9・11委員会の委員長と副委員長やアメリカ議会の議員たちが公然と疑問を呈していることを指摘し、彼らに事実関係をただすべきではないかと高村正彦外務大臣などに質問した。しかし、事前の質問通告をしていたにもかかわらず、大臣は答弁を避け、木村仁外務副大臣が官僚が作った答弁書を読み上げるだけであった。

以下がそのやりとりの概要である。

藤田幸久　FBIのホームページに10名ほどの最重要指名手配者が載っており、オサマ・ビンラディンもその一人で莫大な懸賞金が懸かっている。しかし、彼がなぜ最重要手配者になっているかという理由として1998年7月のタンザニアのダルエスサラームとケニアのナイロビにおける米国大使館爆破事件のみが書かれているが、9・11事件への言及がない。2006年の6月5日に、なぜ9・11に関する言及がないかということについて問い合わせをした人がいる。それに対して、FBIの調査広報責任者のレックス・トゥーム氏は、FBIがビンラディンと9・11を結び付ける確固とした証拠を有していないためであると発言している。高村大臣は、この事実を承知しているか？

木村仁副大臣　FBIのホームページに掲載された最重要指名手配者としてのオサマ・ビンラディンの容疑について、9・11同時多発テロ事件への言及がないことは承知している。他方、その理由等に関するFBI関係者の発言については承知をしていない。

2002年6月2日、米国連邦捜査局、FBIは議会証言において、9・11同時多発テロ事件をアルカイダ及びビンラーディンとリンクさせる証拠は明確であり、反証不可能である旨述べたと承知している。我が国としては、各情報を総合的に判断して、9・11同時多発テロ事件はアルカイダにより実行されたものと判断している（※その後外務省の担当室長が来室し、この議会証言は2002年2月6日の誤りであったので、議事録を訂正して欲しいと申し入れてきた。そして、それ以降FBIがビンラディンを断定する議会証言を外務省も目にしたことはないとのこと。つまり、それ以降断定する根拠はないということである）。

藤田幸久　9・11独立調査委員会の委員であったマックス・クリーランド元上院議員が途中でこの委員を自分から辞任している。その理由は「もし、ホワイトハウスの文書へのアクセス制限の決議が通ったならば、私は9・11委員会としてアメリカ国民、特に被害者家族の目を見て、委員会にはアクセスの権限があったと言うことはできない。つまり、この調査が今や抑圧されてしまったことであり、各種機関から情報が出てきていないことであり、権限を与えられた委員会とすれば、調査がきちっとできないことである」と述べた。

独立調査委員会の報告書をまとめたトーマス・ケイン委員長（元ニュージャージー州知事）とリー・ハミルトン副委員長（元下院外交委員長）が、CIAやNORAD、FAA、つまり航空調査委員会等が委員会への資料提出を拒んだりデータを隠していたという実態を「前代未聞、911委員会の内幕」という本で出版している。

そして、「我が国が直面した最大の悲劇の1つを調査するために議会と大統領によって作られた法的な力を持つこの委員会に対して、政府の高官たちが情報を与えないように決定していたことを承知しており、妨害行為であると受け止めている（ニューヨーク・タイムズ2008年1月2日）」と述べている。

テロとの戦いの根拠となる、一番権威を与えられたこの委員会にきちっとした情報が開示されていないということに対して、テロ特措法との関係においても、日本は当事者であるので、事実関係をしっかりただすべきではないか、高村外務大臣、いかが？

木村仁副大臣　御指摘の諸点は米国政府内部のやり取りに関する評論であり、我が国政府として意見を述べる立場にあるものではない。9・11独立調査委員会報告書は、米国大統領及び議会が米国内法に基づき設立、授権した独立調査委員会により行われた調査結果をまとめたものであり、米国内での公的権限に基づいて作成されたものと承知している。我が国としては、同報告書は米国政府による事実究明及び再発防止に向けた努力の結果によるものと受け止めており、その内容の基本的な事実関係につき新たに米国政府に照会する必要はないものと考えている。

藤田幸久　新たに照会する必要はないということは、今まで照会したことがあるのか？　どういう照会の内容や、どういう報告を受け取っているのか？

木村仁副大臣　全然照会をしなかったということではなく、報告書を入手し十分精査し、それに関連して必要な事項についてはいろんな方面からいろんな情報を得ている。

藤田幸久　照会をしたというならば、具体的にどういう照会をして、どういう報告を得ているのか。これはやっぱり事実関係をしっかりただすべきではないか、高村外務大臣、いかが？

木村仁副大臣　日本国政府としては、この公式の報告書の内容を信頼しその事実を認める以外にないわけで、それについての基本的な問題について疑問を呈するような照会はしていない。

2月に私が出した質問主意書に対する「報告書の内容に関して米国関係機関に照会を行った

ことはない」という回答と矛盾した答弁である。「アメリカ政府の調査だから信頼できる」だけで、後のアフガニスタン戦争やイラク戦争を支援したでは済まされないのではないか。

7 在日米軍基地の役割はアフガニスタンとイラク作戦が中心

日本政府が何度も繰り返してきたのは、「テロとの戦いは決して他人事ではなく、日本も当事者なのです」という言葉だった。

しかし、アメリカ政府の調査だから信頼できるとの一点張りで、肝心の日本人被害者への支援や事件の捜査活動をきちんと行わないまま、日本政府は、「日本もテロとの戦いに参加しなければならない」という名目で陸上自衛隊によるサマワへの駐留、航空自衛隊によるイラクでの空輸活動、さらにはアフガニスタンでの空爆支援のための海上自衛隊によるインド洋での給油活動が行われることになったのは周知のとおりである。

日本政府はこうした「貢献」を高らかに宣伝してきたが、日本各地に点在している米軍基地からもアフガニスタンとイラクへの出撃が行われていたことはあまり知られていない。

アメリカ軍によるこうした行為は、日米安保条約のルール違反の可能性が高いが、日本政府がそれに対して抗議をしたという形跡もない。

形跡がないどころか、アメリカ側が「旗幟を鮮明に」（ショー・ザ・フラッグ）と求めたと言われる空気の中で、その根拠があいまいなままに陸自、空自、海自による軍事協力が実行されていったのが実情ではなかったか。

さて、その「ルール違反」まがいで米軍がどんなことを行ったかを見ていこう。

9・11の後、日本各地の在日米軍基地はあわただしい動きを示した。アフガニスタンを攻撃するための準備を開始したのである。日米安保条約では、在日米軍が軍事行動を行なう場合は2つの約束がある。つまり「極東条項」と「事前協議」である。

極東条項とは、米軍は安保条約6条に書かれた「極東での国際平和及び安全の維持に寄与するために」日本国内の基地施設の使用を認められるものであり、極東の範囲は「フィリピン以北ならびに日本及びその周辺の地域」とされている。

アフガニスタンは明らかに、極東の範囲から外れた地域であり、米軍が日本の基地から出撃することは出来ないことになっている。また日本の基地からの出撃に当たっては、日本政府と事前協議を行うことになっている。

しかし湾岸戦争のときもそうだったが、事前協議は行われたことがなく、安保条約の2つの約束は空文化しているのである。

9・11直後から数週間にわたる在日米軍基地の動きが以下のように報じられている。

【毎日新聞　東京夕刊2001年10月3日】
米国同時多発テロ軍事報復、在沖特殊部隊出撃も…役割増す在日米軍
◇基地周辺の警備厳戒
同時多発テロに対する軍事報復のため、全国の在日米軍基地で動きが活発になっている。91年の湾岸戦争時は

空母「ミッドウェー」など海軍の主要部隊が在日米軍基地から出撃し、多国籍軍の一翼を担った。今回はさらに沖縄駐留の特殊部隊が作戦参加するとみられている。日米安保条約では極東の守りが任務の在日米軍だが、日本から遠く離れた地域の作戦行動に向け準備は最終局面を迎えている。

◇基地の動き

米軍佐世保基地（長崎県）では2日、強襲揚陸艦「エセックス」など揚陸艦3隻、掃海艇2隻が出港した。海上自衛隊の護衛艦が警戒にあたるなど、緊張に包まれた。横須賀基地（神奈川県）からは1日、空母「キティホーク」が出港した。米海軍によると、インド洋に向かったという。湾岸戦争後の掃海艇派遣に携わった元海自潜水艦隊司令官の西村義明さんは「中東に展開中の空母部隊の交代で、当面は後方に配置されるだろう」と推測する。

嘉手納基地（沖縄県）では9月16日にF15戦闘機とKC135空中給油機がアラスカの基地に向かい、F15戦闘機はその後、アフガニスタンへの出撃拠点の一つとなるトルコの基地に向かった。

三沢基地（青森県）では、地上攻撃能力の高い米空軍F16戦闘機約30機の飛行訓練が続く。湾岸戦争で三沢の部隊はソ連をにらんで中東派遣は見送られたが、世界情勢の変化で今回は「参戦」の可能性も指摘される。

湾岸戦争後、財政上の理由やピナツボ火山の噴火（91年6月）で、米国はフィリピンのクラーク空軍基地、スービック海軍基地を閉鎖した。湾岸戦争時はクラーク基地が空軍の補給、訓練基地だった。現在沖縄に駐留している空軍特殊部隊も、当時はクラーク基地に駐留していた。

在日米軍に詳しい非営利組織（NPO）「ピースデポ」代表の梅林宏道さんは「米軍は基地縮小の流れにあったが、思いやり予算で維持経費が安上がりな在日基地はそのまま残した。クラーク基地などの廃止で、湾岸戦争時より日本の基地の役割は増している」と話す。

◇特殊部隊

アフガンは内陸国で、山岳ゲリラ戦に対応できる特殊部隊が投入されるとの見方が専門家の間で高まっている。
沖縄には米陸軍「グリーンベレー」、海軍特殊部隊「シールズ」、空軍特殊部隊「第353特殊作戦群」、海兵隊で特殊作戦用に訓練された「第31MEU」が駐留する。「第31MEU」は補給なしに30日間戦う能力を持つ。これらの部隊が沖縄からアフガン最前線に出撃する可能性がある。特殊部隊のうちグリーンベレー以外は湾岸戦争後に沖縄に移ったものだ。

◇厳戒の基地

横田基地（東京都）では、一時最高レベル「0」の警戒態勢が敷かれた。フェンス際に航空機のタラップが2基配置され、土のうが積まれたタラップ上で米兵が警戒する。長年、基地を監視している遠藤洋一・福生市議は「これほど徹底した警備は初めて」と話す。

この年の12月23日「キティホーク」が母港である横須賀基地に戻ってきた。「キティホーク」は「後方に配置された」だけなのだろうか。翌日、朝日新聞が次のように報道した。

【朝日新聞朝刊　2001年12月24日】
キティホーク艦載機がアフガン空爆に参加後、横須賀帰港
米国のアフガニスタン攻撃に参加していた米空母キティホークの艦載機が、タリバーンやアルカイダへの空爆作戦に参加、約100発の精密誘導爆弾を投下していたことが23日わかった。同日、米海軍横須賀基地に帰港したカンクル空母群司令官が明らかにした。米軍が同空母の艦載機の空爆参加を確認したのは初めて。
アフガン作戦に参加した艦載機はFA18戦闘攻撃機やS3B対潜哨戒機など15機。艦載機は空爆のため延べ約

100回出撃したという。
同空母は10月1日に横須賀を出港しアラビア海に到着後、特殊部隊約600人や約20機の陸軍ヘリコプターの発着基地として利用された。空母を発着した全航空機の出撃回数は延べ約600回という。

次に起きたイラク戦争でも、在日米軍部隊は事前協議なしにさまざまな部隊を出撃させている。イラク戦から帰港したキティホークが次のように報道されている。

【日本経済新聞夕刊2003年5月6日】
横須賀、イラク戦から、キティホークが帰港
イラク戦争に参加した米空母キティホーク（8万3960トン）が6日朝、事実上の母港の米海軍横須賀基地に帰港した。1月23日の出港以来、103日ぶり。キティホークは出港後、イラク戦争への出動命令を受け、ペルシャ湾北部を拠点に活動。艦載機が500から2000ポンド（227から907キロ）の爆弾や、子爆弾が飛び散るクラスター（集束）爆弾をイラクに投下した。

「キティホーク」は大量の爆弾をイラクに投下した。アフガニスタンとイラクの戦争で、日本はこうして出撃基地の役割を果たしてきたのである。その米軍基地をあいまいな基準による2000億円以上の「思いやり予算」で支え続けているのが日本政府であり、財源は国民の税金である。

こうした実態について、2008年11月13日の外交防衛委員会で私は麻生太郎総理に直接質

問した。以下が概要である。

藤田幸久　在日米軍基地なくしてアフガニスタン戦争、イラク戦争というものは戦えなかったという実態がございます。そういう実態があるということについて、総理はどういうふうに認識されておられますか。

麻生太郎総理　在日米軍なくしてイラク戦争、アフガニスタン戦争は成り立たないみたいなお話、という現実があるという指摘には賛成いたしかねます。日本に駐留する米軍というものに関しましては、これは日米安保条約の第六条、あくまでも日本と、及び極東の平和と安全という維持の目的のために日本に駐留しているということが大前提になっておりますので、今のような御指摘は当たらないのではないかと思っております。

藤田幸久　日米安保条約の目的とは別に実態として、米軍が日本から出撃をした後、実際にアフガニスタン、イラクにこういった形で参加をして、それがなければ成り立たないというその部分の、実態として在日米軍基地が結果的にそういう役割を果たしているというその事実についてはいかに認識されますか。

麻生太郎総理　極東地域の安全とか日本の平和とかいうものの目的の達成のほかに、いろんな意味で、以外の任務を有して移動するとか、ほかのところに行くということに関して、これがなければ成り立たないのかと言われると、それはなくても別の方法で成り立つような気もしますので、これがなければ成り立たないというのは、そういう感じではありません。

藤田幸久　アメリカからいろいろ負担を求められておりますけれども、それに対して、アメリカの大統領なり政策決定者に対して、これだけ実態的に役に立っているでしょうということは、おっしゃられるんじゃないですか。まるでそのことについてはおっしゃられませんか、黙っておられますか。

麻生太郎総理　その部隊が移動した先のことについてまで、これは日本があったから移動できたとか言われるんだったら、これはほかの基地からも移動できたということになろうと存じますが。

つまり、在日基地から飛び立った後、米軍機がどこに移動し、何をしようとも関知しないという、従来の日本政府の見解だ。実際に命を失っているアフガニスタンやイラクの何十万人の無実の市民や家族の前で、日本の首相は、こんな無責任なことが言えるのだろうか？

在日米軍基地と対テロ戦争について、麻生総理に質問する藤田議員

第3章　ブッシュ弾劾決議と再調査への要望——藤田幸久

参議院議員

1 ドイツ連銀総裁が暴露した株、金、原油市場のインサイダー取引

きくちゆみさんがまとめてくれた第6章のデヴィッド・レイ・グリフィン氏による新著『9・11の矛盾─議会とマスコミへの公開書簡』(9/11 Contradictions:An Open Letter to Congress and the Press)で、多くの矛盾に皆さんも驚かれることと思う。

しかし、9・11にまつわる矛盾と疑問はまだまだたくさんある。私がブリュッセルでの9・11の真相解明の会議に招かれた折に、ロンドンで元ドイツ連邦銀行総裁のエルンスト・ヴェルテケ氏と面会したことを覚えておられることと思う。ヴェルテケ氏が9・11の前後にインサイダー取引があった疑いがあると語ったことが最初に日本で報道されたのは2001年9月25日だった。

各国の金、原油市場でテロ前後不可解な取引　独連銀総裁が指摘
【リエージュ(ベルギー)ロイターES時事】
ドイツ連銀のウェルテケ総裁は22日、米同時テロ事件の前後に、各国市場で金や原油に関し「不可解な取引」が行われた疑いがあると述べ、事件発生を事前に知り得る者の取引があった可能性を指摘した。総裁は「原油価格はテロ事件の直前、急に上昇した。これは原油を買って、後で高値で売り抜けたことを意味する」と指摘するとともに「金市場でも説明が必要な動きがあった」と語った。【毎日新聞朝刊2001年9月25日】

この短い記事だけではわかりにくいので、アメリカのサイトを探してみると、経済紙のブルームバーグによる詳細な記事があった。(ブルームバーグ・ニュース2001年9月23日　紙幅の

関係で詳細は割愛する）

さて、誰によってどんな取引がなされたのか、明確なことは判らないが、アメリカのマスコミに続報がないか調べてみると、２００３年6月3日にフロリダのニューズマックス紙がウェブ・ニュースで「まだ9・11の株疑惑について沈黙のまま」という記事を発表していることがわかった。

その記事によれば、米国証券取引委員会（ＳＥＣ）もこの件に関して調査を開始し、次の企業に関してインサイダー取引の情報がないかどうかを世界各地の証券取引所に問い合わせたようだ。

米国証券取引委員会が各国に問い合わせる際に、リストアップした企業名が書かれていた。コンチネンタル航空、ノースウェスト航空、サウスウェスト航空、ＵＳ航空、ロッキード・マーチン、ジョン・ハンコック、メットライフ、ゼネラル・モーターズ、レイセオン、ＷＲグレース、ローン・スター・テクノロジーズ、アメリカン・エクスプレス、バンク・オブ・ニューヨーク、バンク・ワン、シティグループ、リーマン・ブラザーズ、バンク・オブ・アメリカ、そしてモーガン・スタンレーということである。

これらの銘柄には、事前の株価の下落が見られる。また、プットオプションの発注についても通常の取引の中でよくある規模のものである。したがって、米国証券取引委員会の調査範囲だけでは、9・11を事前に知っている者による、大掛かりなインサイダー取引の疑惑があるかどうかは判断できなかった。そのような理由から、企業リストを作った上で、こうした先物取引が行われている世界各他の証券取引所に問い合わせたわけである。

米国証券取引委員会と同様、ドイツ連銀の担当スタッフも、事件前後の株価の異常な動きをキャッチしていた。そうした情報をもとに、ヴェルテケ総裁は記者会見の中で、異常な値動きを見せたのは「石油と金、航空会社と保険」と語っている。さらにブルームバーグ紙が「ミュンヘン再保険会社関連の9月6日と7日の取引量は、およそ倍に膨らんでいる」と報道していることから見て、この期間にユナイテッド航空とアメリカン航空だけでなく、幅広い業種のインサイダー取引があった可能性が高いと考えられる。

ニューズマックス紙の記事によれば、こうした疑惑があるにもかかわらず、その後FBIも米国証券取引委員会も、さらに世界各地の証券取引委員会も、捜査活動を行っている模様はないそうである。

肝心の米国証券取引委員会とFBIが調査を棚上げにしているのはなぜか。まずアメリカ当局に圧力をかけてきちんとした調査を要請しなければならない。ユナイテッド航空とアメリカン航空関連の株取引だけでなく、9・11に関して利害関係があるすべての企業の取引状況が検証されない限り、ミュンヘンだけでも倍に膨らんでいる現象は説明できない。

ことはアメリカだけの問題ではないのである。

2 ブッシュ大統領への弾劾決議が下院委員会に送付

次に、日本のマスコミが、見事なほどに一斉に無視したアメリカの大きな出来事についてお話したいと思う。

２００８年6月11日、アメリカ議会の下院がオハイオ州選出のデニス・クシニッチ議員が提出したブッシュ大統領に対する弾劾決議を司法委員会に送付することを可決したのである。弾劾決議への賛成議員は２５１票、それに対して反対は１６６票だった。ブッシュ大統領を支持する共和党からも24人が離反し、弾劾決議賛成の側に回ったのである。

クシニッチ議員は２００４年の大統領選に民主党から立候補し、特にブッシュ大統領のイラク戦争政策を徹底的に批判し、選挙資金がまったくなかったにもかかわらず予備選の最後まで戦った人物として知られている。２００８年の大統領選にも立候補したのだが、オハイオ選挙区での下院議員選挙に出馬しなければならなかったので、途中で断念している。

クシニッチ議員がブッシュ大統領の弾劾決議を出そうとしていることを知った民主党のステニー・ホイヤー下院総務とナンシー・ペロシ下院議長は、「弾劾決議は成功の可能性がない上に、党を分裂させる」として、決議案を提案しないように強く要請した。というのは、かつて共和党が、下院でクリントン大統領の不倫問題に関する弾劾決議を通過させたものの、上院弾劾委員会での大統領弾劾の票決を得ることが出来ず、大きなダメージを受けて国民からの支持を大幅に減らしたからである。その後アメリカの政治の世界では「大統領弾劾は政党の自殺行為」と言われるようになり、下院での多数派となった民主党幹部は、今度は自分たちが同様のダメージを受けることを恐れたからである。

実はクシニッチ議員は２００７年11月にもチェイニー副大統領の弾劾決議を提出し、下院司法委員会に決議案を送付することに成功している。しかし司法委員会のジョン・コンヤーズ委員長（民主党）が決議の審議に着手しなかったので、決議はお蔵入りとなっている。

クシニッチ議員は、そうした民主党幹部の思惑を「なぜ弾劾決議が民主党にダメージを与えるのか理解できない。大統領を弾劾できない下院は、機能しているとは言えない」として、今回のブッシュ大統領弾劾の挙に出たのである。

政府高官や裁判官を弾劾する場合、まず下院での弾劾決議が必要だ。下院で弾劾決議がなされた場合には司法委員会に送られて法案内容が審議され、さらに上院に送られる。上院は弾劾決議に関しては裁判所の機能を持っており、議会で正式な裁判が行われる。裁判長は上院議長が務めるが、弾劾の対象が大統領であった場合は、連邦最高裁判所長官を裁判長として指名し、上院議員が陪審員を務める。上院での裁判で有罪の判決が下されれば、大統領はただちに罷免されることとなる。

もちろん、大統領の弾劾決議は、簡単に出来るものではない。政治生命を賭けた重大な決意が必要なのは当然のことである。クシニッチ議員は捨て身の覚悟でブッシュ大統領の弾劾を訴えたのだが、アメリカ国民にしっかりした理由を訴えるためのある秘策を準備していた。35項目にわたる弾劾容疑を詳述した、3万2000語にわたる弾劾決議案を書き上げていたのである。この量は、文庫本一冊分に値する。単に弾劾の条項だけではなく、証拠となる政府高官の発言や文章を、さまざまな報道や公文書から引用し、大統領はなぜ弾劾に値するかという理由を明確にした決議文は、今までに他の議員が提出してきた箇条書きによる決議文とはまったく異なるものだった。

決議文に書かれていたのは、ブッシュ大統領にとって否定することが極めて難しい数多くの証拠だった。

彼が弾劾決議に踏み切った上で採った作戦はこれだけではない。決議案を提案するために、共同提案者の名前を署名するのだが、クシニッチ議員は決議と同時に署名を求めるという奇襲作戦を用い、事前に懐柔されてしまうことを回避する作戦をとったのである。

さて決議案提出当日の6月10日、クシニッチ議員は「決議案を提出するように」というペロシ議長の要請を蹴り、決議案を読み上げることを主張した。

単に決議案を提出しただけでは、そこに書かれた具体的な内容が国民の目に触れないまま、審議が進んでしまう。読み上げた場合には、その内容のすべてが速記されて議事録に記録されて、世界中の人々がいつでもインターネットでその全文を読むことができる。クシニッチ議員には、米国議会での弾劾決議の議案そのものを全世界に伝え、ブッシュ大統領が何をしたかをすべての人の目に触れさせようとしたのである。

こうして議会職員が延々5時間もかけて、決議文の全文を読むことになったのである。その結果、狙い通り、米国議会図書館の左記のサイトに永久に記録されることになったのである。

http://thomas.loc.gov/cgi-bin/bdquery/z?d110:h.res.1258:

クシニッチ議員はその後、コンヤーズ委員長を訪ね、委員会で取り上げるように談判を続けた。その結果コンヤーズ委員長は2009年1月8日に、弾劾決議を取り上げることはしないものの、「ブッシュ政権の戦争権力と市民的自由に関する特別委員会」を作り、ブッシュ大統領とチェイニー副大統領による職権乱用に関しての調査を開始すると発表した。コンヤーズ委員長によれば、特別委員会での調査対象としてイラク戦争に関連しての職権乱用と拷問を中心に調査するとのことであるが、幅広い（wide ranged）という言葉を使いながら、クシニッチ氏からの事情聴取もありうるとしていることから、クシニッチ氏による弾劾決議に盛られた内容の一部が調査されることは確実だ。

もちろんオバマ政権は、共和党側がこうした調査に対して「自分たちへの報復的職権乱用だ」と反論することを恐れているので、ブッシュ氏を逮捕して査問するなどの強硬手段に出ることはないだろう。しかし、世論の後押しさえあれば、35の弾劾項目の多くの部分が調査され、9・11についての疑問にもかなり迫ることが可能になるだろう。

クシニッチ議員の決議が通ったということは、すでにブッシュ政権のやりかたに反対するアメリカ国民の声が、国民全体の半数を超えたということを意味する。

今、アメリカは少しずつ動き始めている。今回の戦争が生んだ弊害をなくすのには、時間がかかる。戦争という巨大な利権は、数多くの人々の生活に直接かかわる大きな問題だからだ。

アメリカの大手テレビ局NBCは、「ブッシュ大統領の行為は弾劾に値するか」という調査をホームページ上で継続している。この原稿を執筆している時点でも、投票作業は継続されているので、是非のぞいて欲しい。

「あなたはブッシュ大統領の行動は弾劾に値すると思いますか」という質問に対して、2009年1月時点での回答は、

(1) 弾劾すべきだと思う89%
(2) 間違いはあるが、弾劾するほどではない。4・3パーセント
(3) 弾劾すべきではない。 政治的リンチだ 4・6%
(4) 分からない 2・1%

となっている。こうした結果を見るとクシニッチ議員の提案こそが、アメリカ国民の世論を的確に反映しているといえるのではないだろうか。
http://www.msnbc.msn.com/id/10562904

3　テロの事前情報を無視して予防しなかったアメリカ

ブッシュ政権が事前にアルカイダのテロ攻撃情報を知っていながら、事前に防止しなかったのではないかという疑問は、数多くの人々から指摘されている。その疑問を、政府高官であった当事者の立場からはっきりと肯定したのが、ジョージ・テネット元CIA長官である。

テネット氏はクリントン大統領の時代から7年間にわたってCIA長官を務めた人物である。ところがブッシュ大統領に仕えるようになったものの、フセイン政権とアルカイダとの関係が不明瞭であったことから辞任を迫られた人物である。

その彼が2007年4月に出版した『嵐の中で』という回想録の中で、自分は2001年7月10日にライス国家安全保障担当補佐官と緊急会議を開き、アルカイダによるテロの危険が直前に迫っていると伝えたと語っているのである。

この7月10日のライス氏とテネット氏との緊急会議については、有名なワシントンポストの記者ボブ・ウッドワードが2004年に書いて邦訳もされている『ブッシュのホワイトハウス』（日本経済新聞社刊）の中で、すでに指摘していた。だが、ライス氏はその本が出た後も、テロの警告に関しては、テネット氏からは一切聞いたことがないと否定し続けている。

ウッドワード記者によれば、この緊急会議の中でライス氏は、テネット氏が提示した「テロが差し迫っている」との発言をはねつけ、すでに一貫した対策プランが行われていると反論したとのことである。

しかしライス氏が主張し続ける「一切聞いていない」という抗弁には無理がある。

9・11委員会の調査報告書では、テネット氏は、毎日ブッシュ大統領に会って、日例報告書を書いていたことが記載されている。委員会の調査によれば2001年1月20日から9月11日までの日例報告書の中に、オサマ・ビンラディンに関して記述されている文書が40点あるとのことである。

ライス国家安全保障担当補佐官は、こうした会議のほとんどの場合、ブッシュ大統領と同席しており、仮に7月11日の会議についての記憶がなかったとしても、テロの脅威についてまったく知らなかったなどということは決してありえないからである。

さて、2004年7月に9・11委員会報告書が発表されたが、「政府はテロを事前に知っていたのではないか」という声が小さくなるどころか、むしろ報告書にさまざまな矛盾が含まれていることから、政府を批判する声がますます強くなる結果となった。

そんな中2005年6月15日には、タカ派として知られるカート・ウェルドン下院軍事委員会副議長（共和党）が招聘した公聴会で、軍の内部に「エイブル・デンジャー（巧みな危機）」という暗号で呼ばれる秘密調査グループが存在していたことを、明らかにしたのである。

ウェルドン副議長に、秘密調査グループの存在を告発したのは、国防情報局（DIA）職員のアンソニー・シェーファー陸軍中佐と3人のメンバーたちだった。

この秘密調査グループは、国防省統合参謀本部の指示によって1999年10月に作られたもので、インターネットから収集したデータを分析し、アルカイダにターゲットを絞ってテロリストを特定する任務を持っていた。いわばサイバー警察のようなものである。「エイブル・デンジャー」の20人の秘密チームは、膨大な容量のデータを収集して、1993年にニューヨークで起きた世界貿易センター爆破事件と、1995年のオクラホマ市の連邦政府ビル爆破事件にかかわったとされる4人の容疑者を特定することに成功した。

モハメッド・アタ、マルワン・アル・シェイ、ハリド・アル・ミダル、ナワフ・アル・ハズミの4人である。

シェーファー中佐たちは、軍には国内での逮捕権がないので、この4人を逮捕するために2000年暮れにFBIに協力を仰ぎ、3度にわたって合同会議を開いている。

しかし国防省は逮捕を見送ることを決定し、2001年春になると「エイブル・デンジャー」を解散。その後国防情報局(DIA)がメンバーたちが蓄積した膨大な情報の消去作業を行った。

そうした国防省幹部のやり方に不満を持っていたシェーファー中佐たちが、ウェルドン副議長に秘密調査があったことについての内部告発を行い、その結果、公聴会が開かれたのである。

ウェルドン副議長が招聘した公聴会にはシェーファー中佐ほか3人の軍人が出席し、国防総省が口封じを行ったとはっきりと証言し、「自分たちの情報を元に容疑者たちを逮捕していれば、9・11の悲劇を回避できたかも知れない」と語っている。

同じく公聴会に出席したケンボーン国防次官(情報担当)は「調査の結果、そうした秘密調査グループが存在した事実は認められなかった」と全否定している。

さて同じ頃、CIAもテロ容疑者を特定する作業に成功している。2002年5月のニューズウィーク誌は、CIAがビンラディンの電話盗聴に成功し、ハリド・アル・ミダルとナワフ・アル・ハズミの2人が2000年1月にクアラルンプールで開かれるアルカイダの秘密会議に出席することをキャッチしたと報じている。その結果、CIAはマレーシア政府の協力を得て、この2人の顔写真を入手することに成功している。

実はこの2人は2000年10月にイエメンで起きた米駆逐艦コールの爆破事件の容疑者でもあり、CIAが逮捕するのはさほど難しくはなかったと思われるが、その後なぜかCIAは2人を追跡することを止めているのである。

その結果、2人は2001年1月にアメリカに入国する。そして9・11テロ攻撃を起こすことになる仲間たちと合流し、ペンタゴンに突入したとされるアメリカン航空77便をハイジャックしたとされるのである。

さて、話はさらに複雑になってしまうのだが、9・11委員会がこの2人に関して奇妙な報告をしている。2人が入国してからの記述を意図的にゆがめているのである。

そのことを発見したのは26歳のチェコ人青年で、アメリカで翻訳の仕事をしているケビン・フェントン氏だ。

9・11委員会報告書を読んだフェントン氏は、報告書が採用している「FBIタイムライン」という捜査報告書の記述に矛盾があることに気づいた。通称「ハイジャッカー・タイムライン」と呼ばれるこの300ページ弱の捜査報告書は非公開になっていて、どうしても入手できなかった。

考えあぐねたフェントン氏は「情報公開法」（ＦＯＩＡ）のシステムを利用して公開請求をしてみた。すると意外にあっさりと公開許可が下りて、２００８年2月4日、「ＦＢＩタイムライン」の全文を複写することに成功したのである。

しかし入手してみると、文章のところどころが白抜きになっており、一見しただけでは9・11委員会報告書との矛盾はわからないようになっていた。

フェントン氏は「ＦＢＩタイムライン」を丹念に読み取り、白抜きの部分を他の文献の情報を参照しながら検討していった。その結果、9・11委員会報告が特定の部分を故意に隠していた形跡を発見し、そのいくつかを独立系メディアを通じて発表することとなったのである。

さて、先ほど取り上げたハリド・アル・ミダルとナワフ・アル・ハズミの2人について9・11委員会報告書には次のように記載されている。

「1月15日、ミダル（邦訳ではミフダル）とハズミはロサンゼルスに到着、サンディエゴに移る前の約2週間をそこですごしている」（日本語訳報告書１３０ページ。日本語訳では、在日アラビア人に監修してもらい原音に近いカタカナ表記にしている）

また委員会報告書では、最初の2週間について具体性に欠けた報告となった理由を次のように解説している。

「合衆国での最初の2週間、ハズミとミダルの行動について、我々が確認することができないのは、おそらくこの期間に彼らを助けたかもしれない者たちの正体を隠すために仕組まれた、アルカイダの工作のせいであろう」（日本語訳報告書１３２ページ）

しかし「ＦＢＩタイムライン」には次のように記載されていたのである。

「賃貸契約書によれば、２０００年2月5日にパークウッド・アパート１５０号室を借りる前には、アル・ミダルとアル・ハズミは【削除】と共に、同じアパート内１５２号室に１月15日から2月2日まで住んでいた」

　さらに「ＦＢＩタイムライン」を２ページめくると、今度は同じアパート名が住所入りで記されている。

669	1/15/2000	APT	Nawaf Alhazmi	A rental application shows that before renting Apartment 150 Parkwood Apartments on 02/05/2000, AL-MIHDHAR and Nawaf Alhazmi alleged that they resided with □ from 01/15/2000 to 02/02/2000 at Apartment 152 of the same apartment complex (where AL-

FBIタイムライン　52ページより □ の部分が削除された

	2/5/2000	H/R	Khalid Al-Mihdhar	AL-MIHDHAR and Nawaf Alhazmi reside at Parkwood Apartments, located at 6401 Mount Ada Road, Apartment 150, San Diego, CA. □ was the co-signor and guarantor on the lease agreement for this apartment. The rental application shows that before renting Apartment 150, AL-MIHDHAR and Nawaf Alhazmi resided with □

FBIタイムライン　54ページより □ の部分が削除された

「アル・ミダルとナワフ・アル・ハズミは、カルフォルニア州サンディエゴのマウント・エイダ通り６４０１号、パークウッド・アパート１５０号室に住んでいた。アパート借用の保証署名人は【削除】であった。賃貸契約書によればアル・ミダルとナワフ・アル・ハズミは、１５０号室を借りる前には【削除】と共に住んでいた」

　9・11委員会報告書では、アメリカに到着した2人はロサンゼルスに住んでいたことになっている。さらにその2週間の足取りがはっきりしないのは、2人を助けた人物を隠すためにアルカイダが工作を行ったのだろうと推測している。

　ところが、この「ＦＢＩタイムライン」の実物から読み取れる通り、ＦＢＩは最初から２人がロサンゼルスではなく、サンディエゴに住んでいたことを掴んでいたのである。そして奇妙なことに、2人の保証人であり、最初の2週間一緒に住んでいた人物の名前を消しているのである。

さてFBIが消したこの人物は誰であろうか。この人物に関しては、アメリカの専門家の多くがオマール・アル・バユーミだと指摘している。バユーミは実はCIAからもマークされていて、一度ロンドンで逮捕されたことがある。しかしサウジアラビア政府が介入して釈放され、現在は母国サウジアラビアで暮らしている。

アラビア語専門の調査官で、後に映画のシナリオライターになった元CIAのロバート・ベーア氏は、9・11委員会報告書が出される以前から、バユーミはサウジアラビアの諜報員であり、在米サウジアラビア大使夫人から預かった資金を2人に渡していたと主張してきた。またハイジャック犯とされている19人のうち15人がサウジアラビア国籍を持っていることから、サウジアラビアの関与を強く疑っていた。

もちろん在米サウジアラビア大使館の報道担当官はアメリカのメディアの度重なる取材に対して「調査の結果、そうした事実はない。濡れ衣である」と否定し続けているのだが、母国に帰った肝心のバユーミを聴取して、その結果を公表するなどの作業は行っていない。

では9・11委員会報告書はバユーミについてどう解説しているのだろうか。

「当時42歳のバユーミ（邦訳ではバユムニー）は、20年以上働いていたサウジアラビア民間航空局の請負業者からのバックアップをうけたビジネス学生として、合衆国に滞在していた。9・11以降、マスコミからの大きな疑惑の的となった彼は、自分の悪評を重く心にとどめつつ、現在はサウジアラビアで暮らしている。

われわれとＦＢＩは彼を尋問し、彼についての証拠を調べあげた。バユーミは世話好きで杜交的な、敬虔なイスラム教徒である。彼は余暇の多くを宗教の勉強や、サンディエゴから約15マイル離れたエルカホンにあるモスク運営の手助けに費やしていた。たぶん疑いを避けるため、彼が話の一部分をいつわった可能性も確かにあろう。一方、彼が暴力的な過激主義を信じていたり、意図的に過激なグループを援助していたという確たる証拠をわれわれは発見できていない。彼に直接かかわったり、彼の背景を調べたりしたわれわれの調査官たちは、彼がイスラム過激派と秘密裏に関係があった可能性をもつ人物ではありえないことを承知している」（日本語訳報告書１３６ページ）

「ＦＢＩタイムライン」の記述が明らかになった今、９・11委員会報告書に書かれているこの部分の矛盾をどう解釈したらいいのだろうか。さらにＦＢＩが消去した人物は確実にハイジャック犯とされる２人を最初から支援した人物な訳だが、この人物がバユーミでないということを、９・11委員会のメンバーは信じていたのだろうか。

鳴り物入りで発表された９・11委員会報告書は、時間が経過するにつれて、そこに書かれている矛盾が次々と明らかになってきている。

この委員会の議長、副議長などが、ホワイトハウス、ＣＩＡ、ＦＢＩなどが非協力的だったので報告書があいまいなものになってしまったことを認めている。

その意味でもアメリカ政府には、９・11に関しての疑問にはっきりと答えるための再調査を開始する義務があるのである。

4 日本の専門家たちによる様々な現地調査

9・11がなぜ防御できなかったのか、なぜこうした大惨事になったのかという原点を考える意味で、世界貿易センターの崩壊の原因について知ることは、極めて重要である。

事件が起きた直後に、日本建築学会のメンバーに働きかけて、いちはやく崩壊原因を究明しようとした東京工業大学の和田章教授が2009年2月、私の事務所を訪れて崩壊の原因に対する見解を語ってくれた。

事件を知った直後、和田教授は世界貿易センターのふたつのビルがあっけなく倒壊した事実にショックを受け、建築構造の専門家として事実を究明しなければならないと考えた。日本建築学会としてアメリカに調査団を派遣することは予算的に難しかったので、ご自身での現地調査に加えて、連邦緊急事態管理局（FEMA）やアメリカ土木学会（ASCE）とコンタクトするとともに、インターネットで被害者の証言を何百件も拾うなど、約100人近くの学会員のボランティア活動に支えられ、2年かけて300ページにわたる報告書を作成している。

「世界貿易センターが倒壊したのは西洋人のDNAによる建築の考え方に基づいていたからだといえます。日本の建築はご承知のように、清水寺の舞台を支えている骨組のように、柱と梁をしっかりと組み合わせて地震が起きても倒壊しないように工夫されています。しかし地震に対する対応の必要がなかった西洋の建築は、石を積み重ねて、石の強さで建物を支え、石の重さで建物を安定させるという考え方でできているのです。世界貿易センターも石が鉄に変わっただけで、その例外ではなかったのです」

世界貿易センターは日系の建築家ミノル・ヤマサキの設計として有名だが、実際の構造設計をしたのは和田教授とも親しいレスリー・ロバートソン博士。２００８年8月に竣工した上海の１０１階建ての超高層ビル、上海森ビルなどを手がけてきた超一流の建築構造家である。

「問題はふたつのビルは、鉄工所や高等学校の体育館の屋根を支えるのによく用いられているトラスという鉄材で作られた梁に支えられた１０２枚の床を、外周の柱とエレベーター室の周りのコアーにある太い柱に引っ掛けて載せただけの構造になっていたということです。トラスと柱との間は、溶接などをせずに簡単にボルトで留めてあるだけです。外周の柱は40センチ×40センチの細いもので、四角形の建物の各辺に1メートル間隔で60本以上並んでいます。」

林立した柱が壁のように見えるベアリング・ウォールと呼ばれるこうした建築物は、いわば鳥かごのような建築物だが、トラスによる床構造は柱に支えられて存在し、長さ４００メートルの柱はこの床構造によって倒れず安定して建っていられるというように、互いに持ちつ持たれつの関係を保つという建築構造の知恵の産物だった。

しかしここに飛行機が突入したことで、林立した柱の上層部の多くが飛ばされ、多くのトラスと床が同時に飛ばされ、ぎりぎりの状態になった。続いて各階に伝播していった火災により、各階の床を支えるトラスが柔らかくなってしまい、柱から外れ、床を失った細長い柱は安定を失って崩壊に至ったのだという。鉄筋を曲げて作ったトラスは５００度程度の熱でも柔らかくなってしまい、床を支えられなくなって次々にバランスを崩し、上から下に一気に崩れる結果となったという見解である。

「むしろ、あれだけの時間崩壊に耐えたのは、屋上から96階まで突き刺さっていた巨大なテレビ塔の柱とそれを支えるために上層部が補強されていたからです。切れた柱が支えるべき建物の重さを切れていない柱に持ち替える役目をしてくれました。そのおかげで1時間持ったのです」

和田教授は、崩壊の原因を探るために学生と共に同じ構造の模型を作り、トラスと床が崩れるとどうなるかの実験をしている。模型実験ではバランスが崩れると同時に建物を支えていた柱が崩壊し、建物中間部の柱が外部に跳ねて飛び出し、世界貿易センター崩壊時のテレビ映像とそっくりの現象が発生していることがわかったという。

倒壊の原因が爆発によるものではないかという疑問に関しては、

「それは考えられません。もし爆発なら全面倒壊の前に一部が倒壊しているはずです。爆薬をしかけて制御解体をしたのではないかという考え方のほうこそ、科学的根拠に欠ける考え方だと言えます」と否定しておられる。

和田教授の建築の哲学は「愛」に基づくものである。本来、人々はその愛によって支えあってきたのに、一方では富裕層が生まれ、その象徴として高層建築が建てられている。片やその日の食糧にも事欠く、高層建築とはまったく無縁な人々もいる。

今回の事件は、そうした富のアンバランスに対する報復であるかも知れない。和田教授はそうした反省に立って、建築というものが人類が自然の中で長い歴史をかけて培ってきた知恵に反しないことを切実に願っている。

今回の教訓によってニューヨーク市ではトラス工法で床を支える建築物を禁止するに至った。しかし他の都市にはそうした教訓は伝わっていない。その意味でも、和田教授たちが行った検証は、さらに幅広く継続される必要があると言えよう。

高層建築によって経済システムを維持する現代文明。9・11はそうした人類の知恵をあざ笑うかのように発生した。

それに対してアメリカは、その敵が誰であるかもわからないうちにただちに「報復」を開始した。その「報復」の対象が明確に敵に向かっているのなら、まだしも救いがあるが、戦争によって命を奪われるのは国に命を捧げた兵士たちであり、不幸にも爆撃に巻き込まれてしまった市民たちなのである。

和田教授を中心として行われた日本建築学会の検証は、人類の知恵が傲慢なものにならないために日本のプロたちがいち早く対応した行動であると言える。FEMAとASCEの調査資料に基づく検証作業なので、現地捜査が伴わないという欠点があるものの、こうした形での民間の活動には、敬意を表するものである。他方、和田教授の見解以外にもさまざまな崩壊説が、世界中の専門家、学者から提示されている。日本からも、和田教授の日本建築学会以外にも、文部科学省による「米国世界貿易センタービルの被害拡大過程、被災者対応等に関する緊急調査研究」、消防庁による現地調査などが行われた。文部科学省の調査には、実際には国土交通省の専門家が多く参加しているが、和田教授の見解とは異なる視点も存在する。

いずれにしても、その後2004年に発表された米国の9・11委員会報告書こそが真相究明の原点である。その報告書に各国から多くの疑問が寄せられており、日本政府としてもこの報告書に対する独自の検証を行うべきと思われる。

5　国際的な「9・11の真実を求める政治指導者たち」の登場

これまでの国会質問などを踏まえ、私は２００８年12月10日に、９・11調査委員会の共同議長であるケイン元知事およびハミルトン元下院議員に、参議院外交防衛委員会委員として、以下のような趣旨の質問状を送った。

ケイン元知事およびハミルトン元下院議員殿

「対テロ戦争」と24名の日本人犠牲者を出した9・11の攻撃に関する審議を行ってきた日本国国会の参議院外交防衛委員会の委員として、私は、貴殿に9・11事件の調査委員会の共同議長としての役割に関して幾つか質問させていただきたいと存じます。私はこれまでケイン知事には直接お目にかかる光栄の機会はございませんが、ハミルトン下院議員には、4年前ウッドロー・ウィルソンセンターで日本の民主党代表団をお迎え頂いた際に、お目にかかる光栄に浴しております。

私の関心は、貴殿は現時点で『9・11調査委員会報告書』（以下「報告書」）の信頼性をどうお考えかということです。参議院の委員会で私は指摘しましたが、貴殿は、信頼性に欠ける情報が調査委員会に提出されたという理由で「報告書」に関する疑いを表明されていることを存じております。しかし私は、それらを超えて、これまでに私の目に止まった他の問題に関する貴殿のご意見も伺いたいと存じます。私は８つの質問がございます。

第1問　オサマ・ビンラディンが9・11事件の背後にいたという「報告書」の推定を、貴殿は今でも支持しておられますか？

第2問　委員会のフィリップ・ゼリコウ事務局長が述べた幾つかの矛盾が明らかになっています。それでも、彼が中心的な役割を担って作成された「報告書」が、信頼に足るものであると貴殿は今でも思っておられますか？

第3問　連邦航空局（FAA）が、関係した旅客機について報告したタイムライン（時系列）が、「報告書」では、北米航空宇宙防衛司令部（NORAD）から入手したテープに基づいて改訂されています。貴殿は今でも、その改訂が正しいと思われますか？

第4問　9・11当日の朝のドナルド・ラムズフェルド国防長官の行動について、「報告書」の記述は正確であると、貴殿は今でも確信しておられますか？

第5問　リチャード・マイヤーズ司令官の9・11当日朝の行動について、「報告書」の記述が正確であると、貴殿は今でも確信しておられますか？

第6問　チェイニー副大統領が大統領危機管理センター（PEOC）に到着したときの状況について、「報告書」の説明は正確であると今も確信しておられますか？

第7問　旅客機の多くの乗客が携帯電話を使って、家族などに電話をかけたという話が広く受け入れられていますが、ＦＢＩはその事実を否定しました。「報告書」はなぜその事実を知らせなかったのか、理由を説明していただけますか？

第8問　テッド・オルソン氏は、「77便に乗っていた妻のバーバラ・オルソン夫人から2回電話がかかってきて、飛行機がハイジャックされたと聞いた」と主張しましたが、「報告書」はなぜオルソン氏の話を支持したのか、説明していただけるでしょうか。

私が送った質問状の全文と、２００９年2月に送られてきた回答は、6章のグリフィン博士による「9・11調査委員会報告書への２５の疑問」との重複掲載を避けるために、巻末の補完稿1に掲載した。その回答は、満足いくべきものではなかったが、おそらく公式に9・11調査委員会と書簡を交わした外国の国会議員は他にいないのではないだろうか。

さらに、２００９年には、オバマ政権誕生を受けて、大儀なき戦争と金融危機をもたらしたブッシュ・チェイニー政権の8年間を見直す動きが、米国議会や国連関係者を含む各国の指導者達から強まってきた。

私が参加する国際的な「9・11の真実を求める政治指導者たち」も活動を開始した。

ブッシュ政権が主導した9・11調査委員会ではなく、政府から独立した委員会による再調査をオバマ政権に求めるのが、この活動の目的だ。

9・11の検証は、情報操作や情報コントロール打破の歴史の始まり

9・11の検証は、これまで情報を支配し、操作してきた政治やエスタブリッシュメントに風穴を開ける新たな歴史の始まりでもある。数十億人の市民が携帯電話やインターネットによって情報を共有する時代には、これまでは隠し通せた情報を隠し切ることはできない。映像や画像を公開し、発言メディアを推進し、検閲ができないメディアによる発信力を高め、市民が自らアクセスした情報で社会をリードすることができる。

「まさかそこまではしないだろう」、「世界は思った以上に悲惨だ」、「イメージコントロールが解けてきた」といった市民の新しい情報体験が、世界を変えることができる。9・11の直視と再考は、その新しい世界への道案内でもある

最後に2008年3月に誕生した「9・11の真実を求める政治指導者たち」の主旨と請願書を掲載して、私の稿を終わりとしたい。

「9・11の真実を求める政治指導者たち」

http://www.pl911truth.com

建築家、科学者、エンジニア、消防士、情報部員、弁護士、医療専門家、軍の将校、哲学者、宗教指導者、物理学者やパイロットたちを含む様々な専門的知識や技能を持つ学者ならびに専

門家たちが、9・11の攻撃に関する公式見解と、独立した研究者として彼らが到達した見解とのあいだに極めて大きな違いがあると、発言しています。

彼らは、9・11の公式見解が何らの正当な疑いもなく偽りであり、よって公式の「調査」が実は隠蔽工作であったと結論づけています。

しかしながら今まで、これに対してワシントンはもとより世界各国の首都の、政治的指導者たちからは何らの反応も起きていません。私たち「9・11の真実を求める政治指導者たち」は、こうした反応を引き出すために設立されました。

私たちは、9・11に関する真実は―今から50年後の歴史書の脚注に記されるのではなく―今明らかにされなければならないと信じています。そうすることで、9・11の攻撃に関するブッシュ・チェイニー政権の解釈に基づいた政策を変更することができます。

従って私たちは、独立した研究者たちによって立証されたが、各国政府や主流メディアに無視され続けてきた証拠をも考慮に入れた9・11の新たな、また独立した調査を要求いたします。「独立した」調査とは、具体的には、9・11以前および9・11攻撃当時政権の座にあって、何か隠すことがあるかもしれない米国政権から独立したものであるという意味です。ニューヨーク・タイムズ紙の記者であるフィリップ・シェノンが2008年の著書で述べたように、9・11委員会は事務局長のフィリップ・ゼリコウによって運営されましたが、彼はブッシュ政権と非常に密接な関係にあったのです。また世界貿易センターの崩壊に関する公式報告を発表した米国標準・技術院（NIST）は米商務省の機関であり、この報告が書かれているあいだ、NISTはブッシュ・チェイニー政権下の機関だったということです。私達には、そうした公私混同のない調査が必要なのです。

　もしあなたが、米国かそれ以外の国で政治家としての役職にある、あるいは、あったならば（選挙で選ばれたにせよ、任命されたにせよ）、どうぞ私たちの請願書に署名にしてください（「9・11の真実を求める政治指導者たち」への参加は、9・11の真実を広めるためのさらなる活動はもちろん歓迎しますが、請願書に署名する時間以上のお手間は取らせません）。

　もしあなたが「9・11の真実を求める政治指導者たち」へ参加し、請願書に署名できるようでしたら、「請願書に署名する」ページに行き、あなたの名前（あなたが望む表記で）と政治家としての役職を記入し、そのほか何でも9・11に関しておっしゃりたいことと、あなたがこれに署名する理由をお書きください。

請願書

9・11攻撃に関するブッシュ・チェイニー政権の公的な解釈が、米国および世界全体に厳しく、主として否定的な結果をもたらしていることに鑑《かんが》み、
これまで行われたこれらの攻撃に関する公式な調査が、ブッシュ・チェイニー政権と密接に連携していたり、雇用すらされていた者たちによって率いられていたことに鑑《かんが》み、
これら調査の結果が、様々な専門的知識を持ち、かつ独立した研究者たちが到達したものと根

本的に異なっていることに鑑《かんが》み、「9・11の真実を求める建築家とエンジニアたち」、「9・11の真実を求める消防士たち」、「9・11の真実を求める法律家たち」、「9・11の真実を求めるパイロットたち」、「9・11の真実と正義を求める学者たち」、「9・11の真実を求める退役軍人たち」、「9・11の真実を求める宗教指導者たち」「9・11の真実を求める医療専門家たち」を含む、そうした研究者たちの組織が新たな、真に独立した調査を要求していることに鑑《かんが》み、

そうした要求に、政治指導者たちはもっと以前から耳を傾けるべきだったと信じるがゆえに、よって、ここに署名した「9・11の真実を求める政治指導者たち」のメンバーは、9・11に何が起こったのかを究明するための新たな、真に独立した調査をオバマ政権が承認するよう、要求する。

設立署名者一覧

元環境大臣、下院議員（英国）　マイケル・ミーチャー
欧州議会議員（イタリア選出）　ジュリエット・キエザ
元国会議員（ノルウェー）　ベリット・オース
元研究技術大臣、元国防政務次官（ドイツ）　アンドレアス・フォン・ビューロー

参議院議員（日本）　藤田幸久
元下院議員（米国、カリフォルニア州選出）　ダン・ハンバーグ
参議院議員（日本）　犬塚直史
元欧州議会議員（ベルギー選出）　ポール・ラノイ
元下院議員（米国、ジョージア州選出）　シンシア・マッキニー
元ミネソタ州知事（米国）　ジェシー・ヴェンチュラ
元州上院議員（米国、アリゾナ州選出）　カレン・ジョンソン
カナダ行動党党首（カナダ）　アンドリュー・モールデン

Profile

藤田幸久

ふじたゆきひさ

1950年茨城県生まれ。水戸一高、慶應大学哲学科卒。世界的な紛争解決NGOの国際MRAや難民を助ける会などで、これまでに世界45ヶ国を訪問。各地でボランティア活動。森進一さんの「じゃがいもの会」の難民支援プロジェクトをアフリカで立ち上げ。カンボジア和平、日米欧の労使関係、通商問題、企業倫理の国際会議を主宰。1996年から初の国際NGO出身政治家として衆議院議員を２期務める（東京比例区・東京12区）。対人地雷禁止活動を推進。官僚の天下りや不正入札問題を追及。民主党国際局長としてイラク日本人人質事件やスマトラ沖津波で、現地に飛び支援活動。2007年参議院議員当選（茨城選挙区）。民主党ネクスト防衛副大臣として防衛省不祥事問題やクラスター爆弾禁止条約などに取り組む。現在、参議院北朝鮮による拉致問題等に関する特別委員会委員長。聖学院大学非常勤講師。著書に「政治家になりたくなかった政治家 NGOが政治を変える」（ジャパンタイムズ）、「国連と地球市民社会の新しい地平」（共著、東進堂）、翻訳書に「日本の進路を決めた10年」（ジャパンタイムズ）、「ソ連の反体制派たち」（サイマル出版会）がある。

第4章　9・11への鮮明な疑問

――童子丸開
著述家・翻訳家

1 いったい誰が犯人なのか？

FBIが断定した突入犯人の8人が生きている!?

FBIはビンラディンを9・11の犯人とはしていない！

9・11同時多発テロ攻撃を計画し実行した主体は、オサマ（ウサマ）・ビンラディン率いるアルカイダであると世界の多くの人々が確信しているだろう。また、9・11委員会報告でもその見解が貫かれている。当然のごとく、「FBIが彼を9・11事件の犯人として国際指名手配しているはずだ」と、考えているのではないだろうか。

それではFBIのホームページを見てみよう。国際指名手配者Usama Bin Laden（写真4―1）の説明として次のように書かれている。

写真4-1（参照／巻頭口絵2ページ・口絵写真A）

オサマ・ビンラディンは、1998年8月7日に起きたタンザニアのダルエスサラームとケニアのナイロビでの米国大使館爆破に関連して指名手配されている。これらの攻撃によって200名を超える人が死亡した。加えて、ビンラディンは世界中のその他のテロ攻撃でも容疑者となっている。

これだけである。9・11事件がどこにもない！　まさか！　しかしFBIのレックス・トゥーム広報担当官は2006年6月5日に「FBIはウサマ・ビンラディンと9・11とを結び付ける確たる証拠を有していない」と語った。FBIはいまだ公式に彼をこの事件の犯人とは見なしていないのである。「そんな馬鹿な!」と思われるだろうが、これが事実なのである。

FBIは、2002年2月6日に米国議会で、9・11をアルカイダ及びビン・ラディンと結び付ける証拠は明確であり反証不能である、と証言した。しかしFBIはその「反証不可能なほどに明確な証拠」をいまだに見つけていないようだ。

FBIが指定した「乗っ取り犯」のうち8人が生きていた?!

しかし、FBIはホームページに現在もなお「9・11テロ実行犯」として19人の青年の顔写真と名前を掲げている。

2001年9月11日の午前7時59分。ロサンゼルスへ向けてボストンのロウガン空港を離陸したアメリカン航空(AA)11便(ボーイングB767)がハイジャックに遭い、ニューヨーク世界貿易センター(WTC)第1ビル(北タワー)に激突したと発表された。FBIは、サタム・スカミ、ワレエド・アル・シェイ、ワイル・アル・シェイ、モハメッド・アタ、アブドゥル・アジズ・アル・オマリの5人のアラブ青年をハイジャッカーとした。主犯グループのリーダーはモハメッド・アタでありAA11便の操縦桿は彼が握ったとされる。

次のユナイテッド航空(UA)175便(ボーイングB767)も同日午前8時14分に同じボストンのロウガン空港を飛び立ちロサンゼルスに向かうところだったが、途中でハイジャックされWTC第2ビル（南タワー）に激突したとされている。FBIはマルワン・アル・シェイ、ファイエズ・ラシド、アーメッド・アル・ガムディ、ハムザ・アル・ガムディ、モハンド・アル・シェヒの5人を乗っ取り犯とした。

ペンタゴンに激突したのはアメリカン航空（AA）77便（ボーイングB757）とされるが、これは8時20分にダラス空港を発ってロサンゼルスに向かう途中でハイジャックされた。FBIによって犯人とされたのはハリド・アル・ミダル、マジェド・モケド、ナワフ・アル・ハズミ、サレム・アル・ハズミ、ハニ・ハンジュールの5名である。操縦席に座ったのはハニ・ハンジュールとされた。

最後に、8時42分にニューアーク空港を出発してサンフランシスコに向かう途中でハイジャックされ、ペンシルバニア州シャンクスビルに墜落したとされるユナイテッド航空（UA）93便（ボーイングB757）を乗っ取ったのはサイード・アル・ガムディ、アーメド・アル・ハズナウイ、アーメド・アル・ナミ、ジアド・サミル・ジャルラフの4人であると決められた。

FBIは事件わずか3日後の9月14日に、これら19人の氏名と写真を発表したのだ。なんという早業！　しかし、いまだかつて犯人指名の根拠は明らかにされていない。「カッターナイフで武装した」19人のテロリストが、3つの空港で1名たりともチェックされずに悠々と4つの飛行機に乗り込んだことだけでも実に驚くべき話だが、驚きはそれだけではない。

このハイジャッカー公表後すぐに、アラブ各国で「私は生きている。私はテロリストなんかじゃない」と名乗り出て米国大使館・領事館に抗議する人が続々と登場したのだ。AA11便を乗っ取ったとされるワレエド・アル・シェイ、ワイル・アル・シェイ、アブドゥル・アジズ・アル・

オマリ。UA175便を乗っ取ったとされるマルワン・アル・シェイ。AA77便を乗っ取ったとされるサレム・アル・ハズミ、ハリド・アル・ミダル。そしてUA93便を乗っ取ったとされるサイード・アル・ガムディ、アーメド・アル・ナミ。合計8人。自殺攻撃をしたはずのハイジャッカーが生きていた？

これらはBBC、CBS、LAタイムズなど欧米の大手メディアによって報道された。もちろん同姓同名は大いにありうる。しかし、ハイジャッカー19人のうち、氏名ばかりでなく顔写真や経歴までそっくりの者が、8人もいたのは少々出来すぎのようにも思える。何とも釈然としない話だが、現在に至るまでFBIは犯人指名を訂正しようとしない。

彼らにジャンボ機の操縦ができたのか？

ハイジャック犯のうち「パイロット」とされた者たちはセスナ程度の小型飛行機の操縦免許を持っていたようだが、しかし、そんな程度の者にB757やB767といった大型旅客機の操縦が可能なのだろうか。

日本の法律に基づく飛行訓練について確認しよう。参照するのは独立行政法人航空大学校(http://www.kouku-dai.ac.jp/training/1.html)のカリキュラムである。

この学校では操縦士を目指す人たちが寮生活の厳しい訓練を受ける。まずセスナを操縦できる自家用操縦士に相当する技術訓練を10ヶ月かけて行い、その後さらに14ヶ月をかけて徐々に機種を大きく複雑なものに変えて訓練し、全てに合格したら航空大学卒業ということになる。

卒業時の取得資格は「事業用操縦士（単発・多発）」の資格と「計器飛行証明」である。それがエアラインパイロットになるための最低限の基本だが、ここまでに合計2年をかけるのだ。

卒業生の多くは民間の各航空会社に就職するが、そこで2~3年かけたシミュレーターによる訓練を積んだうえでようやく副操縦士になる。それからさらに8年から10年の飛行経験を経てやっと操縦士（機長）になることができるのだ。さらに、機種変更時や機長への昇格時はもちろん、半年ごとに技術と健康状態を厳しくチェックされる。これが大型旅客機の操縦士なのだ。ところで、9・11でジャンボ機の操縦席に座ったとされる者達がそういった厳しい訓練を受けてきたのだろうか。

ＡＡ77便を操縦してペンタゴンに突入したとされるハニ・ハンジュールの例を見てみよう。彼は確かに軽飛行機の操縦免許を持っていたようだ。しかし彼が２００１年2月にセスナ機を借りようとしたときにその操縦の腕前をテストしたフェニックスの航空学校の教官は、彼の技術があまりにもお粗末であり、おまけに英語がまともに話せないことに気付いた。（Cape Cod Times ２００１年10月21日、CBS News ２００２年5月10日、Newsday 紙２００２年6月４日、など）

もちろん彼がセスナ機を借りることはできなかったのだが、そのわずか半年ほど後でハンジュールはボーイング７５７型機を操縦してペンタゴンに突っ込んだとされているのだ。そのようなことがどうして可能なのだろうか？　また実行犯グループのリーダーとされるモハメッド・アタにしても、ＡＡ11便（Ｂ７６７）を操縦して世界貿易センター第１ビルの壁の真ん中に激突できるほどの操縦技術訓練を受けた形跡は全く存在しない。

「セスナの免許しか持っていなくてもフライトシミュレーターで半年ほども訓練すればジャンボ旅客機を操縦できるようになる」と発言するような人には、実際に（9・11のハイジャッカーとされる者以外で）その例を1つでも示して証明してもらえるのだろうか。あるいはプロのジャンボ機パイロットによる信頼できる証言があるのだろうか。

まず、9・11の犯人とされる者たちに大きな疑問を抱かざるを得ない。一体何がその「確たる根拠」なのか？　また、もしビンラディンが主犯ではないとすれば、いったい誰が主犯なのか？

2　ここは本当にUA93便の墜落現場なのか？

草一本折らずに大型旅客機が「消滅した」!?

無い無い尽しの「93便墜落現場」、あるのは《言葉》だけ！

ユナイテッド航空（UA）93便は、ペンシルバニア州シャンクスビルの露天掘り鉱山跡の草原に墜落したとされる。本書では、紙面の関係でその墜落現場の十分な映像資料をお目にかけることができない。どうか次のウエッブサイトで写真をご確認いただきたい。

Did Flight 93 Crash in Shanksville?　Image Gallery
(http://thewebfairy.com/killtown/flight93/gallery.html)

UA93便が墜落した2001年9月11日午前10時過ぎに、住民が爆発を目撃し写真に収めた。

しかしそれは空に浮かぶアドバルーンのような大きな球形をした黒い煙の塊だけである。「きのこ雲」と言うにしては余りにもその「柄」の部分が細すぎるのだ。とうてい、航空機墜落に付き物の燃料火災が爆発に引き続いて起こっている様子には見えない。

上空からの映像でその「ＵＡ93便の墜落現場」を眺めたときに、誰でも一目でその異常さに気付く（写真４－２）。直径10ｍ足らず、深さ３ｍほどの円形の奇妙な穴が開き、その両脇に鳥が羽根を広げたような形の浅い凹みがあるだけなのだ。そしてその周辺には飛行機の残骸も破片もジェット燃料火災の跡も、何一つ無い。

写真 4-2　奇妙な凹みと草しか見えない「UA93 便墜落地点」：uscourts.gov より
http://www.vaed.uscourts.gov/notablecases/moussaoui/exhibits/prosecution/P200057.html

地上からの写真でもやはり残骸や火災の跡は確認できない。ただ背の低い半分枯れたような草群が周辺を覆い尽しているのみである。中継したテレビのレポーターや記者たちも「飛行機の姿は全く見えないし火も見えない」と報告している。これが本当に大型機の墜落現場なのか？

この奇妙奇天烈な「ＵＡ93便墜落現場」に報道関係者が近寄ることは禁止された。この付近は、現在もなお立ち入り禁止になっている。２千数百名が亡くなったＷＴＣ地区はさっさと整地されて新しいビルの建築がはじまったのに、なぜここに近づいてはならないのだろうか？

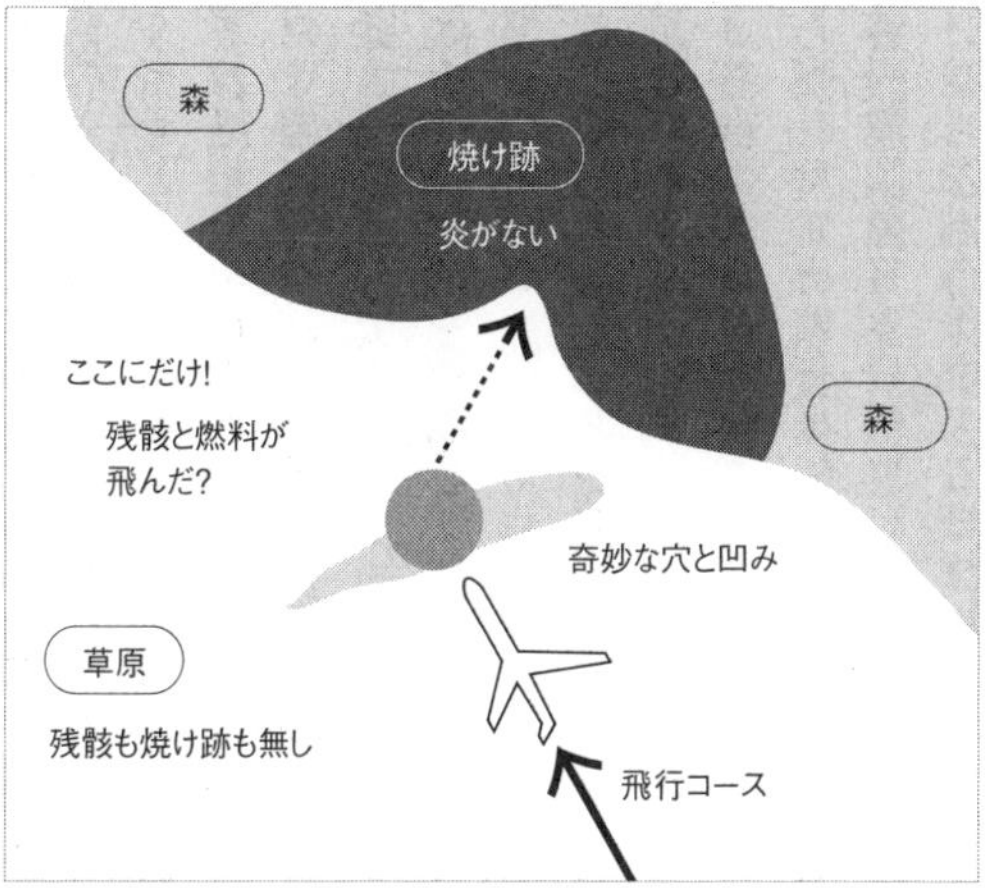

図4-1

93便は秒速260メートルを越えるスピードで墜落した際にその機体前部が粉砕され、破片と乗客の遺品が墜落現場の横にある森に飛び散り、その森で火災が発生したと信じられている（図4－1）。しかし墜落地点の周囲の草原に焼け跡も機体の破片や乗客の遺品も無かった。

つまりそれらはこの航路から大きく斜めに外れた森だけに飛んだことになる。またその森に火災が発生したからには燃料の一部が燃えながら飛んでいったと思われるが、その途中の枯れかけた草には何の焼け焦げ跡も無い。そんなことが物理的に可能なのか？

またその森には確かに50×50メートルほどの広さで火災の跡があり、焼け焦げた姿の木々が見える。中には幹と太い枝だけを残して全部焼け落ちてしまったと思われる木もあるが、これは相当に集中した火災が起こったことを示している。

ところが、墜落後数時間内に撮影されたと思われるいかなる写真にも赤い炎は全く写っていないのだ。それどころか、ごく一部にうっすらとくすぶりの煙が見えるだけで、墜落後に発生したはずの山林火災現場のほとんどが、すでに冷え切っているのである。もちろん消火活動なども行われていない。いったいどうなっているのか?

後に、この森から発見されたとされる機体の一部や乗客・乗員の持ち物と思われる書類や本、ブラックボックスなどの写真が捜査当局から公表された。しかし、上記のようなあまりにも信用し難い「墜落地点」の様子を忘れてその発表だけを信じろということなのか?

加えて言えば、この墜落地点からずっと先、距離約13キロメートルにわたって幅広い地域に点々と「93便の残骸」が散らばっていた(CNNニュース2001年9月13日)。いくら激しく粉砕されたとしても物理的に不可能であろう。しかしこれについて米国政府の説明は無い。

さらに公式の説明によれば機体後部の3分の2が地中深くに埋まったそうである。それは潰されて土の中に深さ10メートルほどスッポリと潜り込んでしまったとされるのだが、その地中から掘り出されたアルミ合金の機体や機械類、座席などの機内設備といった、全部で数十トンはあるはずの大きな残骸の写真やビデオは一つたりとも存在しない。せめて2トンか3トン程度の大型残骸を公開して報道陣に見せるなどのことがあってしかるべきだが、そのような実物の公開は全く無かった。さらに捜査当局による機体の状態の詳しい分析報告すら無いのだ。ただ「残骸のほとんどが発見された」という言葉だけが発表された。後にも先にも、たったそれだけである。

それにもかかわらず、森や地中からは乗客乗員ほぼ全員のDNAが発見されたと公表された。ただし遺体の写真は無い。また地中から掘り出されたとされる機内電話などの小型の器具や乗客の遺品の写真が公表され、2006年のムサウイ(事件の主犯格として無期懲役の判決を受けた)裁判の証拠として採用された。それらの中にはハイジャッカーのパスポート(口絵写真D・

巻頭口絵3ページ参照）や、テロリストのバンダナ（口絵写真C・巻頭口絵3ページ参照）なども含まれている。しかしそのパスポートは事件後に生存が確かめられたサイード・アル・ガムディのものである。また赤いバンダナは新品同様にしか見えない。カバンに入っていたので損傷を免れたという人もいるが、しかしその他に「発見された」といわれるものは、ほとんどが激しい損傷をうけている上に、その持ち主であるアラブ青年は肉体の形すら残っていないのである。

「主翼激突箇所」に生い茂る草！

この廃坑埋立地の土は機体が10メートル以上も潜り込むほどに柔らかいようだ。そして公式の説明に基づいて、燃料を満載したＵＡ93便の主翼と最後尾の垂直尾翼はその柔らかい土に激突して「消滅した」と信じられている。

消滅!?

あの大きなアルミ合金の塊がどうやって消滅できるのか？　物理・化学的に可能なのか？　もちろんいまだにその可能性を科学的に証明した者はいない。

それにしても、最後に地面に激突して機体から切り離されたはずの垂直尾翼はどこに激突したのだろうか？　よくよく目を凝らして写真を見ると、幅1～2メートルで深さがせいぜい50センチほどのかすかな溝のような凹みが目に映る。しかしそこにはどう見ても草が生えている。消滅するほどに激しく地面にぶつかったはずの箇所がどこにも存在しないのだ。ではいったい垂直尾翼はどうなったのか？

写真4-3（口絵写真B・巻頭口絵3ページ参照）

一方、ジェット燃料を満載した主翼が「消滅するほど猛烈に地面に激突した」とされる箇所には確かに翼のような形をした凹みがついている。深い場所では2メートルほどありそうだ。ところが事件当日に撮影された写真（写真4－3）には、その斜面と底に生い茂る夏草の姿が明らかに写されているのだ！

UA93便の主翼は草原に激突し、草1本折ることなしに(!)深い窪みを作ったうえで、草1本折ることなしに(!)「目に見えないほどの微粒子に粉砕された」とでもいうのだろうか？

ここまでの事実を知ってもなおかつ我々は「ここがユナイテッド航空93便墜落現場である」と信じなければならないのか？

なお、こういったUA93便墜落現場に関して、米国の一部の科学者や著名な科学雑誌によれば、「秒速270メートル近い速度で墜落した場合にそのようなことが起こりうる」そうである。ただし彼らはそれを証明するためのいかなる実証的なデータも提供していない。また「激突跡の無い垂直尾翼の消滅」や「激突・消滅跡に茂る草」は完全に無視している。この科学者達にとって「あるがままの事実」は、よほど厳重なタブーなのだろう。

ところで科学者や専門家といえば、とんでもない「前科」があるのだ。ツインタワーが崩壊した後のこと、世界中で大勢の理学や工学の博士号を持った科学者や専門家達が「ジェット燃料の火災でビルの鋼材が熔けた」と公言し、それがテレビや新聞でさも真相であるかのように報道されたのである。

もちろん建築用の鋼鉄が熔ける温度は約1500℃であり、一方でジェット燃料の火は最高の条件で燃えてもせいぜい1000℃ほどである。ジェット燃料は家庭用の灯油とほぼ同じものであり、もしそれらの科学者の言うとおりなら、恐ろしくて家庭で石油ストーブを使うことができないだろう。

メディアが意図的に無知な専門家だけを選んだのか専門家が意図的に嘘を言ったのかは知らないが、いまだにそれらの科学者や専門家達が博士号を返上したとは聞かない。さて、このシャンクスビルではいったい何人の「博士号返上者」が出るだろうか？

いかがだろう？　読者のみなさんはこういった9・11で「真実であると説明されていること」と客観的な事実との間にどんな整合性をお認めになるだろうか？

このペンシルバニア州シャンクスビルにあるユナイテッド航空93便墜落現場は、この9・11の性格を最も象徴的に現しているだろう。以上に述べたような、事実とはまるで相容れないとうてい信じがたい「公式の説明」の矛盾を、マスメディアと様々な解説者たちが「悲劇と英雄話」で包んで隠し、それが「定説」とされているのだ。事実を何も知らされない一般の人々は、やはりそれを信じるしかないのだろうか？

そしてその「定説」を元に『「9・11はイスラムテロだ」という信念』と、『「イスラムテロと闘う」

断固たる姿勢』が作られ、それだけが賞賛されてきた。そのような『信念』と『断固たる姿勢』に基づいてこの事件以来の「対テロ戦争」がいまだに続けられているのである。いま冷静に事実に接してみて、どのようにお思いになるだろうか？

○より詳しいことは次のウエッブサイトでお確かめいただきたい。

見ればわかる911研究　メニュー　http://doujibar.ganriki.net/00menu.html

物理的事実vs真っ赤な嘘　http://doujibar.ganriki.net/01c-physicalevidence.html

3　ペンタゴンに突入した機体はどこに？

「残骸」の実物はどうして公開されないのか？

なぜペンタゴンが易々と攻撃されたのか？

2001年9月11日午前9時38分（現地時間、ペンタゴン当局による）、米合衆国国防総省ビル、通称ペンタゴン・ビル北西側で大きな爆発が起こり、テロリストに乗っ取られたアメリカン航空77便が激突したと発表された。

ペンタゴンといえば第2次世界大戦後の世界を常に軍事的にリードしてきた米国軍の中枢である。したがって世界中で最も警戒厳重な場所のひとつであることに疑念の余地はあるまい。ペンタゴン付近を米軍の軍用機以外の航空機が近づいただけでミサイルによる迎撃が行われると言われている。ただし2001年9月11日の朝を除いては…。

ところが首都の防空体制をゼロにしたうえに、世界に冠たる米国国防総省に対する攻撃を易々と許すほどの歴史に残る汚点を作ったというのに、誰一人としてその責任を問われなかったのである。あの日本軍によるパールハーバー攻撃の際ですら、米海軍太平洋艦隊司令長官ら2名が防衛責任への怠慢を理由に退役させられたのだ。ラムズフェルド国防長官、ウォルフォヴィッツ副長官以下の幹部が、誰一人としてその任を解かれることもなく、さらに政府関係者もマスコミも、それがあたかも巨大なタブーであるかのように、ほとんど全くと言ってよいほど彼らの責任を問う声を上げなかった。これはいったいどうしてだろうか？　ペンタゴンの防衛体制はなぜゼロにされてしまったのだろうか？　また、誰によってゼロにされてしまったのだろうか？

AA77便は「壁の穴」に入るのか？

この攻撃現場であるペンタゴンの9月11日朝の状態を記録したいかなる写真やビデオを調べても、少なくともペンタゴンの壁の外側には、飛行機のものと分かる形をとどめた残骸を発見することはできない。

最初に爆発があってから約20分後に、飛行機が激突したとされる箇所付近が大きく崩落した。5重のリング状になっているペンタゴン・ビルの一番外側の部分だ。ペンタゴン当局から公表された写真（写真4－4）で前庭の芝生を広く見渡すことができるのだが、やはりどこにも飛行

写真 4-4（口絵写真 E・巻頭口絵 4 ページ参照）

機は見当たらない。

要するに77便の機体のほとんどがペンタゴンの外壁を突き破ってスッポリと全部中に入ってしまったということなのだろうか。それならペンタゴンの外壁に飛行機が入りきるだけの穴が開いていなければならない。ツインタワーに激突した飛行機の翼は鋼鉄の外周支柱に見事な切り口をつけ、飛行機はほぼ完全にビルの中に入り込んだ。さて、ペンタゴンでは？

ＡＡ77便（ボーイングＢ７５７）と外壁の損傷とを比較してみよう。米国標準・技術院（ＮＩＳＴ）によって作成された（グラフィック4－1）をご覧いただきたい。点線と文字は私が書き加えたものだ。1階と2階に見える濃いグレーの部分が外壁の失われた箇所、黒く塗られた柱は失われたものである。崩落が起こる以前に

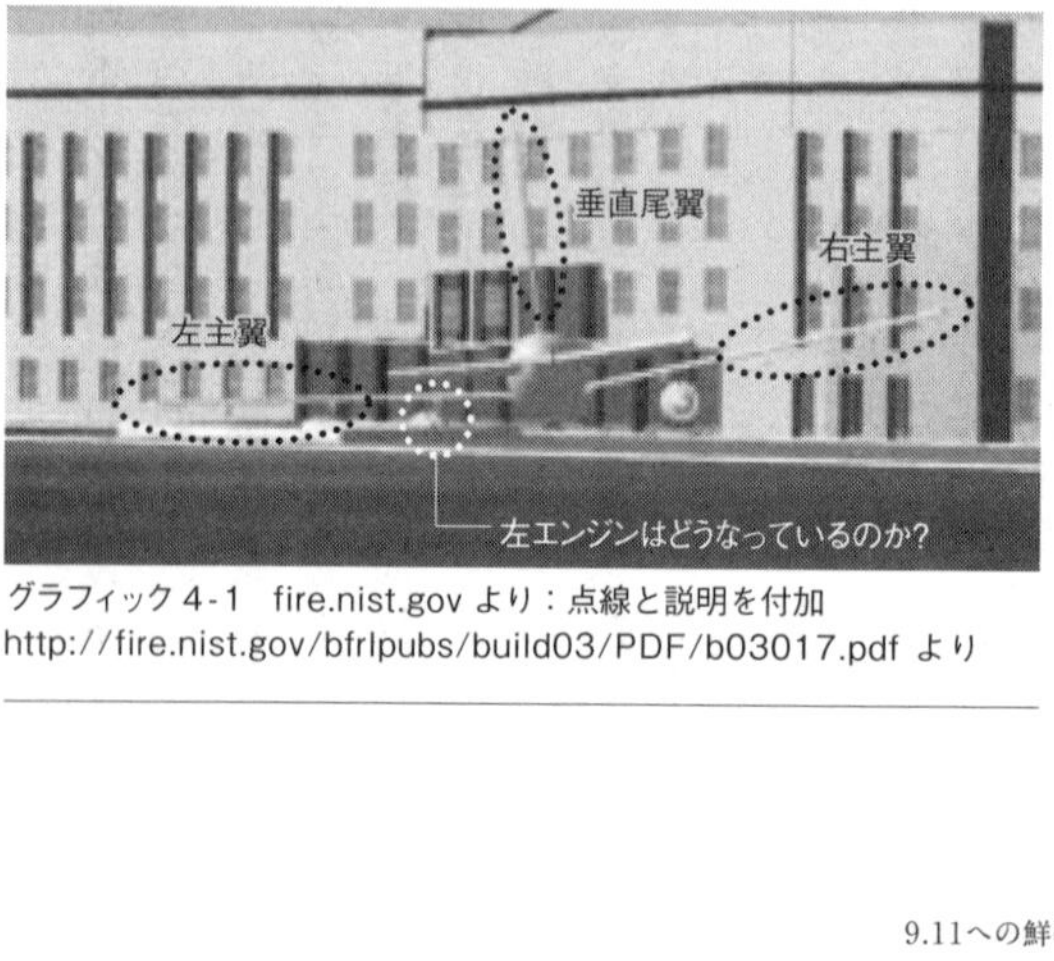

グラフィック 4-1　fire.nist.gov より：点線と説明を付加
http://fire.nist.gov/bfrlpubs/build03/PDF/b03017.pdf より

撮影された写真で調べてみると、間違いなく外壁のこの範囲が「穴」になっていることが分かる。１階部分に胴体とエンジンを含むＢ７５７の主要な部分が吸い込まれるのだろう。

ただ、この図では左エンジンが地面と激突する。もう少し機体を上に上げる必要があるだろう。しかし飛行機の主要部分をこの「穴」に合わせてどのように位置を変えてみても、左右の主翼の半分と垂直尾翼だけはどうにもならない。

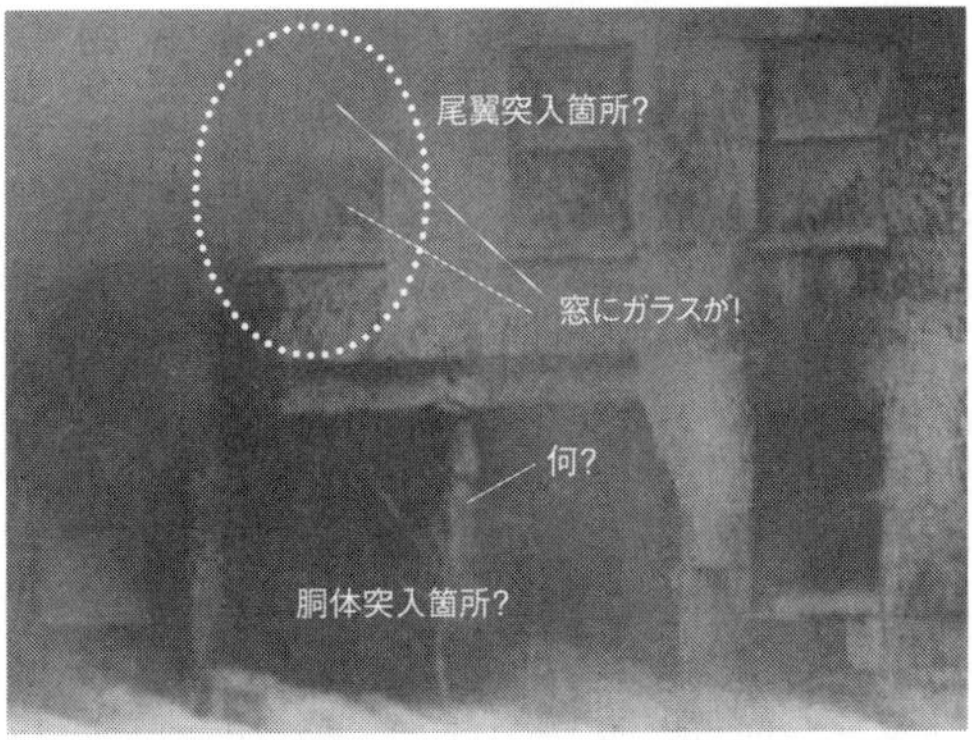

写真4-5　DoD（米国国防総省）ImagenaryServer より：部分を拡大、線と説明を付加
http://www.defendamerica.mil/images/photos/pi092401b1.jpg より
（口絵写真 J、K・巻頭口絵 6 ページ参照）

それらはバラバラになって写真に残らないような場所にでも飛んでいってしまったのか？　それならせめて激突の傷跡が残っているはずだが、（写真４－５）のとおり、高さ８メートルほどもある垂直尾翼が激突したはずの付近では壁がほとんど壊れておらず、窓にはガラスがはまっているのだ。

左右の主翼についても同様である。紙面の関係上省かざるを得ないが、それらが激突したはずの箇所はせいぜい表面の石灰石の板が剥がれた程度であり、どこにも秒速２００メートルで衝突したと言えるような傷跡が無いのだ。ガラスがはまっている窓すらある。いったいぜんたい主翼の先半分と垂直尾翼に何が起こったのか？

当のペンタゴン当局の説明はの通りだが、描かれている飛行機は翼がやけに短いうえに尾翼は斜めに曲がっている(写真4－6)。「主翼の半分と尾翼は失われてどこに行ったのか見当たらない」ということなら、はっきりそう言えばいいのだ。米国国防総省はどうしてこのような姑息なごまかしを行うのだろうか？

あの大型旅客機B757の機首を、地面スレスレでちょうど1階の部分に激突させるためには、非常に高い技術が必要と思われる。ところが前述したように、このAA77便を操縦したとされるハニ・ハンジュールはわずか半年前にはセスナ機すらロクに操縦できない人物だったのだ。どれほどに大連続する偶然を考えたとしても、到底信じがたい話ではないのか？

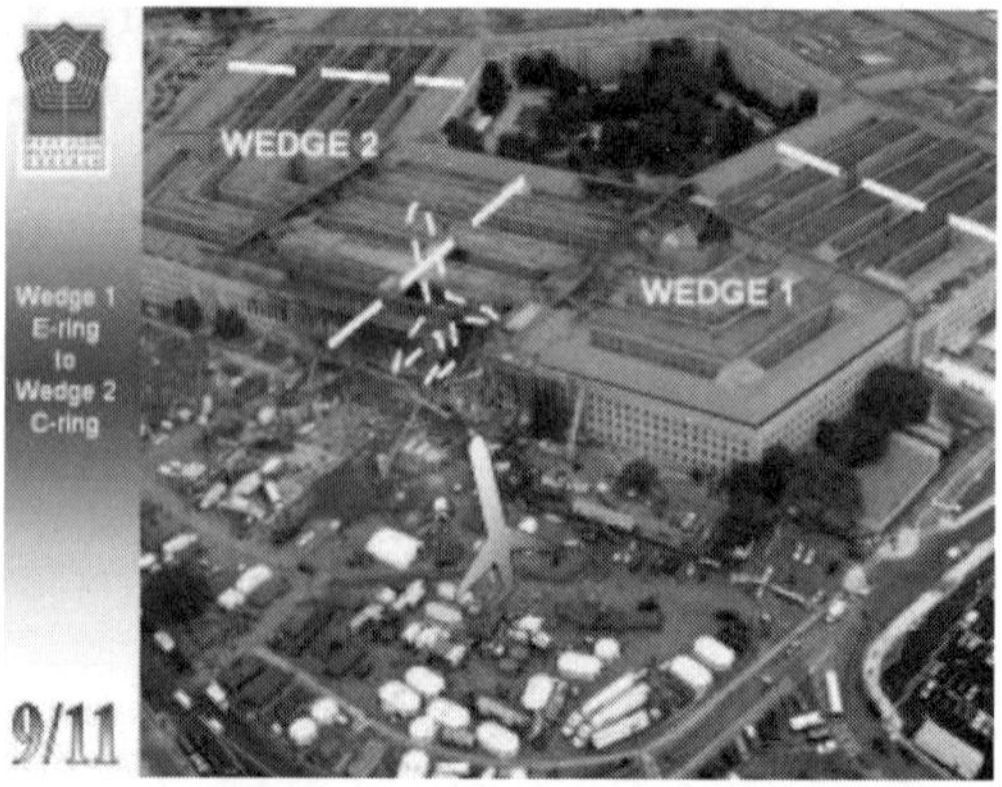

写真4-6　defenselink.mil より　http://www.defenselink.mil/DODCMSShare/briefingslide/129/020307-D-6570C-003.jpg.JPG
(口絵写真F・巻頭口絵4ページ参照)

残骸の実物はどうして公開されないのか？

ペンタゴンの内部で撮影されたとされるジェット・エンジンの一部や着陸装置の部品、着陸用の車輪と思われる写真がある。しかし事件以来一度たりともこのような残骸の実物や詳しい分析結果が一般に公開されたことはない。あるのは写真のみである。公式の説明では、ペンタゴン内部の火災による大変な高熱のために突入したジャンボ機の機体のほとんどが「蒸発して(目に見えないほどの微粉末になって?)」消え、わずかにこのような熱に強い部品だけが残されたとされている。

ただし、その「機体消滅」の可能性を実験と実証的なデータをもとに科学的に証明した科学者は、いまだかつて登場していない。

そしてその「大型旅客機の機体を消失させるほどの高熱」の中から、ほとんどの乗員乗客のDNAが「発見された」と発表された。またAA77便の乗っ取り犯の一人とされるナワフ・アル・ハズミのプラスチック製のIDカード(口絵写真I・巻頭口絵5ページ参照)も「発見され」写真が公表された。

それは、飛行機を雲散霧消させた高熱の中で顔写真の部分をきれいに残して保存されているのだ! いくらアメリカ製のプラスチックが優秀だとはいえ、これはいくらなんでも優秀すぎるだろう。さらに9・11委員会の資料によれば、この灼熱のペンタゴンの内部から犯人の一人であるマジェド・モケドの名前が書かれたサウジアラビアの学生カードも発見されたらしい。

我々はやはりそれを信じなければならないのか?

ところで、先ほどペンタゴン・ビルの外では残骸が見当たらないと申し上げたが、実は事件当日にペンタゴン前庭には何かの残骸・破片と思われる多数の物体が散らばっていた。その中には赤・白・水色に塗り分けられたアメリカン航空の機体の破片と思われる写真も複数存在する。ところが、そのほとんど全てがヘリポートよりも北側で撮影された(図4−2次ページ)ものである。不思議なことにヘリポートの南側の激突地点に近い場所には残骸らしい物体が全くといって良

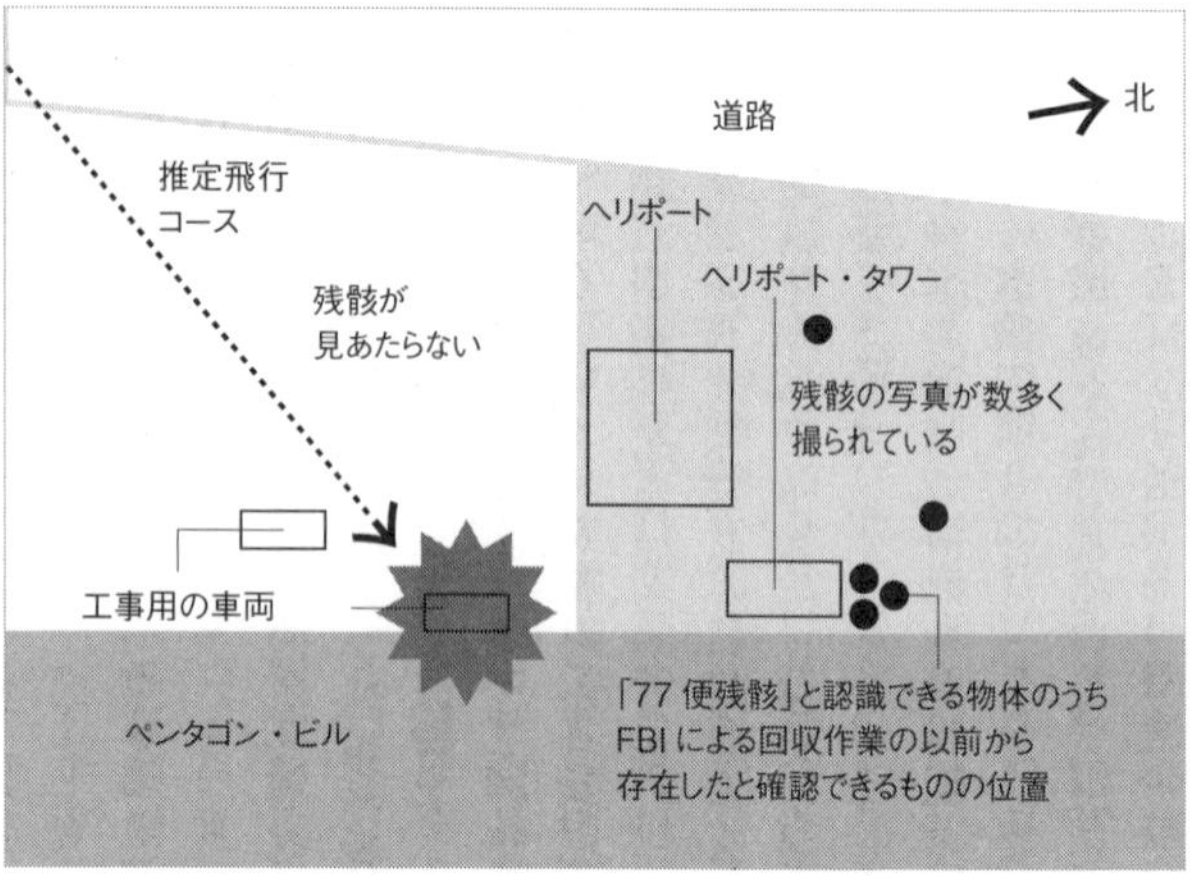

図4-2　激突箇所から見れば高さ数メートルのヘリポートタワーの影になってしまう箇所にさえ、赤・白・水色に塗り分けられたアメリカン航空の機体の破片と見られる物体が数個まとまって「落ちている」のだ。偶然にしては少々出来過ぎではないかという気もする（口絵写真G、H・巻頭口絵5ページ参照）

いほど見当たらないのだ。

　ＡＡ77便が激突したといわれる箇所には改装工事用のトレーラーが駐車してあったので、その破片が主に北側に向かって飛び散ったとしてもおかしくはない。しかし77便には大きな胴体だけではなく、上下左右に広がる主翼も尾翼もあった。その破片がヘリポートより南側で全く見当たらないのは極めて不自然なように思える。

　またペンタゴンの前には数メートルの高さのヘリポートタワーがあるのだが、その真裏側の壁ぎわ、激突箇所から見れば、完全に影になってしまう箇所にさえ赤・白・水色に塗り分けられたアメリカン航空の機体の破片と見られる物体が数個まとまって「落ちている」のだ。偶然にしては少々出来過ぎではないかという気もする。

　ところでペンタゴンから拾い集められた数多くの「残骸」それ自体はいったいどうなったのだろうか？　誰も知らない。ペンタゴン内部で写真撮影された物体と同様に、ＦＢＩからもペンタゴン当局からも実物の公開や詳しい分析結果の公表はいまだかつて行われたことがない。なぜか？　そしてそれはどこにあるのか？　誰にも分からない。そしてそのような物体の写真だけを元に「本物だ！」「いや偽物だ！」という論争ばかりが繰り返されてきた。いかなる立場をとるにせよ、まず米国の当局者に実物と分析記録の公開を要求する方が先ではないのだろうか。

ブラックボックスの記録はまるで食い違っている！

ペンタゴンについてはその他に、ペンタゴン発表のビデオ映像、ビル内部の壁に開いた奇妙な穴、街灯の倒れ方、工事用の発電車両（ジェネレーター）など、数多くの疑問点があるのだが、ページ数の関係から割愛せざるを得ない。しかし最後に明らかにしておかねばならないことが1つある。

ペンタゴン・ビルの中からAA77便のフライト・レコーダー（ブラックボックス）が発見され、そのデータに基づいてNTSB（国家運輸安全委員会）が77便の飛行についてのシミュレーションを発表した。ところがそのシミュレーションと、ペンタゴン当局やNISTによって断定されている飛行コースとが、完全に食い違っているのだ！

違っていたのは方向ばかりではない。突入直前の飛行高度も77便がぶつかったはずの照明塔より90メートル以上高いのだ。そのままの角度で進むとペンタゴンの屋上の30メートル上空を通り過ぎて行ったことになる。どうなっているのだ？

ペンタゴン当局発表とブラックボックスのデータと、どちらが間違っているのだろうか。それともどちらも間違っているのだろうか。しかしどこからも何のコメントもない。もし公式の説明の通りだとしたら9・11事件は「摩訶不思議と奇跡の集合体」と呼んでも差し支えないようである。いったい何をどう信じろと言いたいのだろうか？

ペンタゴンにはただ数々の矛盾に満ちた発表と隠蔽と疑問だけが残されている。

○ご参照いただきたいウエッブサイト
見ればわかる911研究（「ペンタゴン77便激突」）http://doujibar.ganriki.net/00menu.html
ペンタゴン：偶然の砦 http://doujibar.ganriki.net/zantei-7.html

4 飛行機の突入なしで「沈んだ」第7ビル
20年間建ち続けたビルが一瞬で抵抗ゼロ？

ミステリアスな崩壊と奇妙な『予言』

世界貿易センター（WTC）第7ビルは、1983年に着工、1987年にオープンした、他のWTCビル群より15年も新しいビルだった。このビルにはCIA、米国証券取引委員会、国税庁、国防総省、シークレット・サービス、ニューヨーク市緊急事態管理事務所などの機関もまたテナントとして入っていた。

そして2001年9月11日にその第7ビルが、ツインタワー全面崩壊から7時間も後の午後

5時20分に、世にも不思議な全面崩壊を起こしたのである。この崩壊は9・11の中で最もミステリアスな出来事の1つだ。

その崩れ方は見る者を唖然とさせる。（写真4―7〜10）で見るように真っ直ぐに立ったまま、まるで水の中にそのままの姿で沈み込むように、あるいは地面に吸い込まれるように猛スピードで落ちた。

写真4-7～10　NIST VideoThe Collaose of World Trade Center7 による http://www.nist.gov/public_affairs/releases/wtc_videos/wtc_videos.html で見られるビデオのスチル写真より

もちろん飛行機の激突はなかった。7時間ほど続いた火災はツインタワー崩壊の影響で発電用の重油が燃えだしたものとされる。しかしそれはいくつかの階に分散した、ビル火災としては特別に大きいとも言えないものだ。さらにツインタワー崩壊に伴う損傷は南側面下部に限られており、ビルを全面崩壊させるような規模ではありえない。

しかし問題は「火災や損傷の規模がどうなのか」ではない。たとえビル全体が猛火に包まれていようが傷だらけになっていようが、それでどうして「こんな崩壊の仕方をするのか?」という点なのだ。

第7ビル全面崩壊の不思議さは単にそういった物理的な面だけではない。消火にあたっていた消防士たちが昼ごろに突然引き揚げの命令を受けた。彼らは引き揚げる際にテレビカメラの前で「あのビルはじきに崩れ落ちるだろう」と奇妙な『予言』をしていたのだ。そして『予言』どおりになった。消防士たちはいったい誰からそれを聞いたのか? 彼らにそう伝えた者は数時間後のビルの崩壊をなぜ予知できたのか?

さらに英国BBC、米国FOX5テレビ、米国CNNテレビが崩壊の以前に「崩壊した」と報道していた。

CNNの場合、実際の崩壊の1時間以上も前にキャスターが「ここで新しい情報が入りました。第7ビルが崩壊しました」と伝えたが、健在な第7ビルの映像に気付き即座に「あるいはいま崩壊しようとしています」と言い換えた。

ところがなかなか崩れそうにない。哀れなキャスター氏は舌をもつらせながら、大慌てでビルの紹介を繰り返し続けたのである。少し遅れて画面に現れた説明には「第7ビルが火事であり崩壊するかもしれない」と書かれてあった。彼がそれから1時間、どうやって間をもたせたのかは知らない。

FOX5テレビの場合、女性キャスターが「新たにビルが崩壊しました。47階建てのビルで…」と言いかけてまだ建っていることに気付いた。うろたえた彼女は途方にくれる男性キャスターの隣で「ええと…、いま崩れようとしているのでしょうか…煙が激しく出ていて…、ええと…」と、何とかしばらく話をつないだ。そして30秒後にやっと崩壊したときに、二人はホッとした声で「ほら、画面を見て！」「ああ、いま崩壊しました…」と述べた。

ＢＢＣではキャスターが実際の崩壊の13分前に「ソロモンブラザーズ・ビル（第7ビルの別称）が崩壊しました」と語り、ニューヨークのリポーター嬢を呼び出した。ところが、その後ろに第7ビルの姿が大きく映し出されていたのである。それでもキャスターは、それが「ソロモンブラザーズ・ビル」であると分からなかったらしい。彼女はそのまま崩壊報道を続けた。ところが、いきなりニューヨークからの中継画面が乱れ、接続が切れてしまった。「間違い」に気付いた上層部が慌てて中継を打ち切ったものと思われる。

しかし、３つの大ＴＶ局がそろいもそろって同時に「単なる勘違い」をするのか？　それとも誰かが「予告」の連絡を事前に入れていたのだろうか？

第7ビル全面崩壊の諸特徴

ここでその崩壊の特徴をまとめてみよう。

特徴1／極端に短い時間

崩壊にかかった時間は6・5〜6・7秒と言われている。これは、第7ビルと同じ高さから《空気抵抗も無い状態で》物体を落下させる自由落下よりほんのわずかだけ長い時間だ。ひょっとすると空気抵抗の中で同じ高さから鋼材を落とした場合よりも短い時間ではないのか？　つまりあらゆる抵抗をほとんど何も示すことなく、足下から頭の天辺までの全てが崩れ去ったのである。あの鉄骨構造のビルが何の抵抗も無しに、下から順番に、その構造のどの部分にも偏り無く、ことごとく崩壊し尽くした（！）ということになる。しかしそのようなことが物理的に可能なのか？

特徴2／ほぼ完璧な左右対称

部分的な例外を除き、ビル全体がほとんど左右対称に、真っ直ぐに、ストンとそのまま沈み込むように下の方から崩壊した。あの幅広いビル全体が「左右すべて均等に構造的な劣化」を起こしていたというのだろうか？

特徴3／途中で何の引っかかりも無く極めてスムーズに崩壊した

2箇所の頑丈なメカニカル・フロアーが何の役も果さなかったうえに、火災の箇所や損傷の箇所とは全く無関係な様子の崩壊だった。あの縦に長いビル全体がどの部分も「上下すべて均等に骨抜き状態に」なっていたのだろうか？

特徴4／屋上にある構造が真っ先に崩壊した

ビル屋上の東側にあったペントハウスが他の部分よりも6～7秒も早く落ちた。これはそれらを支えていたコアの支柱が真っ先に破壊されたことを意味する。次にコア支柱が最も密集していた中心部にある屋上構造が外周よりもわずかに早く崩落し始めた。部分的な不完全燃焼の炎がコアの鋼鉄支柱構造をどれほど弱めることができたというのか？

特徴5／ビルの鋼材のほとんどがその建っていた場所の上に高く積もった

これは人為的に中央部を周辺よりやや早めに崩壊させて周辺への影響を少なくする制御解体（爆破解体）の特徴と一致する。このようなことがランダムに起こっていた火災の熱などでどうやって起こるのか？

再度申し上げるが、問題は「火災や損傷の規模がどうなのか」ではない。たとえビル全体が猛火に包まれていようが傷だらけになっていようが、それが元で「どうしてこんな崩壊の仕方をするのか？」という点なのだ。

米国研究機関のお手上げ状態

上記の特徴に対して米国の公的機関の説明は？　FEMA（連邦危機管理局）はその2002年の報告書で、第7ビル全面崩壊の原因を一応「ツインタワー崩壊による衝撃と火災の影響」と推測したうえで、次のように述べて他の研究機関に究明の下駄を預けてしまった。

WTC第7ビルの火災の特質と、それがどのようにしてビル崩壊を引き起こしたのかは、現在の時点では不明のままである。燃料オイルは合計して巨大な潜在的エネルギーを持ってはいたのだが、最も良い仮定をしても（崩壊が）起こる確率はほんの小さなものに過ぎない。この件を解決するためには更なる研究と調査と分析が必要とされる。

そして下駄を預けられた形のNISTは2008年8月に第7ビル崩壊に関する最終報告書を公開した。事件からすでに7年も過ぎていた。責任者のシャイアム・サンダー博士は火災と崩壊の様子についてのコンピューター・シミュレーションを披露する。

紙面の関係で省略するが火災のシミュレーションだけでも疑問だらけだ。しかしその崩壊のシミュレーションはもはや「疑問」を通り越す。

サンダー博士は説明する。「12階の火災によって東側のコア支柱が崩れ床の崩落が一斉に起こり、それがペントハウスを落下させたのだ（写真4－11）」と。問題は東側の外周壁の鉄骨構造である。それは、ペントハウスの崩落の最中もその後もいつもと変わらず真っ直ぐな平面を見せて立ち続けていたのだ。NISTはツインタワーで「1つの階で起こった床の崩落が外周支柱を内側に引き込みこれがビルの崩壊を開始させた」という説明をした。その同じNISTが、第7ビルでは12階から47階までの床が一斉に崩落したにも関わらず外周支柱は微動だにしなかった

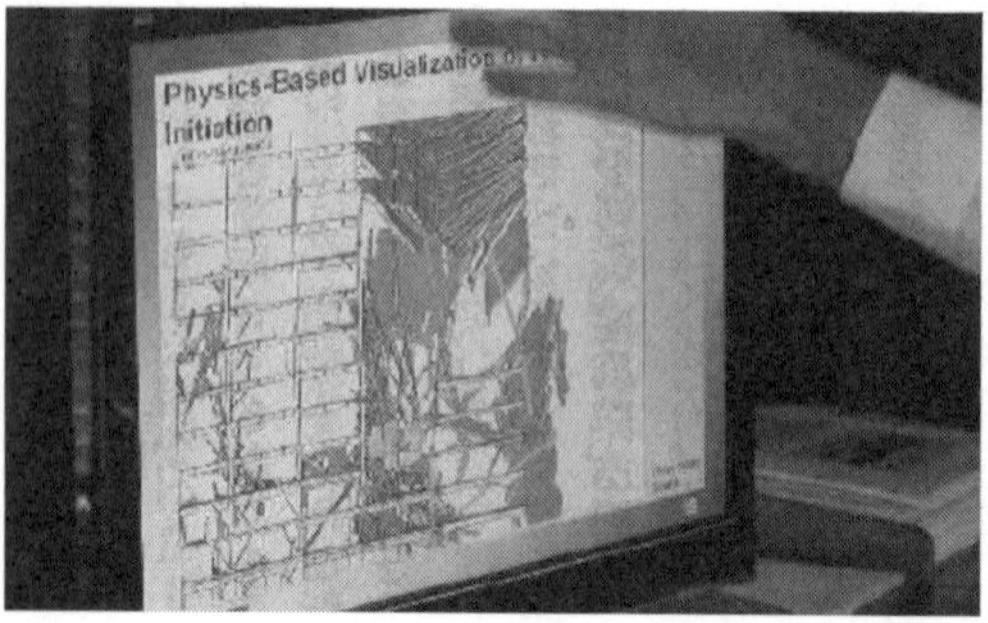

写真4-11　NIST VideoThe Collaose of World Trade Center7による
http://www.nist.gov/public_affairs/releases/wtc_videos/wtc_videos.html で見られるビデオのスチル写真より

（!?）と説明するのである。

次にサンダー博士は「東側で発生したコア支柱の崩壊が西側に向けて急速に連鎖反応的に伝わりビルの支柱構造が全面的に崩壊した（グラフィック4－2）」と説明する。

実際には、ペントハウスが崩落して約6秒後に屋上の構造物が沈み始めた。次の瞬間に、ビルの東側と西側が同時にほとんど同じスピードで落下し始めたのである。その後、第7ビルは東西の高さを同じにしたまま、真っ直ぐに沈み込んでいった。ビルの中央部よりやや東側が最も速く沈んだがそれは中央部にわずかの凹みを作っただけで、どの部分も落下速度にほとんど差が見られない。そして崩壊の後半にはやや南側に傾いていった。

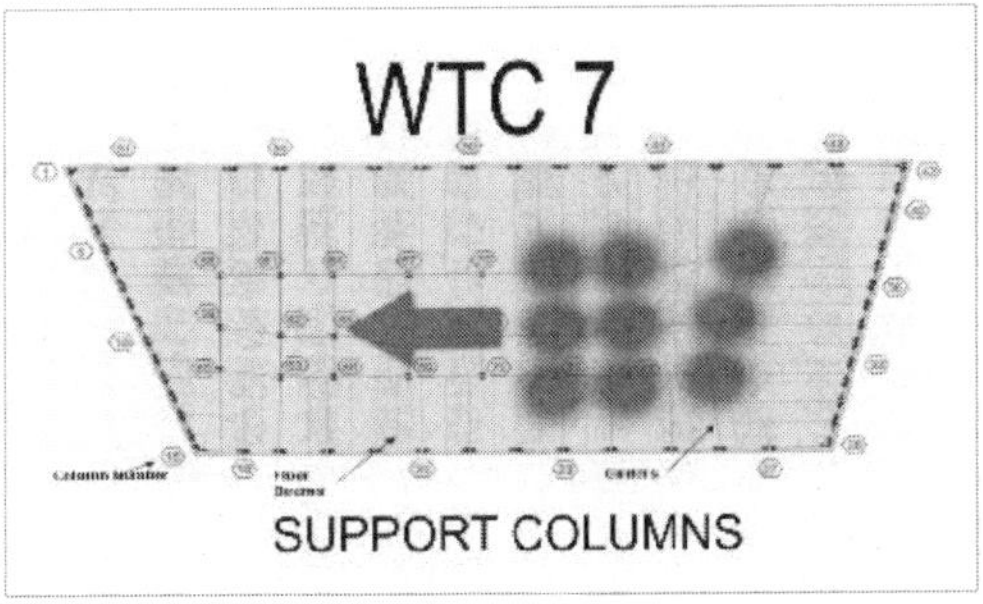

グラフィック4-2　NIST VideoThe Collaose of World Trade Center7 による
http://www.nist.gov/public_affairs/releases/wtc_videos/wtc_videos.html　で見られるビデオのスチル写真より
もしサンダー博士の説明どおりなら、東西の崩壊に差が出てくるのが当然であろう。支柱の崩壊が「連鎖反応を起こした」ことも理解しがたいが、どれほど速くそれが伝わったとしても弾丸よりも素早かったとは信じがたい話だ

もしサンダー博士の説明どおりなら、東西の崩壊に差が出てくるのが当然であろう。支柱の崩壊が「連鎖反応を起こした」ことも理解しがたいが、どれほど速くそれが伝わったとしても弾丸よりも素早かったとは信じがたい話だ。最初から「中身がカラッポ」になっていた東側と、新たに崩落が「伝播」した西側が全く同じ速度で落ちていくなど、どうみても奇妙な話である。

NISTはこのシミュレーションのパラメータを含めた全資料を世界に向かって公開しなければならない。

しかし、ひょっとするともうその必要など無いのかもしれない。彼らが勇気を奮って公開してくれたコンピューター・シミュレーションの画面には、事実とはまるでかけ離れた「第7ビル崩壊」が映し出されていたのだ（グラフィック4―3）。

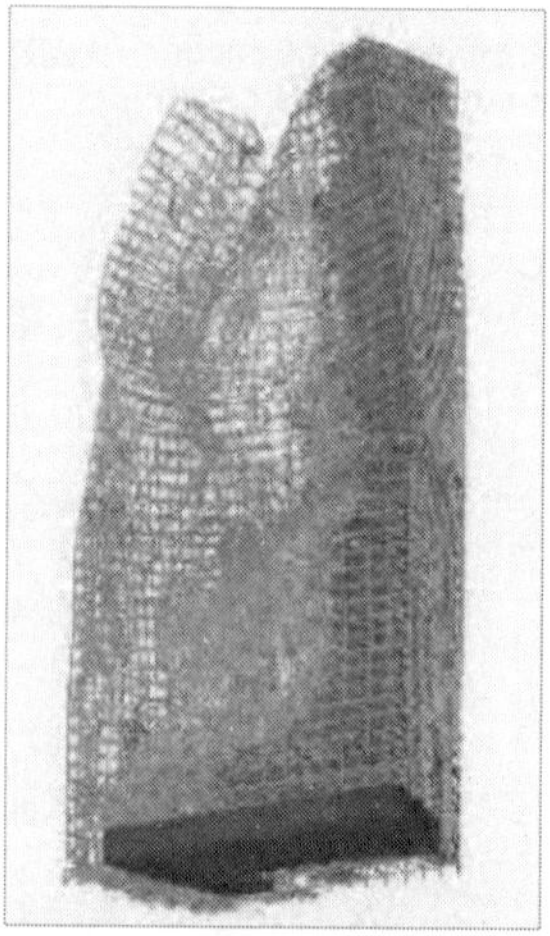

グラフィック4-3　NIST VideoThe Collaose of World Trade Center7 による
http://www.nist.gov/public_affairs/releases/wtc_videos/wtc_videos.html　で見られるビデオのスチル写真より

先ほどの（写真4―7〜10）と比較していただきたい。もはや「全く別のビルの崩壊」としか言いようがない。ビル上層部がグチャリと変形してつぶされ、そのうえいつまでたってもビル全体の落下を開始しないのである！

そして彼らのシミュレーションはこの場面で終わっている。もうここから先のシーンはとても公表することができなかったのだろう。ここまで徹底して事実を無視して「結論を出す」のだから、もう「ご立派」という以外に言葉があるまい。彼らにとって崩壊途中の事実は何よりも恐ろしいタブーなのだろう。

NISTは間違いなく、「ビルの構造が持つ破壊に対する抵抗が一瞬にしてゼロにならなければ事実どおりの崩壊は起きない」ことを最初から知っていたのだ。つまり「ビル内の荷重を支える構造があらゆる箇所で同時に完全に破壊されなければ決して実際に起きたような全面的崩壊はありえない」ことである。

知っていながら長い間それに対しては言葉を濁してきた。一瞬にして「ゼロ抵抗」になった原因を口に出すことができなかったのである。それが決して『自然には起こりえない＝人為的なもの』であると分かっているのだ。

そこで彼らは第7ビルを無理やりに『カラッポの箱』にすることで『ゼロ抵抗』を説明しようとした。ところがしかし、彼らがいくらコンピューターを駆使しても『カラッポの箱』が下から整然と沈むように崩れ落ちる様子を再現できなかった。まだ事実を知らない人が多いから今のところは無事に済んでいるだけである。第7ビル崩壊の事実が人々に知れ渡るようになれば彼らは即刻立場を失うだけであろう。

FEMAに続いて「お手上げ」を言うことのできない立場は分からないでもないが、膨大な国家予算を使いながら6年もかけて行った仕事の結論にしては、あまりにもお粗末なものである。彼らは崩壊中の事実の一切を無視してコンピューターで無意味な動画を作っただけだった。それならディズニー・プロにでも任せておけばよいのだ。これもまた事実上のお手上げ宣言としか言いようがあるまい。

なお、NISTはこの「最終報告」発表の後に、一部の物理学者の質問に答えて、第7ビルが崩壊を開始1・8秒後からの約2・2秒間、自由落下速度で落ちたことを初めて認めた。いかに「空の箱」になろうが、構造的な抵抗はもちろん空気抵抗もあるのだ。このような現象が自然界にある力だけでは起こりえないことは、少しでも科学に触れた人ならすぐに分かるだろう。

世界の多くの人々がこのような事実を知ったときに、このビルが「火災で崩壊した」と主張し続けている人々は、いったいどのように答えるのだろうか。

第7ビル崩壊の事実をより詳しくお知りになりたい方は私のウエッブサイトをご訪問いただきたい。また下記の拙著をご参照願いたい。
○ご参照いただきたいウエッブサイト
見ればわかる911研究（「WTC第7ビル全面崩壊」）http://doujibar.ganriki.net/00menu.html
拙著『「WTCビル崩壊」の徹底究明』（社会評論社）

第5章　ツインタワー全面崩壊への明確な視点

童子丸開
著述家・翻訳家

1 消えた上層階と巨大な「ガレキの噴水」

「重力による崩壊」は不可能！

異常なまでに完璧な「全面的崩壊」

２００１年９月11日午前９時59分、わずか56分間の火災の果てにＷＴＣ第２ビル（南タワー）がその４００メートルを越える巨体を宙に舞わせた。また同第１ビル（北タワー）は午前10時28分に１時間42分続いた火災の後にあっけなく塵と消えうせた。しかし紙の上でお伝えできることには限界がある。どうか以下の私のウエッブサイトで、インターネットならではの豊富なカラー画像とその分析を通して９・11の事実についてお調べいただきたい。また左記の拙著もご参照願いたい。

見ればわかる911研究　http://doujibar.ganriki.net/00menu.html

拙著『「ＷＴＣビル崩壊」の徹底究明』（社会評論社）

最初にはっきりさせておこう。問題は「飛行機の衝撃と火災の熱でビルが崩壊するのかしないのか」ではないのだ。「どうして『このような崩壊の仕方』をするのか」こそが本当の問題点なのである。

２つのタワーはともに、ビル上〜中層部はもとより下層部に至るまで、立体的な構造を何ひとつ残すことなく、全ての部分が等しく分解されてしまった。崩れそこねた塊状の部分はどこにも見当たらず、外周の鉄骨構造の大部分がビルから遠くに吹き飛ばされ、コア（中心部）の巨大な鉄骨構造は1本1本までバラバラにされ、コンクリートにいたってはほとんどすべてが微粉末にまで砕かれた。

また、どちらのタワーとも自由落下を思わせるほどの速度で、極めてスムーズに、どの方角にも等しくその足下まで崩壊を進めた。かかった時間はビデオで観察する限り先に崩壊した第2ビルが12～13秒、後の第1ビルが15～16秒であろう。途中で崩壊の速さがギクシャクと変化する様子は見えず、加速をつけた崩壊が一気に付け根まで進行した。ツインタワーには途中で3箇所のメカニカルフロアーと呼ばれる特別に頑丈に作られ窓も無い部分があったが、それすらもスムーズな崩壊の進行になんらの影響を与えることも無かった。また上下方向だけではなく、方角による崩れ方の違いもなかった。これほどに完璧な『全面的崩壊』はかつて無かったし今後も起こりえないだろう。

数多く残されているビデオと写真を元にその様子を描写してみたい。

まず第2ビル（南タワー）からである。110階建てのビルの80階付近を中心にして飛行機が激突したのだが、その箇所はビルの東側に大きく偏っていた。崩壊は81階の東向きの面が内側に向けてつぶれるような形で始まり、逆側の85階付近を支点にして上層階が傾き始めた。だがその傾きはすぐに上層階全体の大きな回転運動に変わり、100メートル以上もある上層階は回転しながら下からつぶされスルスルと短くなっていった。

それにもかかわらず崩壊開始箇所より下の部分の崩壊は始まらなかった。またつぶれつつある上層階の各所から噴煙が爆発的に噴き出し、変形を起こして折れ曲がっている光景すら見られる。明らかに上層階内部で何らかの異常な出来事が起こっていた。

崩壊開始3秒を過ぎたあたりから崩壊開始箇所よりも下側で激しい粉塵の噴出が連続して起こり、ここでやっと中層階の崩壊が始まった。拡大・スロービデオで確認すると壁の各所で激しい閃光が観察される。また崩壊中の箇所よりずっと下の方で単独に爆発的な粉塵の噴出が見られるが、それは頑丈な作りのメカニカルフロアー（41～44階）では集中的に起こっている。

写真5-1　激しく爆発して飛び散るツインタワー第2ビル（南タワー）上層階：何の力がこんな現象を引き起こしたのだろうか？（口絵写真L・巻頭口絵7ページ参照）

崩壊開始4秒前後で上層階は回転を止めたが、下からの崩壊が一気に加速し、開始5秒後には噴煙の中に姿を消した。

そして次の瞬間、上層階が姿を消した付近（地上約250メートル）で猛烈な爆発が起こり（写真5－1）膨大な量のガレキが激しく周囲に吹き飛ばされた。

それ以降、あたかも巨大な噴水を見るように、大小のガレキ（粉砕されたコンクリートおよび鉄骨）が激しくビルから周囲に向かって吹き飛ばされた。そしてその「吹き飛ばし」がどの方角にも等しく、上からビルの付け根に向かって、途切れることなく、大き

写真5-2　巨大な噴水のようにガレキを周囲に吹き飛ばしながら崩壊する第2ビル：映画「911の嘘をくずせ（ルーズ・チェインジ）」より：線と文字を付加：2本の白線は手前側に向いた面の両端を表す

な加速をつけて、進行していったのである。（写真5－2）は崩壊開始約9秒後だが、下の方にある2本の縦の白線はビルの手前側の面（南面）の両端の位置、左右の矢印は吹き飛ばされるガレキ群の先頭を表している。この時点でガレキがすでに水平方向に100メートルを越す距離まで飛ばされていることがわかる。

写真5-3～5　映画「911の嘘をくずせ（ルーズ・チェインジ）より：部分拡大

一方の第1ビル（北タワー）では、飛行機が北面96階付近の壁のほぼ中央部に激突した。崩壊は97階付近から開始したが、第2ビルと同様にその上層階は見る見るうちに短くなり3・5秒ほどで姿を消した（写真5－3～5）。そしてその後は第2ビルと同様に水平方向への爆発的なガレキの噴出が、上から下に急速に連続して進行した。

その一方で5秒を過ぎたあたりからビルの周辺にまるで巨大な滝のように大量のガレキがなだれ落ちていくのが観察できる。これは間違いなく最初に破壊されてしまった上層階の名残であろう。両ビル崩壊の重要な共通点は、ともに崩壊開始箇所よりも上にあった部分が真っ先に姿を消してしまい、その後に大量のガレキが激しく周辺に吹き飛ばされ、その動きが上から下に向かって連続したことである。

○ご参照いただきたいウエッブサイト
第1ビル：上層階の消滅（1）http://doujibar.ganriki.net/04wtc1-upperfloors.html
第1ビル：上層階の消滅（2）http://doujibar.ganriki.net/04wtc1-upperfloors2.html
第2ビル：崩壊開始時の奇妙さ http://doujibar.ganriki.net/10wtc2-beginning.html
第2ビル：上層階の回転と消滅 http://doujibar.ganriki.net/11wtc2-upperfloors.html

崩壊しようにも「エネルギー源」が無い！

ツインタワー崩壊に関する公式の説明については本章の『4、存在しない「ツインタワー崩壊の公式見解」』で述べることにしたいが、それよりも先に、現在の米国で「唯一最後の崩壊理論」と断定してもよい説について申し上げておきたい。それを世界の大多数の学者や専門家が受け入れているのだ。

米国標準・技術院（NIST）の関係者で元米国土木学会の幹部ズディネック・バザント博士は論文 Why Did the World Trade Center Collapse?—Simple Analysis（初稿は2002年1月）の中で、崩壊開始からそれがビルの付け根まで進行していくプロセスを説明している。そしてNISTもそれを無条件に採用している。簡単にご紹介しよう。

バザントはツインタワーの鉄骨構造が元々からほとんど無抵抗で変形しうるものだったと断言する。その説明には首をかしげざるを得ないがここではそれは置いておこう。崩壊の進行は次のとおりである（図解5―1）。

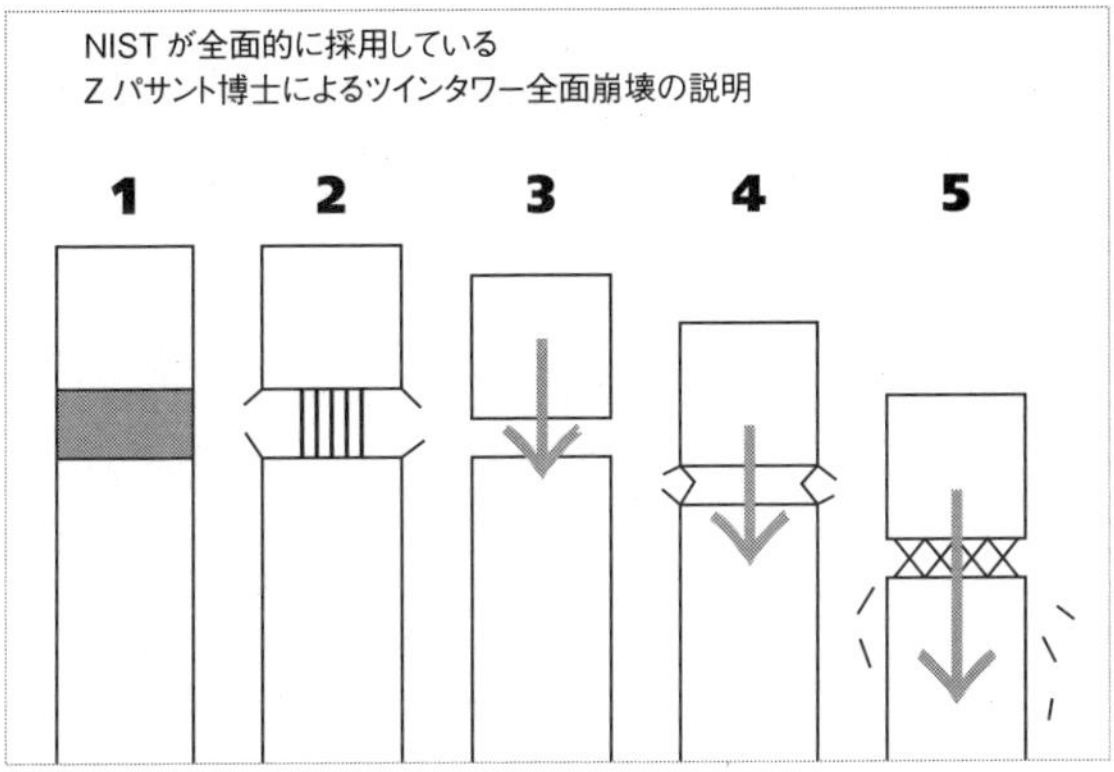

図5-1

①飛行機の衝撃と火災で構造が劣化した階で外周支柱の崩壊が起こる
②その階のコア構造が荷重に耐え切れず崩壊する
③ビル上層階の落下によってその下の階がほぼ無抵抗に破壊される
④したがって落下する階は加速をつけ次の階に激突する
⑤加速をつけた上層階は同様に次々と最下層までビルを破壊していく

この説明によれば、その「落下する上層階」＝「巨大なビルの塊」がツインタワーの全面的な崩壊の「エネルギー源」つまり「真犯人」ということになる。ところが実際にはツインタワー上層階はどちらのビルとも真っ先に消えてなくなったのである。ビルを崩壊させる「エネルギー源」が存在しないのだ！

このバザント説を弁護する人々は「いや、上層階は失われたのではなく、分厚い粉塵の中に姿を隠しているだけだ！」と強弁する。しかし彼らは自分の主張を裏付ける事実を示すことができない。あらゆるビデオと写真は最初の数秒間でタワー上層階が急速に消えていく姿を明確に映し出しているのだ。

さらにビデオ映像と写真は決定的な事実を記録している。両タワーともその「分厚い粉塵」の上側から大小のガレキ（粉砕されたコンクリートや鉄骨群）を巨大な噴水のように激しく吹き飛ばしていた。それには一つで１００トンほどにもおよぶ巨大な外周鉄骨構造も多く混じっていた（後述）。

それらが噴出している場所の上にあるものは空気と煙だけである（写真５－６・７）。バザント説に従うなら、崩壊は「巨大なビルの塊」の下側でしか起こり得ず、ガレキもその部分でしか作

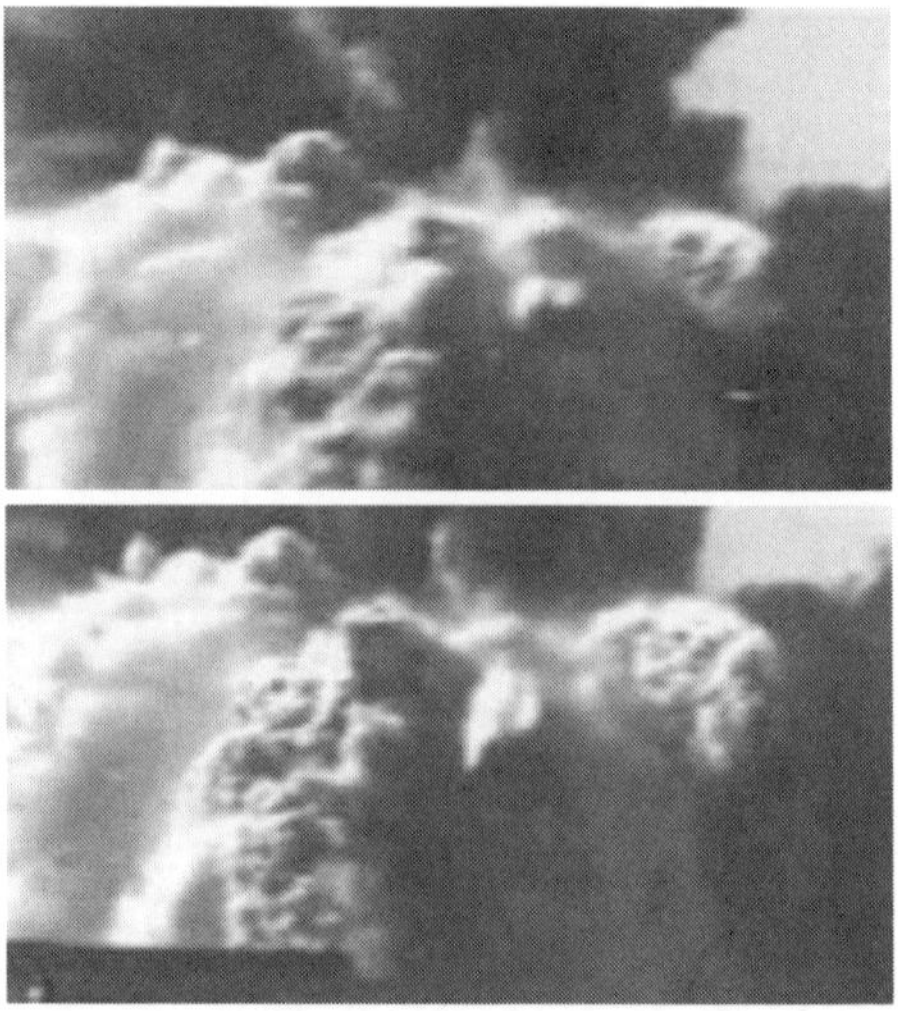

写真5-6,7　粉塵の上側から激しく噴出する巨大なガレキ群：映画「911の嘘をくずせ（ルーズ・チェインジ）」より

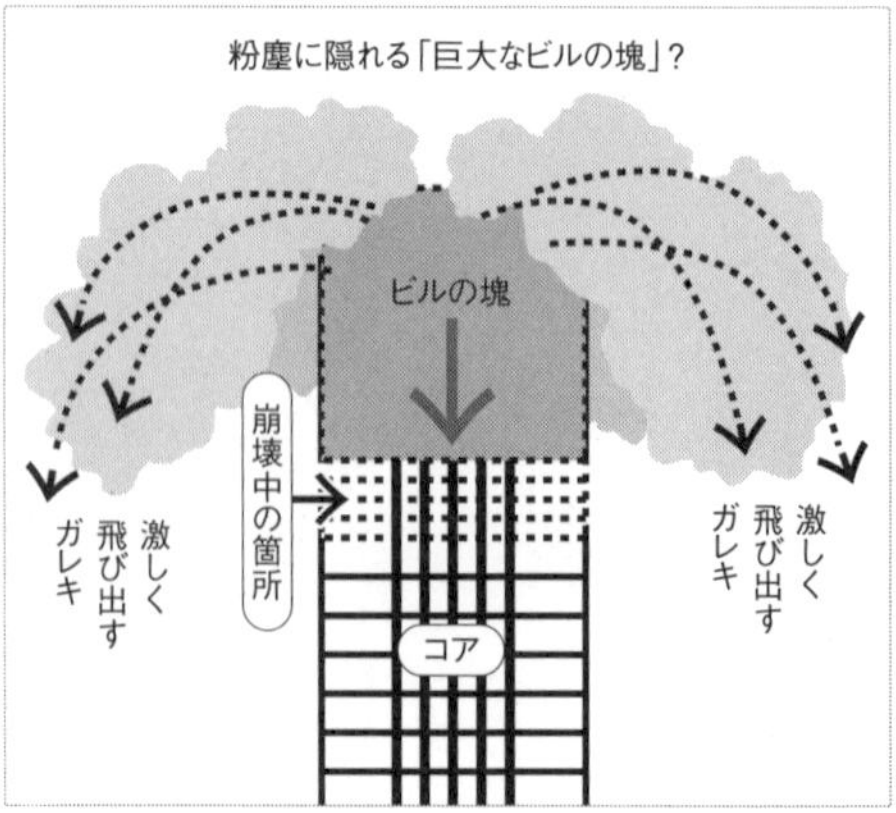

図5-2　こういうことなのか？

写真5-8　ビル重量の60パーセントを支えた巨大なコア構造
Studyof911.com より：部分拡大
http://www.studyof911.com/gallery/displayimage.php?album=27&pos=2 より

られない。もしその「分厚い粉塵」の中に「巨大なビルの塊」が存在してビルの各階を次々と上から押し潰していたというのなら、そのガレキが何十メートルも飛び上がり、「ビルの塊」の内部を無抵抗でくぐり抜けて、その天辺からどんどんと自由に飛び出していった(?)(図解5―2)ということになるのか？

しかしこれはもはや議論の対象にすらなるまい。しかも、断面が63×63メートルのツインタワーの中央部には40×26メートルもの巨大なコアの鉄骨構造があった(写真5―8)。それが両ビルとも、周辺のフロアー部分が崩壊した後に250メートル以上もの高さで十数秒間立ったまま残っていたのだ(写真5―9)。その「ビルの塊」が、巨大なコア構造に串刺しにされたまま周囲のフロアー部分だけをほぼ無抵抗に下まで押し潰したというのなら、もはや「グロテスクな冗談」と言う他はない。

このような、事実をことごとく無視し、無いものを「有る」、有るものを「無い」と強弁することで初めて成立する虚論を、なぜ世界中の学者や

写真5-9

専門家が受け入れているのだろうか？　きっと彼らは一度もビデオや写真で客観的に記録されたツインタワー崩壊の事実を見たことがないのだろう…、という以外に言葉が無い。

ツインタワーは「重力で崩壊した」のではありえない！　その崩壊に必要な「エネルギー源」がどこにも無いのだ。崩壊箇所より上の部分が先に崩れ去った事実、およびそれ以後に大小のガレキが崩壊進行中の箇所の上側から激しく水平に吹き飛ばされていった事実を、無理なく説明できる力だけが崩壊の理由となりうる。

なお、ツインタワーで崩壊開始箇所より上の部分が、破壊に対する抵抗を一瞬にして失ったように、下の方からスルスルとまるで沈み込むように消え去った様子は、前章で述べたＷＴＣ第７ビル全面崩壊を思い起こさせる。この３つのＷＴＣビルに共通する特徴がここにはっきりと現れている。

繰り返そう。「どうして『このような崩壊の仕方』をするのか」こそが本当の問題点なのである。

このバザントの虚論こそ、３７００人近い事件犠牲者（日本人24人を含む）に対する最大の冒涜であろう！

○ご参照いただきたいウエッブサイト
第１ビル：水平崩壊！ http://doujibar.ganriki.net/05wtc1-horizontalcollapse.html
第２ビル：水平崩壊！ http://doujibar.ganriki.net/12wtc2-horizontalcollapse.html

2　150メートルも飛散した巨大な鉄骨群

WTCタワーの「水平崩壊」！

なぜこんな巨大なものがこんな遠くに？

第1ビルから通りを挟んで西側に世界金融センター第3（アメリカンエキスプレス）ビル、同第2（メリルリンチ）ビルという高さ196メートルの高層ビルがそびえる。その間に温室のついたウインターガーデンという背の低い建物があるが、その入り口付近、第1ビルから130〜150メートルの場所に高さ30メートル（8階分）ほどの真っ直ぐにつながった第1ビル外周壁の鉄骨構造がもたれかかっていた（口絵写真M・巻頭口絵7ページ参照）。

鋼材の形から74〜77階にあったメカニカルフロアー（ビル管理・維持用の機械類などを収める階）およびスカイロビーという特別に頑丈に作られ窓も無い階を含んでいることがわかる。またその奥には膨大な量の第1ビルの外周鋼材が積もっていた。そしてアメリカンエキスプレス・ビルの壁、高さ60〜70メートルほどのところに、数トンもの巨大な鉄骨が突き刺さったままぶらさがっていたのである。

これらの鋼材は、崩壊開始後5〜7秒にかけて、第1ビル西面の地上260〜330メートル付近から吹き飛ばされた。その一部は170メートルほど離れたウインターガーデンの温室に大きな穴を開けた。また外周を覆っていたアルミ建材が200メートル離れた場所に散乱している。鋼材だけでも合計200トンですむとは思えないが、どうしてこんな膨大な物体群が

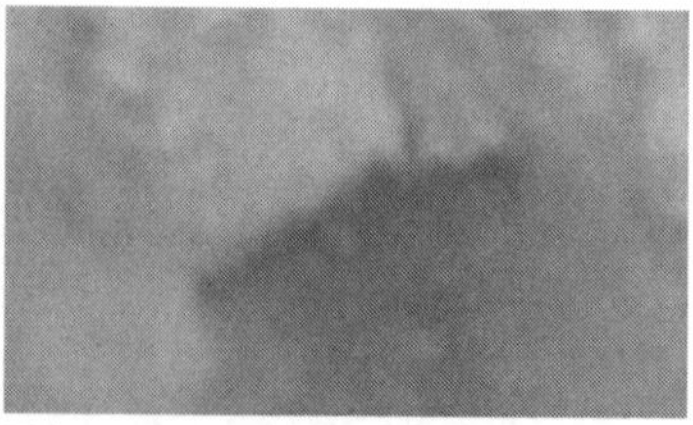

写真5-10　巨大な板状で吹き飛ばされる外壁：映画「911の嘘をくずせ（ルーズ・チェインジ）」より

そんなところにまで飛ばされてきたのだろうか？

第1ビルの崩壊が進行する箇所からは、様々な大きさのガレキがあらゆる方角に向かって激しく吹き飛ばされたのだが、中でも注目されるのはウインターガーデンにあった壁面である。その、30×20メートルほどの巨大な板状で空中を飛ぶ姿は、多くのビデオや写真に記録されている（写真5−10）。

しかしそれほどに巨大な板状の物体が秒速20メートルほどの速度で水平方向にビルから飛ばされるようなことが、どうして起こりうるのだろうか？　そのエネルギーと運動量を与えたものは一体何なのか？（図解5−3）

前項で申し上げたとおり、上から落ちてくる「巨大なビルの塊」などはどこにも無かった。さらに、このような巨大な物体（群）は崩壊中の箇所を包む「分厚い粉塵」の上部から飛び離れていったのだ。何がこの巨大な板を周囲と床から切り離し、壁面に直角方向の膨大な力を全面にほぼ均等にかけたのか？　しかも外周鋼材の3〜4倍もの重量を持つ膨大な体積のコンク

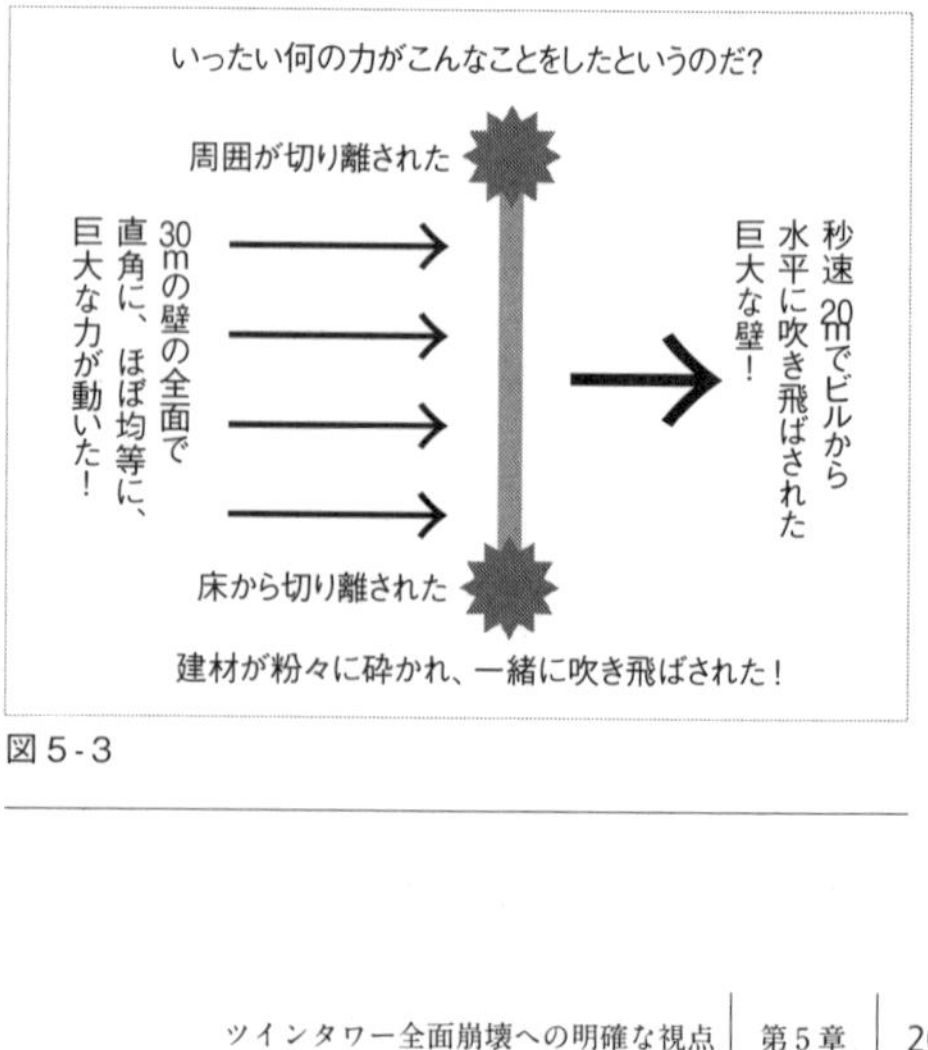

図5-3

リートなどの建材が粉砕されて、鋼材群といっしょに激しくビルから噴出したのである。そのエネルギー源は何だったのか？　何がその運動量を与えたというのか？　自然界にその原因が無いならば、人為的なもの以外に解答があるのか？

ご参照いただきたいウエッブサイト

○第1ビル：水平崩壊　http://doujibar.ganriki.net/05wtc1-horizontalcollapse.html

第1ビル：吹き飛ばされた巨大な壁　http://doujibar.ganriki.net/06wtc1-blastedwall.html

第2ビル：水平崩壊　http://doujibar.ganriki.net/12wtc2-horizontalcollapse.html

立ち残って最後に崩れたコア構造の謎

ツインタワー崩壊で特に目を引くものの1つに、周辺のフロアー部分が全て崩れ落ちた後にコアの支柱構造（写真5―8・P205参照）が十数秒間立ち残り最後に崩れ落ちた現象がある（写真5―9・P205参照）。もちろんこの事実は「落下する巨大なビルの塊」を完全に否定する（前述）。

第2ビルではおよそ250メートルの高さでやや傾いたコアの姿が写真で確認できる。第1ビルでは最高地点でおよそ280メートルだった。第2ビルのコアの崩壊は確認できないが、第1ビルのコアの崩れ方は多くのビデオでその様子が記録されている。南東側に向かって数本の巨大な支柱が本体から離れてバラバラと落ちていき、そのやや後で下の方から破壊が始まったらしく、そのままスルスルと真下に落ちて粉塵の中に消えていった。

大きな疑問がある。コアの名残はどうして最終的に全面崩壊したのだろうか？　どうしてせめて100メートル分でも50メートル分でも残らなかったのか？　どうして下の方から崩れたのか？　またどうして中層部のコアが横に倒れていかなかったのだろうか？両ビル崩壊跡地の様子を見ると、巨大なコアの支柱はビルが元々建っていた付近に雑然と折り重なって横たわる。みごとに1本1本がバラバラになっているのだ。立体的に組み合わされた鉄骨構造は全くといってよいほど残らなかった。計画的で人為的な解体以外のどのようなメカニズムでそういう崩れ方ができるのか？

ツインタワーはビル全体の構造で、最大に見積もられる静的荷重の5倍と動的荷重の3倍もの力に耐える設計がなされていたという。特にタワー下層階のコアは中層階以上とは比較にならないほどの頑丈な構造だった。断面が137×56センチの巨大な箱形支柱（ボックスコラム）が大量に使われ、梁も特別に太く頑丈なものが使用され、30年間も強風に耐えてビルの重量の60%を支え続けてきたのだ。何の力がその下層階のコアすら何の名残も留めることを許さず破壊しつくしたというのか？

あらゆるビデオに残され誰でも一目で分かる特徴であるにもかかわらず、「ツインタワー崩壊」を口にする世界中の学者や専門家はまるで最初からコアなど無かったかのように慇懃無礼に無視し続けているのだ。いったいどのような理由がこのあまりにも明らかな現象からこれらの専門家達の目を背けさせているのか？

○ご参照いただきたいウエッブサイト

第1ビル：立ち残るコア　http://doujibar.ganriki.net/07wtc1-corespire.html

第2ビル：立ち残るコア　http://doujibar.ganriki.net/14wtc2-coretower.html

ツインタワーは『水平に崩壊した！』

まとめてみよう。ツインタワー崩壊は次の3つのプロセスに分けることができる。（時間は第1ビルの例）

①上層階が潰れた（開始4秒以内）

②崩壊開始箇所より下の部分が、上から次々と水平方向に大きくガレキを噴き飛ばしながら、一番下まで破壊された（開始3～16秒）

③コアの部分が250メートル以上立ち残ったが結果としてバラバラに崩れ落ちていった（観察できるのは開始15～30秒）

ガレキがビルの建っていた場所で最も高く積もっていたという説明があるのだが、それは鋼材についてだけである。その説明は鋼材より圧倒的に大きな体積を持っていたコンクリートなどの建材を無視した単なる誤魔化しにすぎない。

事件後の航空写真で確認すると、数多くの巨大な板状の外周壁鋼材群がビルから離れた場所に折り重なっている。最後に崩壊したコア部分の鋼材を除いて、垂直に落ちたビル建材は極めて少なかったのだ。

その何よりの証拠は、崩壊の後で各タワーから100～150メートルの場所を中心にして巨大な山のように盛り上がる粉塵の「雲」である。これは次の項目で説明するが、粉砕されてビル周辺に飛ばされたコンクリートや石膏、ガラスなどの建材が地面と激突した際に形作られたものである。そしてその粉塵の「雲」はタワーが建っていた場所からは発生しなかった（図解

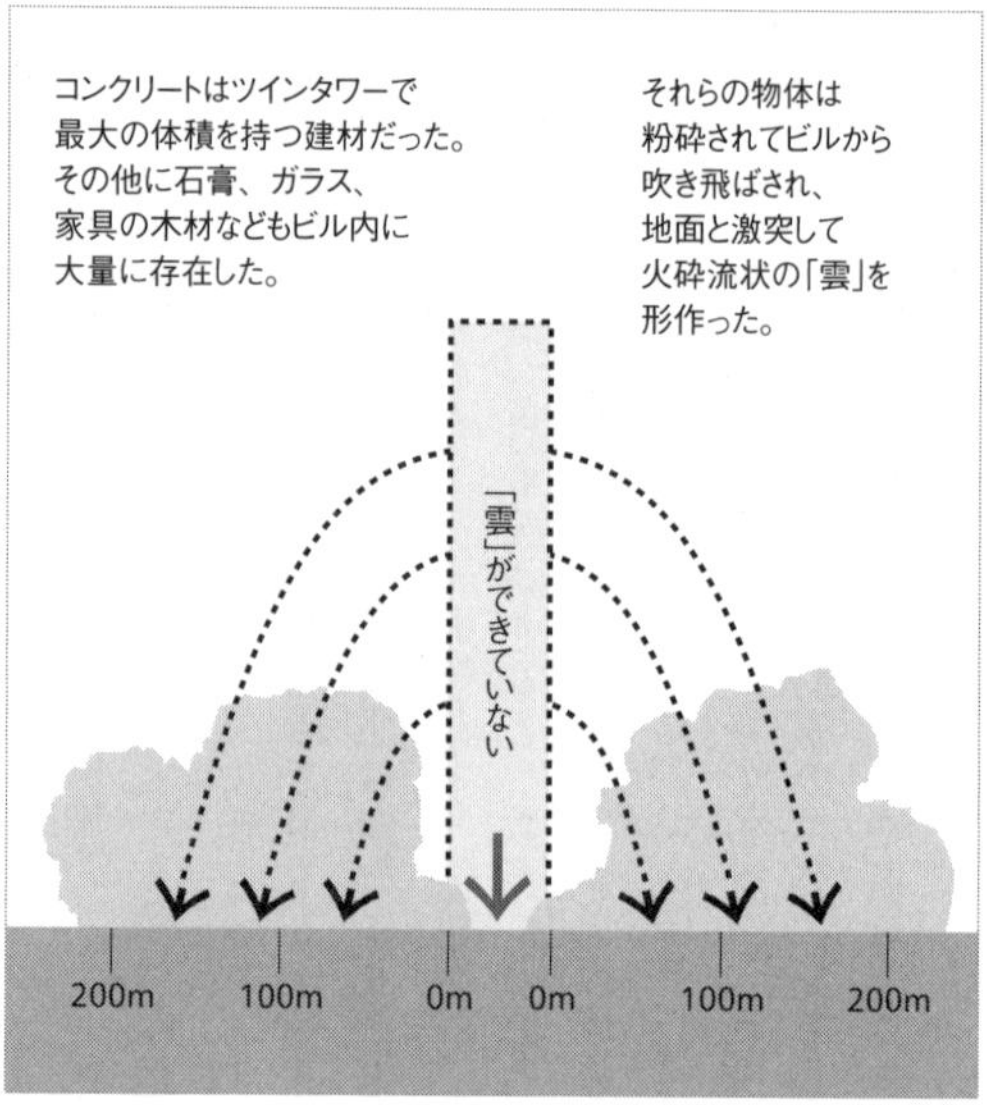
コンクリートはツインタワーで
最大の体積を持つ建材だった。
その他に石膏、ガラス、
家具の木材などもビル内に
大量に存在した。
それらの物体は
粉砕されてビルから
吹き飛ばされ、
地面と激突して
火砕流状の「雲」を
形作った。
「雲」ができていない
200m
100m
0m
0m
100m
200m
図5-4

5―4）。タワー跡地の写真でも撤去作業員の証言でも、鋼材以外に塊状で残された建材はほとんど存在しなかった。これは、コアの鋼材以外の建材がほとんど全てビルから遠く離れた場所にまで飛ばされたことを確実に証明する事実である。ツインタワーは「垂直崩壊」ではなく『水平に崩壊した』のである！

その水平方向の運動にエネルギーと力を与えたものはいったい何なのか？

いったい何がツインタワーをその付け根まで『このような崩壊の仕方』をさせたのか？

○ご参照いただきたいウエッブサイト

第1ビル：崩壊の全体像　http://doujibar.ganriki.net/03wtc1-general.html

第2ビル：崩壊の全体像　http://doujibar.ganriki.net/09wtc2-general.html

超微粒子の《火砕流》　http://doujibar.ganriki.net/19wtc-dustclouds.html

3　上から下まで微粒子に砕かれたコンクリート

このエネルギーはどこから？

20万トン近いコンクリートが微粉末と化した「火砕流」

ツインタワーが崩壊する際に外側に飛ばされた大量のビル建材は、地面と激突した後に一気に膨れ上がり、まるで火山の火砕流を思わせる激しい「粉塵の雲」の流れを形作った。その膨張の仕方は、第2ビル南東側の場合、ガレキが地面と激突して十数秒内で高さ２００メートルに達するほど速いものだった（口絵写真N・巻頭口絵8ページ参照）。

タワーを離れたときの建材はまだ全てが微粉末にまで砕かれていたとは思えない。かなり大きなスピードで落ちていったからである。しかし、それは結果として直径の平均が60ミクロン（０・０６ミリ）という微細な粉末となっていた（口絵写真O・巻頭口絵7ページ参照）。

どのようにしてこの膨大な量の微粒子が作られたのか、そしてその「雲」がどうしてこれほどに急激な膨張の仕方をしたのか、またその様子が火砕流にも似たカリフラワー状の独特の形をとって膨らんだのか、これもまたWTCタワー崩壊の重大な特徴である。

それは「ホコリを地面にぶちまけた」際に出来るものとは根本的に異なる。周辺の空気を巻き込んで膨らむにしては余りにも膨張が速すぎる。さらに、小麦粉を床に落としたときのような粉の山を残さず、爆発的な急膨張によって広い面積にほとんど均等に撒き散らされた。

それは内部に抱えていた過剰なエネルギーを一気に吐き出すかのように自ら激しく膨らんで

いったのだ。そしてその「粉塵の雲」は発生30秒ほどで膨張速度を落としてゆっくりと周辺の空気の中に散っていき、やがて南マンハッタン全域を覆い尽くした。

その成分の分析からそれはツインタワーを作っていたコンクリート（各タワーに9万トンほど、両方で20万トンにも近い量が使われていた）、ガラス、石膏、家具類などであるとわかる。コンクリートは建築鋼材よりやや少ない重量で使われていたのだが、比重が鋼鉄よりもずっと小さいため体積的にはツインタワー最大の建材であった。またテナントの家具などに使われていた木材や壁紙、布類までが顕微鏡でやっと見える細かい繊維にまで砕かれたことも判明している。

しかしオフィス内にあったと思われる紙片は砕かれずに粉塵と一緒に舞い散っていた。激しい上昇気流を作ったことから「粉塵の雲」は常温よりかなり高い温度だったはずだが、その温度は紙を焦がすほどには高くなかった。またこれは、紙片のようなしなやかなものには効果的ではない種類の力が働いたことを示すだろう。

いったい何が原因となってコンクリートなどの建材がこのような微粉末に砕かれてしまったのだろうか。そしていったい何があの火砕流のように急激に膨れ上がる「雲」を作ったのか。この事実についての公式の説明は全く存在しない。

この粉塵の「雲」発生に関する貴重な試算を行った人物がいる。コンピューター技師でウエッブサイト9/11 Researchを中心的に支えるジム・ホフマンである。彼によるとその発生に必要なエネルギーは、タワーの位置エネルギー（物体が落ちるときに運動などに変化する潜在的なエネルギー）の25倍、最も遠慮した数値を使っても10倍を超えるものとなる。だとすればそれは人為的に与えられたもの以外にありえないだろう。

○ご参照いただきたいウエッブサイト
超微粒子の《火砕流》　http://doujibar.ganriki.net/19wtc-dustclouds.html
The North Tower, s Dust Cloud　http://911research.wtc7.net/papers/dustvolume/volumev3.html

グラウンド・ゼロと周辺ビル

ＷＴＣツインタワー全面崩壊の跡地もまた目を見張るようなものだった。重ねて申し上げるが、外周壁下部の一部分を除き、立っているものが何一つ見当たらないのである。全てがバラバラに解体された。猛烈な空爆を受けたとしても、外的な力によってはおそらくここまで完璧に破壊されることはないだろう。

そして、当然予想された大小のコンクリートのかけらはどこを探しても見当たらない。それは上から下までことごとく平等に微粉末と化した。３００メートル上から、１００メートル上から、そして50メートルや10メートルを落ちて地面に着いたものも、全て等しく、何の固まりも残さずに粉砕されていたのだ！　位置エネルギーが主原因の破壊ではありえない。

繰り返すが「落下する巨大なビルの塊」は存在しなかった。では何の力とエネルギーが、『このような仕方で』ビルの建材を打ち砕き遠くにまで吹き飛ばしたのか？　公式の説明とそれを擁護する論調の中で、誰一人、ただの一度として、この問いに答えたことは無い。白々とした沈黙と無視だけが続く。おそらく皆「正解」を知っているのだ！　知っているからこそ事実から目をそむけて黙りこんでいるのだ！

周辺のビルも吹き飛ばされたガレキのために重大な損害を受けた。第1ビル北西側のウインターガーデン付近は先ほど申し上げた。同じ世界貿易センタービル敷地内の第5ビルと第6ビルは屋根に巨大な穴を開けられた。なお第6ビルは爆破されたのではないかという疑いが以前からささやかれている。それほどに大きな穴なのだ。

また北側100メートルほどにあったヴェライゾン・ビルなども壁に大きな損傷を受けた。第2ビルのガレキはその南側にあったセント・ニコラス教会を全壊させ、南東に160メートルも離れたワン・リバティープラザ・ビルの10階を越える高さの面までが大きな被害を受けた。ビデオには第2ビルから130メートル離れたチャーチ通のはるか上空を猛スピードで飛んでいく無数の建材が記録されている。

また第2ビル南側80メートルにある旧ドイツ銀行ビル（バンカーズトラスト・ビル）北側面の地上70メートルほどの外壁に、3つつながった十数トンの第2ビル外周ユニットが飛来してそのまますり落ちながら突き刺さった。さらにこのビルの屋上（地上171メートル、第2ビルからの距離80～130メートル）からは、事件後4年以上もたって犠牲者のものと思われる人骨破片が大量に発見された。

痛ましいことに、そのほとんどが1センチほどの大きさに砕かれていた。一体何が人間の骨をここまで細かく砕いたうえでそのような場所に飛ばしたのか？　答える人はいない。みなそのような事実が無かったかのように黙り続ける。物言わぬ骨片だけがこの史上希なる重大犯罪を告発している。

障害に悩み癌死を恐れる消防士、撤去作業員、警官、住民

その粉塵と空気には、簡単に肺の奥に入り込む微粉末や基準の3倍というアスベストのほかに、米国の実質安全量の5000倍以上ものダイオキシン、その他、発がん性を心配されるベンゼン類などの危険な化学物質が大量に混じっていた。

当初からその危険性を指摘されたにもかかわらずブッシュ政権は「安全宣言」を出して「WTC地区のガレキ撤去」を最優先させたのである。ボランティアを含む撤去作業員や消防士、レスキュー隊員、警官などに対する安全指導もマスクの配布も極めてずさんであった。

そのガレキは主にツインタワーと第7ビルの鉄骨であり、それらはこの重大犯罪の最も貴重な物的証拠のはずだった。しかし彼らはその鉄骨のほとんど全てを中国やインドなどに破格の値段で売り飛ばし、二度とよみがえることのないリサイクル処分としてしまった。

売り物にならないガレキには犠牲者の遺体も大量に含まれていたはずだが、それをニューヨーク市の北側にある埋立地に投げ捨てた。その作業は上記のような劣悪な条件の下で行われ、搬出のトラックは行く先を告げられずにGPSによって導かれた。運転手に昼食を取る時間も十分に与えないほどの強硬な作業が数ヶ月間昼夜兼行で行われた。

その結果、現在でも1万人を超える撤去作業員、消防士、警察官、付近住民などが呼吸器障害やがんなどに苦しみ、2008年1月の段階で208名が死亡したという報道がある（ニューヨーク・ポスト紙2008年1月6日）。

また粉塵の影響を受けた地区に住んでいた多くの子供達も呼吸器障害に苦しむ割合が高いと

言われる。人々は特にがんを恐れている。入り込んだ有毒物質がじわじわと体を蝕みやがてがんが現れるのではないか…。実際2006年6月のある調査によると283名ががんにかかり、そのうち33名がその時点で死亡していた。肺がんのほかに白血病、リンパ腫、骨髄腫などが数えられる。しかしそれがどんな物質のどのような働きで起こったものなのかいまだに明らかではない。ただただ、苦しみと不安だけが、彼らをさいなみ続けているのだ。

このような大量の犠牲のもとに、飛行機激突とWTC破壊の物的証拠が米国ブッシュ政権自らの手によって強引に消滅させられたのである。ジャーナリズムもメディアも政治・法曹関係者も、いまだにその責任と犯罪性を問おうとしない。どうしてだろうか？

4 存在しない「ツインタワー崩壊の公式見解」

崩壊開始以後の事実をタブーにする虚構

どうして「崩壊開始」しか言わないのか？

2002年5月にFEMAはWorld Trade Center Building Performance Study（WTCビル挙動研究・仮訳）を発表しその中で崩壊開始について説明し、その崩壊がビル全体で上から下に次々と連続して起こったと語るのみで、崩壊開始以後に起こった前述の様々な現象の分析を回避した。そして飛行機激突の衝撃によって「ビル構造の全体的な強度が激しく低下し」わずかの衝撃でも崩壊する危険があったことを実証抜きに漠然と示唆して、ほとんど無抵抗に続いた連続崩壊の理由を暗示するにとどまった。

一方のNISTはFEMAの説を批判し、2005年6月にFinal Report of the National Construction Safety Team on the Collapses of the World Trade Center Towers（WTCタワー崩壊に関する最終報告：仮訳）を公表した。しかし彼らの説明はほとんど崩壊開始の原因に終始し、それ以後の「全面的崩壊の必然性」についてはわずかの行を割いてバザントの言う「ビルの塊の落下」（前述）を示唆するのみであった。

奇妙なことに、これら2つの公的機関の説明は共通して崩壊途中や崩壊直後に具体的に起こった事実に基づく説明をしようとしない。

国家機関ばかりではない。2007年6月にパーデュー大学の研究チームが公開した精緻を極めたコンピューター・シミュレーションは、「飛行機による激突箇所付近の被害状況と火災の発生」を説明するだけのものであった。彼らは「激突箇所」より下の部分に関しては触れようとしなかったのだ。

また我国の鹿島建設の技師たちが2003年11月に作成したコンピューター解析結果も、また飛行機激突に関してのものであった。彼らが実際に検証したのは「飛行機激突では崩壊にいたらなかった」点であり、火災の影響や崩壊の途中で起きた現象については何の解析も行われていない。

医療にたとえよう。もし医者が発病中の症状を観察も分析もしようとせず、発病前の患者の様子だけで病名と治療法を決定し、それを頑固に変えようとしない場合、その医者の判断を信用する人はいないだろう。

同様に、「崩壊の開始」だけではなく、「なぜ大量の建材を吹き飛ばしながら付け根まで急速に全面的に崩壊したのか？」という問いに、共に具体的に答えられるものだけが「ツインタワー崩壊の説明」といえる。ところが現実には、世界中のほとんどの機関や団体や個人の研究が、「崩壊途中」と「崩壊以後」をタブーとして避け続けているのだ。いったい何の理由があるというのか？

ひょっとすると「飛行機の衝撃によって全面崩壊が必然的だった」からなのか。では仮に飛行機激突による衝撃がビル全体の構造に大きな傷跡を残したとしよう。それは必ず「歪みの集中した部分」と「歪みの起こらなかった部分」を作るだろう。さらに第1ビルと第2ビルでは、飛行機が激突した高さも位置もビルに対する飛行機の進行方向も、大きく異なっていた。

当然だが歪みの集中のし方もビルによって相当に異なったはずだ。ところが実際には、前述の通りどちらのビルも極めて均等に崩壊し、しかも両ビルの崩壊の仕方に何らの基本的な相違も無かった。「飛行機の衝撃があったからこそ現れた」と言える特徴が具体的に何か一つでもあるというのだろうか。「崩壊途中」と「崩壊以後」を見るならば「飛行機激突の衝撃」が「全面的崩壊の必然性」になりえなかったことは明々白々であろう。

これらの専門家達は漠然と（ただし語気を強めて）「激しい衝撃！」と語るのみで、今まで誰一人として、その衝撃と実際の崩壊の仕方を結び付けて具体的に分析・検証しようとしなかった。彼らは最初からその無意味さを知っているのではないのか。

中には、2007年米国ミネアポリスで起こった橋の落下事件を引き合いに出して、「歪みの蓄積によっては思いがけないことが起こりうる」と言う人がいるかもしれない。しかしあの橋にしても、やはり脆弱化した箇所に破壊が集中した部分的な崩壊だったのだ。ツインタワーの全面的な崩壊とは比較の対象にならない。

再度強調したい。「『このような崩壊の仕方』の原因は何か」こそが本当の問題点なのだ。いかなる説明や仮説であろうと、この問題に答えないものは無価値であろう。

○ご参照いただきたいウエッブサイト
ツインタワー　問題点の超整理　http://doujibar.ganriki.net/00focussedquestion.html

「崩壊理論」の崩壊

ＦＥＭＡの説明は、床を支える鋼材（トラス）が火災の熱によって膨張して外周支柱を外側に押し曲げた結果トラスが落ち、それが下の階のトラスに当たってその落下を引き起こし、これが「必然的に」次から次へと連続して全体が崩壊した、という「トラス崩壊説（一般的には「パンケーキ崩壊説」）」であった。

しかしこの説明は多くの難点を含んでいた。まず図解の無用な誇張や省略による誤誘導の疑いがある。また幅18メートルと11メートルの箇所を持つフロアー部分の床がなぜ同じように崩落したのか、場所によって温度差がかなりあったはずの床がどうして同じタイミングで崩落を起こしたのか、床の崩落がほぼ無抵抗に下まで連続したのはなぜか、などの説明に大きな無理がある。致命的なことにＦＥＭＡは、第２ビル崩壊開始の前に外周支柱が外側にではなく内側に湾曲していた事実を見落とした。

このFEMAによる説明はNISTによって「パンケーキ崩壊のいかなる根拠を見出すこともできない」と批判を受け、現在では米国の主要な政府系の研究者の間ですら信用を失っている。しかしFEMA自体はもはやそれ以上何を語ろうともしない。

では、一方のNISTが2005年に作成した「WTCタワー崩壊に関する最終報告」に目を通してみよう。

6・4・3　損傷の分析（90ページ）

熱膨張による塗料のひび割れの観察。16の外周支柱パネルで170箇所以上を検査した結果、わずかに3つにその鋼鉄が250℃に達したことを示す証拠があるのみだった。［第1ビル］東面98階の内側部分、92階床の内側部分、そして北面98階の床トラスとの接続部分であった。わずか2本のコア支柱見本がこの分析を行うのに十分な塗料を残していたのだが、それらの温度は250℃に達していなかった。（中略）

鋼鉄の微細構造の観察。火事によって起こるような高い温度のさらされる場合には、スチールの基本的な構造と力学的な性質が変化する。メタログラフを用いた分析によって、NISTはあらゆるサンプルで温度が600℃以上に達した証拠は無いと判断した。

8・3・4　火災の復元（183ページ）

両タワーで、火災は飛行機からのジェット燃料の一部により複数の階で同時に始まった。最初のジェット燃料による火災自体が続いたのはせいぜい数分間であった。（中略）

WTC第1ビルの火災は空気の補給が限られていた。つまり火災は窓が壊れるのと同じ程度の速さでしか燃え広がらなかった。室内の可燃物が飛行機の残骸によって取り除かれていないことが明らかな場所では、それはおよそ20分間で燃え尽きた可能性が高い。

ＮＩＳＴはこの最終報告書の中で、明らかな不完全燃焼と可燃物の不足を知りながら、炎の温度が１０００℃を越えるという想定をしている。しかし彼らは同時に、ビルの構造を崩壊にまで追い込むほどの高熱があった根拠を何一つ持っていないのだ。さらに、ＮＩＳＴの報告書にある第１ビル崩壊直前の96階支柱の温度想定図を見ると、飛行機によって破壊されなかった40本以上のコア支柱の中で、建築用鋼材の強度が半分になる６００℃を超えたものはわずか２本、大部分が２００℃未満である。ではどうしてこのコアの支柱構造が一瞬にして全て崩壊したのか？

それればかりではない。ＮＩＳＴは火災によって鉄骨構造が大きく変形することを確認するために実験を重ねたが、それにことごとく失敗してしまった。そこで彼らはその実験の結果とデータを全て無視したうえで、コンピューター・シミュレーションだけを用いて、床の鋼材が熱で変形して外周支柱を内側に引き込みそれが崩壊を開始させたという結論を出した。しかしＮＩＳＴはその「崩壊開始のシミュレーション」をいまだに部外者に公開できない。彼らの「崩壊理論」は最初から崩壊している。

「9・11公式見解」は虚構であり政治神話である！

そのうえでＮＩＳＴは「ＷＴＣタワー崩壊の最終報告」の中で次のように書いている。

最終報告書82ページ注釈

この研究の焦点は、飛行機による衝撃の瞬間からそれぞれのタワーの崩壊開始に至るまでの一連の出来事であった。この報告の短さのために、この一連の出来事は「可能性ある一連の崩壊」という形で言及されたが、それは実際には、崩壊開始の条件が整い崩壊が不可避となって以後のタワーの構造的な振る舞いを含むものではない。

崩壊開始以後は研究しなかった！　もはや職務放棄としか言いようがあるまい。NISTはこの「崩壊の最終報告」の作成に3年の時間と2000万ドルの国家予算を使ったのだ。以後、彼らは時おりあのバザントの冒涜的な虚論をちらつかせるのみで、結局、2007年9月にWTC犠牲者遺族と報告書に疑問を持つ科学者達に対して、文書で次のように回答した。『我々は（WTCタワーの）全面的な崩壊の説明を示すことができない』。

再度申し上げる。「崩壊」とは「前・開始・途中・以後」の全てを含む過程なのだ。米国の公的機関であるFEMAとNISTは共に「崩壊開始」にすら満足に答えられず「崩壊途中」「崩壊以後」の事実は無視し追究を放棄したのである。

はっきりと真摯にご確認いただきたい。どれほど思いがけないことであっても、どれほど信じがたいことであっても、これがまぎれも無い現実なのだ。「ツインタワー崩壊についての公式見解」などというものはどこにも存在していない！

このWTCツインタワー全面崩壊は9・11の中心であり、巨大な心理的インパクトであり、いわゆる「対テロ戦争」の出発点である。そしてその「9・11の公式見解の中心部」は空っぽだった。それは巨大な空洞に過ぎないのだ。そこには「崩壊途中」「崩壊以後」の事実をタブーとする巨大な圧力が存在するのみである。そしてそれらの諸事実は、この全面的崩壊が人為的な手段以外では起こりえないことをあからさまに示している。

第4章と第5章で述べてきた事実から、明らかに言えることがある。

9・11の犯人、ペンシルバニア州シャンクスビルのUA93便墜落現場、ペンタゴンのAA77便激突現場、さらにWTC第7ビル、そしてこのツインタワー…。「9・11同時多発テロ事件」の公式な説明およびそれを擁護する論調は、単に《嘘と矛盾とタブーだらけの空虚な作り話》でしかない。その空ろな中身を、93便の乗客やレスキュー隊員などの英雄譚、犠牲者やその遺族の悲劇を強調することで包み隠し、「ビンラディン＝アルカイダ＝イスラム・テロ」で飾り付ける虚構＝政治神話に他ならない。これこそ、日本人24人を含む事件犠牲者、そして「対テロ戦争」犠牲者に対する最大の冒涜、永久に許されぬ侮辱に他ならないのだ！

それは、タブーを忠実に守る専門家たちやマスコミ・言論界の者たちばかりではなく、それに対する異議を「○○論」「反××」と分類し社会的に排除しようとする「タブーの番人」、「政治神話の憲兵」たちによっても維持されているのである。

この虚構＝政治神話が、事件遺族を含む世界中の人の心をもてあそび、世界を戦争へと導き無数の人間を殺し傷つけ国を破壊する。人々を威嚇し操り統制する。そして虚構を擁護し事実を無視する人々だけが大きな声を許される…。我々はいまとんでもない虚構の時代に生きているのだ。事実をタブーにする時代は、同時に抑圧と管理、強制と排除、破壊と暴力、詐欺と略奪の跳梁する時代でもある。いつまで続くのだ？

5 広がる「公式の説明」への疑問

事実を伝える市民たち、事実を受け止める専門家たち

驚くほど多くの「爆発」の証言

ツインタワーが崩壊する際に「爆発が起こった」「大きな爆発音を聞いた」「閃光を見た」というテナント企業の生存者、ビル管理会社の社員、ニューヨーク市消防隊員と警察官たちによる目撃者の証言が多く残されている。このような人達による証言の大半が事件当時のテレビ番組で語られたものだ。テレビ中継をしていたレポーターからも数多くの「爆発があった」という報告がなされている。第1章で紹介された英語のインターネット・サイトPatriots Question (http://www.patriotsquestion911.com/) には、50名を超える証言者の氏名や写真が載せられている。

もちろんこういった証言に対して「あれほどの巨大な崩壊があったのだから爆発のような音や火花などは当然だ」というコメントが可能かもしれない。しかし、もしそれが、崩壊よりもずっと以前に、しかも崩壊開始箇所からはるかに離れたツインタワーの下層階やロビー、地下でのものであればどうだろうか? どんなコメントが可能だろうか? 実際にツインタワーの地下、ビルの基礎部分や下層階で、飛行機の激突直前から何回も爆発が起こっており、その様子はビデオにも収められているのである。

数多くの爆発音、それに驚く消防隊員や市民達の姿を撮影したビデオも複数存在する。爆発

の目撃者も数多い。来日したこともあるウィリアム・ロドリゲス氏もその一人である。

しかし、9・11委員会を含む米国の公的機関はもとより、ほとんどのマスコミ、有力ジャーナリズム、そして学者・専門家たちは、事件以降このような証言を無視し続けている。当日のTV番組で中継された爆発に関する証言がTV画面に登場することは二度となかった。それらは今日に至るまで厳重なタブーなのである。

続々と立ち上がる理工系の専門家

最近ではツインタワーおよび第7ビルの崩壊の仕方を根本的に疑う理工系の学者や技術者の数が非常に増えてきたため、その全員はとてもご紹介しきれない。先ほどのPatriots Questionにも大勢の専門家の名が挙げられる。

また、米国の建築と工学の専門家たちが作るArchitects & Engineers for 9/11 Truth（9・11の真実を求める建築士と技師たち　http://www.ae911truth.org/）が主催する米国議会への9・11事件再調査請求の呼びかけには、600人に近い正式な資格を持った建築士と工学技師、および3000人を超す他分野の専門家や学生と一般市民が署名しており（2009年2月現在）、その数は増え続けている。またパイロットや航空技術関係者で作るPilots for 9/11 Truth（9・11の真実を求めるパイロットたち　http://www.pilotsfor911truth.org/）の活躍も特筆すべきものだ。

「公式な説明」にある矛盾を指摘すると、「奇人・変人」はおろか「売国奴、テロリスト、陰謀論者」

扱いされる状況の中で、『おかしなものはおかしい』と発言することは勇気のいることである。実際に、アンダーライターズ研究所で主任を務めていたケビン・ライアンは、彼の研究所がNISTから受注を受けて行った実験結果を、NISTが全く無視したことに疑問を発したために解雇された。また彼とともにScholars for 9/11 Truth & Justice（911の真実と正義を求める学者たち http://stj911.org/）の創始者となったスティーブン・E・ジョーンズ物理学博士は「公式の説明」に異議を唱え、WTCビルの人為的な制御解体の可能性を示唆したため、不当な政治的圧力をかけられ、終身教授として身分を保証されていたブリガムヤング大学を辞めざるを得なくなった。

しかしこのような状況にもかかわらず9・11への疑問は科学・技術分野の研究者の中で急速に膨らみつつある。

ジョーンズとサーマイト仮説、リチャード・ゲイジ、その他

ここではその中でWTC崩壊の真相を追及する科学技術分野の人々から代表的なごく一部を取り上げて簡単にご説明しておきたい。

スティーブン・ジョーンズの名は神学者デヴィッド・レイ・グリフィン博士とともにすっかり有名になっているが、彼がその記念すべきWhy Indeed Did the WTC Buildings Collapse?（本当はなぜWTCビルが崩壊したのか？）の初稿を発表したのが2005年の秋だった。その後改稿を進め最近の稿は日本語訳で読むことができる。興味をお持ちの方は次のサイトまで。

(http://www17.plala.or.jp/d_spectator/)

彼の「サーマイト（thermite:日本では通常テルミットと呼ばれる）仮説」は完全に検証されているわけではない。しかしツインタワー崩壊に関する特徴的ないくつかの事実を合理的に説明できる唯一の説である。サーマイトは２０００℃を越す高熱で鋼材を焼き切る薬剤で、熔けた鉄と真っ白い酸化アルミニウムの煙を産む。

たとえばツインタワー第2ビルが崩壊する直前に熔けた金属のように見える灼熱に光る流体が崩壊開始箇所付近から大量に流れ落ちていた。ジョーンズはこの灼熱の流体を、コア支柱をあらかじめ破壊するために使用されたサーマイト反応の副産物である熔けた鉄ではないかと疑う。またツインタワーと第7ビルの崩壊跡地の地下に「灼熱に熔けて流れる金属があった」という多くの目撃証言があり、１０００℃前後の高温で光る金属と思われる物体が写る写真も複数ある。ジョーンズはこれもサーマイトによるものと考える。これに対してＮＩＳＴは科学的に筋の通った説明をすることができない。

さらにジョーンズは軍用に開発されたナノ・サーマイトに注目している。これはナノ単位のアルミニウム粉末を用いたもので爆発的な反応により発熱効率が圧倒的に高いものだ。もしこれが使用されたのなら軍の関与の可能性も出る。実際にナノ・サーマイトの名残と思われる物質が、ツインタワーの塵埃の中に見つかっている。前述のケビン・ライアンによると、軍事用のナノ・サーマイトの開発にＮＩＳＴが主要に関与しているのだ。

また、カリフォルニアで活躍する全米建築士協会会員リチャード・ゲイジはArchitects & Engineers for 9/11 Truthの創始者の一人で、ＷＴＣ崩壊の仕方を根本的に疑う技術者の代表格である。そのウエッブサイトではパワーポイントによるわかりやすい画面で制御解体仮説の優位が説明される。

彼は２００８年11月に欧州各国で講演会を連続して開いた。ロンドン、マドリッド、パリ、ブリュッセル、ベルリンなど９都市の会場はいずれも満員の盛況だった。そのうちマドリッドで行われた講演の際に、スペインの大手全国ＴＶネット「Tele5」が全国ニュースでゲイジとその活動を伝えた。

その他、英国で精力的な活動を行うスコットランドのゴードン・ロス、前述のジム・ホフマンなど、明らかになっているだけでも千人近い科学・技術分野の発言者がいるのだが、おそらく潜在的には世界中にその何十倍もいることだろう。

残念なことに現在のところ、日本人の科学技術関係者の中で声を上げる者は極めて少ない。専門的な知識と技術を持つ人々に必要なものはおかしなものを見て「おかしい」と叫ぶのほんの少しの勇気と良心だけだろう。

日本人にとって9・11とは?

前項で述べたように我々はいまとんでもない虚構の時代に生きている。この事件と日本との関わりは、そこで24名もの日本人同胞の命が奪われたばかりではない。９・11を口実にしていわゆる「対テロ戦争」が始まり、今も続けられている。その戦争の間に日本は巨大な額の米国国債を購入して、米国の戦争経済を支え続けている。９・11以前の２００１年３月でさえも

3000億ドルで圧倒的に世界一の購入額だったのが、2003年10月には5000億ドルを突破し、2004年8月にはほとんど7000億ドルにまでなった。それに加えて、莫大な額の国家予算がアフガニスタンに展開する米軍のための給油活動に使われ続ける。

本来なら日本人の福祉に回され、年金を補填し健康保険を充実させ、最低生活の保障に生かされ購買力を維持して日本経済を安定させるべき資金が、この事件から出発した「テロとの戦い」の中に消え失せているのだ。

どうして日本人がこの9・11の虚構に無関心でいることができるだろうか？

私は、9・11の再調査を要求することは日本人の生活の根幹にまで関わる重大問題であると申し上げたい。日本列島に生きるあらゆる階層の人々にお願いする。もうこれ以上、祖国をこのような虚構とタブーの犠牲者にしないでいただきたい。嘘の無い自由、嘘の無い平和、嘘の無い繁栄こそ日本の将来像、世界に誇り未来の世界をリードする理念ではないだろうか。

Profile

童子丸　開
どうじまる　あきら

1950年、福岡県生。南欧バルセロナ市在住。
2003年以来、ネット掲示板“阿修羅”にて「バルセロナより愛をこめて」の名で数多くの論評、英語・スペイン語からの翻訳文を投稿、現在も継続中。季刊『真相の深層』誌（木村書店）にて「聖なるマフィア」シリーズ、311マドリッド列車爆破事件や911事件の真相追究の他、J.ペトラス、I.シャミール、M.チョスドフスキー他の英語論文とスペイン・中南米作家のスペイン語論文を数多く翻訳、寄稿。2008年11月3日東京で行われた第2回911真相究明国際会議に講師として参加。自著としては『「WTCビル崩壊」の徹底究明』（社会評論社、2007年）がある。

第6章
日本の9・11真相究明運動と9・11調査委員会報告書への25の疑問

デヴィッド・レイ・グリフィン　神学博士　著
きくちゆみ　著作・翻訳家／平和活動家　著・訳

9・11の真実を求める仲間たちと私は、日本で初めて「第1回911真相究明国際会議in東京」を開催した。2006年10月7日のことである。会場の東京・代々木の国立オリンピック記念青少年総合センター国際会議室には、複数の講演者が国内外から集まった。海外からは、9・11の再調査を求める「ReOpen 911」の創設者でアメリカ人の大富豪であるジミー・ウォルター氏と、ノースタワーからの最後の脱出生存者のウィリアム・ロドリゲス氏を招聘し、講演してもらった（ロドリゲス氏は、元世界貿易センタービルの保守管理人で映画『Last Man Out』の主役でもある）。

また、9・11の真相を追い続けるジャーナリストのベンジャミン・フルフォード氏、週刊金曜日の成澤宗男氏、劣化ウラン弾による被害を調査し告発するローレン・モレ氏がパネリストとして発言した。

この会議に関する事前のマスコミ報道は皆無だった。それにもかかわらず、当日は開催の1時間以上前から、オリンピックセンターの国際交流棟前に、長蛇の列ができた。長年NGOで環境や平和のさまざまなイベントを企画してきたが、こんな体験は初めてだった。

結局、定員の倍の500名が殺到したために、私たちは急遽もう1つ会場を用意して対応することにした。日本でも、9・11の真相に興味を持つ人が増えていることを実感する出来事だった。

写真6-1　世界貿易センターの崩壊から最後の生存者ウィリアム・ロドリゲス氏。イベント会場で彼は多くの人を助けたタワーのマスターキーを公開した。

第1回目の会議で圧巻だったのは、結婚したばかりの妻と二人で日本に来てくれたロドリゲス氏の証言だ。彼は次のように発言している。「あの日ノースタワーの地下1階にいたが、階下ですごい爆発があって体が上に飛ばされた。それから6秒ぐらいして上層階で何かがぶつかった。それが1機目の飛行機だった」

これが本当の話なら、9・11の公式説は根底から覆《くつがえ》される。彼は事件発生時にノースタワーの地下1階にいた。だが、爆発があったのはもっと下の階で、そこで火傷を負った人たちが這い上がってきたところを助けたのだった。ある男性は顔の一部が吹き飛んでおり、ある人は火傷で手の皮がはがれて垂れ下がっていたという。

ロドリゲス氏は、これらの被災者を救出した後も、何度もノースタワーに戻り、清掃の仕事の際に使用していたマスターキーを使って、数多くの人々を助け出したのだった。政府は彼を「9・11のヒーロー」として表彰した。その後、政治家になるよう誘われるが、その誘いも「1機目の飛行機の激突の前に地下で爆発があった」という、不都合な真実を語り出すまでだった。

彼の話は、具体的で一貫性があり、とても作り話とは思えない。この会議の詳細は、ロドリゲス氏の講演を中心に『9・11　マスターキーから何が見える』という小冊子（憲法9条メッセージプロジェクト発行）にまとめられているので、参照してほしい。

その後私は、2007年の第4回東京平和映画祭で、9・11の真相を追及した米国映画の日本語版になっている作品を紹介した。また、翌年の第5回東京平和映画祭でも「911とつくられる戦争」というテーマで上映と講演を行ったほか、全国各地で年間100回近く講演し、9・11事件の公式説には数多くの疑問点があることを、映像とともに紹介してきた。

２００８年1月10日には、９・11の公式説に対して、民主党の藤田幸久参議院議員が、国会で初めて疑問を呈した。２月には欧州議会で、イタリアのキエザ議員が監督をしたドキュメンタリー映画『ZERO』（９・11公式説に対する政治家や著名人の疑問の声の集積）の上映会と公聴会が開かれた。この議会には、藤田議員も招聘されて証言するなど、９・11の真相究明は、国際政治の場でも進展があった。民間の立場である私たちも同様である。「第２回９１１真相究明国際会議in東京」を２００８年11月３日に永田町の三宅坂ホールで開催することができた。

第２回目の国際会議は広報に力を入れ、ＰＲ会社の協力でマスコミ全社へのプレスリリース、記者会見、担当記者へのブリーフィングなど手を尽くしたが、事前の告知記事は、スポーツ新聞１紙の小さな記事を除いて一切なかった。日本のマスコミは、この問題の重要性に気づいていないか、知っていても書けないかのどちらかなのだろう。

それでも当日は５００名の人が集まり、午前10時から午後8時まで9・11の真相について数々の映像と講演を通して学び、あるいは再確認をした。第一部ではわたしの９・11ドキュメンタリー映画解説に続き、「対テロ戦争と金融危機」をテーマに青木秀和さん、「９１１の物理的事実と真っ赤な嘘」をテーマに、童子丸開さんが講演を行った。第２部はデヴィッド・レイ・グリフィン博士（以下グリフィン博士）の基調講演で、第３部は藤田幸久議員、ベンジャミン・フルフォード氏、成澤宗男氏を迎えてのパネルディスカッションと質疑応答だった。

多くの人がこの事件の真相が明るみに出ることで、対テロ戦争が早く終結することへの希望を胸に帰路についたと思う。８時間を越える会議の完全記録ＤＶＤ（271ページ参照）を制作する予定なので、参加できなかった方でも興味があればすべてを観ることができる。

この国際会議の中心となった基調講演は『9・11事件は謀略か「21世紀の真珠湾攻撃」とブッシュ政権』他、9・11の公式発表に異議申し立てをした数多くの著作を持つグリフィン博士にお願いした。彼の真摯で徹底した仕事ぶりが、アメリカでも世界でも9・11の公式説に疑問を持つ人を増やしている。かく言う私もその1人だ。そういう意味で、グリフィン博士は9・11真相究明運動の理論的支柱となっている人物である。

グリフィン博士は2008年10月末に来日し、秋田、神戸、大阪、名古屋、東京で講演をした。連日の講演と移動で大変ハードなスケジュールだったにもかかわらず、始終冗談を言って私を笑わせてくれるユーモアあふれる人柄であった。この章はグリフィン博士の最新著作『9/11 Contradictions: An Open Letter to Congress and the Press』(9/11の矛盾:議会とマスコミに対する公開質問状・未邦訳)から、もっとも重大と思われる疑問点を私がまとめたものだ。

政治家やジャーナリストが恐れるレッテルの一つに「陰謀論者」というのがある。彼らにとって、このレッテルを貼られることと「信用を失う」ことは、ほぼ同義語である。実際、アメリカで9・11の公式発表に疑問を呈した報道キャスターは、次々と降板の憂き目にあった。やがて誰もが口を閉ざし、9・11の真相は、闇に包まれたまま放置された。

その間、9・11の真相を追い続け、着々と事実を積み上げてきたのはレッテル張りを恐れないフリージャーナリストと無名の研究家や活動家たちだった。彼らの真摯な仕事の一部は、幾多のドキュメンタリー映画やホームページなどに集積されているが、それらに触れて目を開かされた1人が、グリフィン博士である。

グリフィン博士は9・11事件に関してすでに『The New Pearl Harbor』(邦訳『9・11事件

は謀略か』)、『The 9/11 Commission Report: Omissions and Distortions(9・11委員会報告書省略と歪曲・未邦訳)』、『9/11 and American Empire(9・11とアメリカ帝国・未邦訳)』、『Debunking 9/11 Debunking: An Answer to Popular Mechanics and Other Defenders of the Official Conspiracy Theory(9・11の真実を虚偽とする説の嘘を暴く――ポピュラーメカニクスと公式説擁護者への回答、いずれも邦訳なし)』など、公式説に異論を呈する著作を次々と発表している。

ここで紹介する『9/11 Contradictions』にはいわゆる「陰謀論」もないし、推論すらもない。ただ、互いに矛盾する政府高官の発言や9・11委員会報告書の内容やマスコミ報道を丹念に調べあげ、25の疑問点を明らかにしただけだ。

グリフィン博士は神学者らしい厳粛さと謙虚さ、そして類い稀な責任感をもって、9・11に関する玉石混淆の膨大なデータを歴史の精査に堪え得る作品に昇華させた。この『9/11 Contradictions』に納められた質の高い情報が、日米の議会とマスコミ報道に携わる人々の責任感を刺激し、9・11をもう一度あらゆる観点から再調査するように立ち上がることを期待する。

9/11 Contradictions: An Open Letter to Congress and the Press

９１１の矛盾 ―― 議会とマスコミへの公開質問状・未邦訳

※グリフィン博士が著述した25の疑問のうち、特に重要な項目を著者が抄訳し、それ以外は要約に留めた。

ブッシュ政権と軍幹部に関する疑問

(1) ブッシュ大統領は教室にどれくらい長くいたのか?

ブッシュ大統領が9月11日の事件当日、新しい教育方針「どの子も落ちこぼれさせない教育(No Child Left Behind)」を広めるために、フロリダ州サラソタにある小学校にいたことは、周知の事実である。彼は小学校に午前8時55分に到着して、その時に1機目の飛行機が世界貿易センタービルに突っ込んだことを知ったという。大統領は「パイロットがミスった」と思ったそうだ。その後、9時3分から2年生の教室に行った。予定通り子どもたちは朗読を始め、その数分後、おそらく9時6分か7分に、大統領首席補佐官のアンドリュー・カードがブッシュ大統領の耳元で「第2機目の飛行機が2つ目のタワーに突っ込みました。アメリカが攻撃されています」と告げた。

ここまでは話が一致している。問題はそのあと大統領がどれくらい長く教室に留まっていたのか、だ。それについては2つのまったく違う話がある。

一つ目はカードによるもので、9・11の1周年に彼がサンフランシスコ・クロニクル紙上にて語ったものだ。彼によると、第2機目のことを知らせると、大統領は一瞬上を見た。それは数秒か数分かにも思えたが、先生と生徒たちにお礼をいい、教室を去った、という。このことにカール・ローブもNBCのインタビューで同意しているし、ABCの一周年のニュースでもカード、チャールズ・ギブソン、カール・ローブの3人が、大統領が2機目のことを知って、まもなく教室を出たことで合意している。

しかしこの1つ目の話は、それ以前にあった話と、またあとで有名になった『華氏911』の映像とも一致しない。タンパ・トリビューンの2002年9月1日の記事によれば「ブッシュ大統領はカードから耳に打ち明けられたあと、30秒ぐらい沈黙し、そのあと8分から9分ぐらい教室にいて、子どもたちが教科書を読むのを聞いていた」という。またそのときの映像が、2004年に公開されたマイケル・ムーアのドキュメンタリー映画『華氏911』で公になると、1つ目の話は映像と一致しないことがあきらかになった。

問題は、大統領に身の危険が及びそうだというのに、なぜシークレットサービスは、すぐに大統領を安全な場所に避難させなかったのか、ということだ。そして、カードらが主張した「大統領はすぐに教室を去った」という話は後に間違いだったということになるのだが、どうしてそもそも、3人は口を揃えて嘘をいったのだろうか。議会とマスコミはこのことを追及すべきである。

（2）チェイニー副大統領はいつ地下のバンカー（PEOC）に入ったのか？

チェイニー副大統領が、午前9時3分（サウスタワーに旅客機が突っ込んで間もなく）から午前10時までの間にホワイトハウスの東ウイング地下にある、通称「バンカー」と呼ばれる大統領緊急オペレーションセンター（PEOC）に降りていったことに関しては、誰もが合意している。そして、チェイニーがそこに入るや否や、指揮をとったということに関しても意見が一致している。

実際、9・11の5日後、チェイニー自身がNBCのMeet The Pressという番組で「私は入ってくる全ての情報や報告を見て、それを元に判断を下すことができる立場にいた」と語っている。しかし、チェイニーが正確にいつPEOCに入ったのかに関しては、大きな不一致がある。

9・11委員会報告書（9/11Comission Report）ではチェイニーの到着時間は午前10時ちょっと前、おそらく9時58分ごろ、とされている。ところがこの時間は、ノーマン・ミネタ運輸長官（以下ミネタ）の「わたしがPEOCに到着した9時20分より前に副大統領は入っていた」という話と、少なくとも40分も食い違う。この40分の違いは重要である。ペンタゴンが攻撃されたとき、あるいは93便がホワイトハウスに近づいている間、チェイニーが指揮をとっていたかどうかにかかわるからだ。

ミネタ長官は2003年5月23日に9・11委員会で証言をしたが、それによれば「副大統領は9時20分にはPEOCにいて、既に指揮をとっていた。そこに軍の若者が3回ぐらい入ってきてチェイニーに「すべての命令は今でも有効ですか？」と聞いたとき、彼は、「有効だ」と答えた。これはおそらく「9時25分か26分ぐらい」という。彼が、この時点ですでに複数の命令を出していたとなると、ミネタ長官が到着した9時20分の数分前にはすでに命令が出されていたことになる。そうすると、副大統領のPEOC到着は9時15分ぐらいかもしれない。その場合は、43分も911委員会報告書と食い違うことになる。

これを説明する一つの方法は、ミネタ長官が間違っていたとすることである。しかしミネタの話は、デヴィッド・ボーラー（チェイニー直属のカメラマン）、「Against All Enemies」の著者リチャード・クラーク前大統領特別顧問（以下クラーク）、コンドリーサ・ライス、カール・ローブの証言、そしてABC、BBC、ウォールストリートジャーナルの報道、さらにはチェイニー自身の話（あるインタビューで少なくとも一度は語ったことがある話）と一致している。このノーマン・ミネタ運輸長官という重要人物の証言が、なぜ9・11委員会報告書に含まれていないのか。

そして、チェイニーがPEOCに到着したのが、9時10分頃、9時36分頃、9時43分頃、9時58分頃と4つの違った時間が存在しているのはどうしてなのだろうか。議会とマスコミはこの疑問をすぐに解明すべきだ。

(3) チェイニーは警戒解除命令を確認したところを目撃されたか？

前項(2)で示したように、ミネタの証言では彼がPEOCに到着した9時20分頃にすでにチェイニーは指揮権をとっていたことになる。その証言の中でミネタは次のような話をしている。

ペンタゴンに飛行機が向かっている間、PEOCに若い男が入ってきて、副大統領に「飛行機が50マイルまで接近」「飛行機が30マイルまで接近」「飛行機が10マイルまで接近」と報告した。3回目に若い男は「命令はまだ有効ですか」と確認した。副大統領は「有効に決まってるじゃないか。君は何か違うことでも聞いたのか」と答えた。

この会話がいつ頃されたかに関しては、ミネタは「PEOCに到着しておそらく5、6分後」と答えているから、9時25分か26分頃という計算になる。この話は重要だ。チェイニーと米軍は、飛行機がワシントンに接近していることをペンタゴン攻撃（9時39分）の12分前ほど前に、知っていたことになるからだ。これは、ペンタゴンに飛行機が近づいていることを軍は飛行機が突っ込む2、3分前の9時36分頃まで知らなかったとする公式説と真っ向から対立する。

両方の話が真実ということはありえないが、ミネタには嘘をつく動機がないことから、彼の証言がもっとも真実に近いと思える。もしミネタの証言が正しいとなると、誰が嘘の話を捏造したのかを、議会とマスコミは調べる必要がある。

（4）チェイニーはすべての航空機の着陸命令を出したのを見たのか？

すべての航空機の着陸命令を出したのは誰かという疑問に関して、ミネタとジェーン・ガービーはミネタが（チェイニーの前で）その命令を出したと主張している。ところが、9・11委員会は、ベン・スライニーによる決定だとしている。この点で食い違いが存在する。

(5) いつチェイニーは迎撃命令を出したのか?

チェイニーが迎撃許可命令を出した時間に関して、「チェイニーは10時10分まで命令を出さなかった」と9・11委員会は主張している。だが、ユナイテッド航空93便の激突以前に、迎撃命令を受け取ったとするクラークと数人の軍幹部の報告に、食い違いが存在する。

(6) リチャード・マイヤー空軍大将はどこにいたのか?

2001年9月11日、リチャード・マイヤー(以下マイヤー)は統合参謀本部議長代理だった。ヒュー・シェルトンがまだ統合参謀本部議長で、マイヤーは彼の後任に指名されていたが、まだ指名承認公聴会が終わっていなかった。シェルトンはこの日ヨーロッパへ向かっていた。議長代理としてマイヤーはペンタゴンで最高ランクの軍人だったので、彼がどこにいるのかを何十名もが知っていたはずだ。ところが不思議なことに、彼がどこにいたかについて2つの相反する話がある。

マイヤー自身と委員会報告書は、8時40分から9時40分ぐらいまで米国連邦議会にいて、マックス・クレランド上院議員を訪ねていたという。クレランド議員の事務所に入る直前に、テレビ報道で最初の世界貿易センタービルへの攻撃を知ったという。そのままクレランドの事務所に入り会議をしたが、その間に第2機目の攻撃があったことは誰も彼に知らせなかったという。会議終了後に初めてサウスタワーも攻撃されたことがわかり、その後間もなく、ペンタゴンが攻撃された、という。

委員会報告書はこの話を採用している。しかし、この話は妥当性に欠ける。統合参謀本部議長代理（米軍の最高ランクの指揮官）であるマイヤーが、世界貿易センタービルの最初の攻撃を知ったあと、そのまま予定通り打ち合わせをすることがあるだろうか。そして2機目の攻撃があってアメリカが攻撃されていることが明らかになった後も、誰もマイヤーに連絡せず、議員との打ち合わせを続けたなんてことがありえるのだろうか。

これに対してクラークは別の証言をしている。彼はホワイトハウスのビデオ・テレビ会議室にてビデオ会議を9時10分ごろから運営していた。間もなくそこにやってきたミネタ長官と言葉を交わし、ミネタはそのあと9時20分頃までに地下のPEOCへ向かった。ここはミネタの証言とクラークの証言が一致している。PEOCでは既にチェイニーが指揮をとっていた。

9・11委員会報告書はクラークの本『Against All Enemies』や証言内容を完全に無視することで、この食い違いを解決しようとした。そして、ビデオ会議が開始された時間を9時25分ぐらいからとし、さらには、9時37分、つまりペンタゴンが攻撃された時間直前まで、ちゃんと始まらなかった、と付け加えた。

このビデオ会議にはすでにペンタゴンに到着していたマイヤーが参加していたのだが、委員会報告書では「ペンタゴンからは誰がこのビデオ会議に出席していたかわからない」となっている。わからないなら、ビデオ会議を仕切っていたクラークに一言聞けばいいいようなものだが。

さらに報告書は「最初の1時間は危機管理ができるペンタゴンの人間はいなかった」と書いている。これも不可解だ。誰が出席したのかわからないのに、危機管理者がいない、という判断をどうやって下したのか？

この他にもマイヤーが9月11日の朝、いつ、どこにいたのかに関して、複数の内部矛盾が存在するが、議会とマスコミはマイヤー、クレランド上院議員に疑問をぶつけ、クラーク証言との食い違いを明らかにし、どちらが正しいか結論を導くべきだ。

(7) ドナルド・ラムズフェルドはどこにいたのか？

クラークがすでに書いているように、彼がビデオ会議に入った9時10分頃、すでにそこには「ドナルド・ラムズフェルド国防長官が国防総省に、そしてジョージ・テネットがＣＩＡにいた」という。ところがこれは、ラムズフェルド自身の話と矛盾している。彼が２００４年3月23日に9・11委員会に伝えた話では、9時10分頃、彼は自分の部屋で日課であるＣＩＡの報告を受けていたという。それからまもなく9時38分頃、ペンタゴンが揺れ、何か爆発のようなものが起きたので、ラムズフェルドは確かめようと外に出て現場に行き、ケガ人を担架に載せる手伝いをした。そこにはあまり長くは留まらず、10時ちょっと前にはペンタゴンの緊急行動チームと共にいた、という。

ラムズフェルドのこの話は後に「アメリカの軍事中枢が攻撃されているのに，現場に出かけてケガ人を助けるなんてことは米軍を統率する立場にある国防長官自身がすることなのか。現場の視察や救助は部下にやらせ、国防長官はすぐに大統領や副大統領と連絡をとり、指揮をすべきだった」と批判を浴びることになる。

この批判のあと、ラムズフェルドの話は二転三転するのだが、いずれにせよ問題は、9時10分から40分の間に（ペンタゴン攻撃は9時38分）、ラムズフェルドはビデオ会議に参加していたのかどうか、ということだ。もしクラークの話が正しければ、ラムズフェルドは9時15分までに世界貿易センターに突っ込んだ2機の飛行機がハイジャックされていたことや、他にも11機がハイジャックされていたこと、さらにはペンシルバニア上空の飛行機もハイジャックされた可能性があることを、ペンタゴンが攻撃される前に知っていたはずだ。

しかし委員会報告書では、ラムズフェルドがこれらのことを把握したのは10時39分ごろとなっている。そうなると、クラークの話が嘘になる。いったいどちらが真実に近いのか。

これを調べるのは比較的簡単で、クラークが参加していたビデオ会議のテープを提出してもらえばいい。メディアと議会はすぐにこの矛盾を解決すべきた。

（8）テッド・オルソンはバーバラ・オルソンから電話を受けたのか

テッド・オルソン（以下テッド）は、一期目のブッシュ・チェイニー政権で司法省訟務長官を務めていた。その前には、ブッシュとゴアの大統領選挙のとき、ブッシュ側の弁護士として、裁判でブッシュを勝利に導いた功績もある。

9月11日の午後、保守派の論客として著名なバーバラ・オルソン（以下、バーバラ夫人。バーバラは、テッドの妻である）が、ハイジャックされた77便の中から、テッドへ電話をかけていたという速報が流れた。テッドは2回電話を受けており、バーバラ夫人から、パイロットを含む乗客全員が機内後部に集められたことや、ハイジャック犯の武器がナイフと開梱用カッターナイフだけだったことが伝えられたとCNNは報道した。

テッドの報告は、ペンタゴンに突入したとされるアメリカン航空77便が午前9時頃に連邦航空局（FAA）のレーダーから消えた後も、依然として空中にあった唯一の証拠となったため極めて重要だった（レーダーから消滅後、77便がオハイオ州・ケンタッキー州境に墜落したという報道もあった）。

またバーバラ夫人がCNNで著名な解説者だったので、彼女がハイジャックされた飛行機の中で亡くなったという報道は、ブッシュ政権の「対テロ戦争」に対する国民の支持を獲得する上で、1つの重要な要素だった。

テッドの話は、ハイジャッカーがカッターナイフを持っていたという、広く信じられている情報の唯一の根拠でもあり、その点でも重要だ。

しかし、この話は後に二転三転する。携帯電話からかけてきたという最初の話から3日後の9月14日に、フォックスニュースに出演したテッドは「バーバラは機内電話から司法省にコレクトコールをかけてきた」と言った。そのわけは「クレジットカードがなかったから、コレクトコールだった」からだという。

しかし同日、CNNのラリーキングショーでは「2回目の電話は突然に切れてしまった。おそらく携帯の電波が悪かったから」と発言した。バーバラ夫人から電話を受けた際の状況を説明する話は、最初の話に戻っている。

さらに2ヶ月後の「バーバラ・オルソンを偲ぶ講演会」でテッドは、妻は座席についている機内電話からコレクトコールをかけてきた、という説明をしている。その後、2002年3月のロンドン・デイリー・テレグラフでも「コレクトコールだったのは、彼女が財布を持っていなかったから」と同じ説明を繰り返している。クレジットカードがないと、そもそも機内電話を起動することができない、という点でもこの話はおかしいが。

これらの話の矛盾に、アメリカのマスコミは気がつかなかったようだ。というのは、一年経った2002年9月11日も、CNNはバーバラ夫人が携帯電話を使って電話をしてきたと伝えていたからだ。

テッド自身の二転三転した話は、その後、飛行中の機中から携帯電話がかからないという技術論争をかもしたあげく、バーバラ夫人が「機内電話を使ってコレクトコールを法務省にしてきた」ということで一旦落ち着いた。ところが、この話は後にアメリカン航空そのものによって否定される。

アメリカン航空77便がボーイング757型機であることを知っていたある9・11研究者が、アメリカン航空のホームページに「同社の757型機には客席電話が取り付けられていない」と説明されているのに気がついた。彼はアメリカン航空に連絡を取り、「2001年9月11日もそうだったのか」という質問をした。アメリカン航空の顧客サービス担当者は「そのとおりです。弊社のボーイング757には電話を設置しておりません。77便の乗客は、テロリスト攻撃時には、ご自分の携帯電話を使って通話されています」と答えた。

この新事実に対して、公式説明を擁護する人々は「テッドの最初の話は明らかに正しい。バーバラは自分の携帯電話を使ったのだ」と答えるかも知れない。ただしこのシナリオは、2001年当時に使われていた携帯電話技術ではあり得ないことが２００６年にＦＢＩによって否定された。

20人目のハイジャッカーとされるザカリアス・ムサウィの裁判で、２００６年にＦＢＩが提出した証拠には、９月11日の飛行機四機全ての電話通話に関する報告が含まれていた。アメリカン航空77便に関する報告でＦＢＩは、バーバラ夫人は一度だけ電話したとしており、しかもそれは継続「０秒」の「接続されなかった発信」だとしている。したがって、ＦＢＩによればテッドは妻からの電話など一度も受けていないことになる。

９月11日にＦＢＩはテッドを尋問したが、その報告書は、テッドがＦＢＩ捜査員たちに、バーバラ夫人が77便から２度電話をかけてきたと語ったと記載されている。それなのに、２００６年のＦＢＩ報告書は、そのような通話はなかったことを示している。

これは驚くべき展開だ。ＦＢＩは司法省の一部門なのに、その報告書が元司法訟務長官の有名な主張を台無しにしたのだ。アメリカン航空、そして特にＦＢＩによるテッドの話の否定は、この上なく重要だ。バーバラ夫人からのものだとされる複数の通話以外に、77便がワシントンに戻ったという証拠はないからだ。いずれにせよ、議会とマスコミはこれらの矛盾を深く追及し、明らかにすべきだ。

（9）いつ軍はアメリカン航空11便について通告を受けたか？

アメリカン航空11便について、９・11委員会は、軍が最初にＦＡＡから通告を受けた時間は8時38分だとしている。しかし、これには食い違いが見られる。軍の対応に関わっていた多くの当事者とのインタビューで構成された2002年のABC番組では、通告が8時31分頃だとしている。そして，FAAボストンセンター連絡将校のコリン・スコギンズは、北東防衛軍（NEAD）への最初の電話は8時30分前だったようだと説明している。

(10) いつ軍はユナイテッド航空175便について通告を受けたか？

ユナイテッド航空175便について軍が最初に通告を受けた時間に関して、9・11委員会は、この便がサウスタワーに激突した9時3分までこの通達はなかったと主張している。ところが、2003年5月22日のFAAのメモが示していること及び2001年9月18日の北米航空宇宙防衛司令部（NORAD）のタイムライン（時間経過）と国家軍事指導センター（NMOC）のモンターギュ・ウィンフィールド准将およびNORADのマイケル・ジェリネック大尉とはっきり食い違う。

(11) いつ軍はアメリカン航空77便について通告を受けたか？

アメリカン航空77便のハイジャックを軍が最初に知らされた時間に関して、9・11委員会は、軍はペンタゴンが攻撃されるまで通達されなかったという立場を守っている。ところがこれは、NORADの9月18日のタイムライン（時間経過）、2001年9月15日のニューヨークタイムズ記事、FAAの2003年メモ、シークレットサービス副長官の発言と食い違う。

(12) いつ軍はユナイテッド航空93便について通告を受けたか？

ユナイテッド航空93便について軍が最初に知らされた時間について、9・11委員会は、軍はそれが激突するまでハイジャックされたことを知らなかったと主張している。だが、NORADの2001年タイムライン（時間経過）、（チェイニーを含む）2002年の幾人かのホワイトハウス関係者、クラーク及びロバート・マー大佐、ラリー・アーノルド将軍、モンターギュ・ウィンフィールド准将を含む何人かの軍関係者の発言と食い違う。

(13) 軍はユナイテッド航空93便を撃墜できたのか？

米軍がユナイテッド航空93便を撃墜できる立場にあったのかという疑問に関して、9・11委員会の主張は、撃墜できる立場になかったと主張している。しかしこれは、チェイニー、クラーク、ポール・ウォルフォウィッツ副国防長官、及びマー大佐、リチャード・マイヤー将軍、アーノルド将軍、ウィンフィールド准将、マイク・ホーゲン少将、アンソニー・クイジンスキー少尉を含む何人かの軍関係者の発言と食い違う。

(14) 9・11事件のような攻撃は想定されたことがあったのか？

9・11のような攻撃がこれまで想定されていたかということに関して、ホワイトハウス、ペンタゴン、9・11委員会は、想定していなかったと主張している。だがこれは、多くの政府と軍関係者からの声明と食い違う。また、9・11のようなシナリオに基づいたいくつかの軍の演習の報告が存在する。

オサマ・ビンラディンとハイジャック犯に関する疑問

(15) モハメッド・アタと他のハイジャック犯は敬虔なイスラム教徒だったのか?

旅客機をハイジャックしたとされる男たち、とくにモハメッド・アタが本当に敬虔なるモスリムだったのかということに関して、9・11調査委員会のそうであったという主張は、説得力に欠ける。彼らの性的行動とアルコール飲用、麻薬使用に関する数多くの報告は、敬虔なイスラム教徒が守り通している戒律から大きく逸脱している。

(16) 当局は宝の山ともいえるアタの情報をどこでみつけたのか?

9・11に関する公式説明の中核は、この日衝突・墜落した四機の旅客機は、アタが率いるアルカイダのハイジャッカーたちよって乗っ取られたという主張だ。この主張に対する証明はこれまで提示されていない。だが様々な種類の証拠が提示され、その中でも最も重要なものは、攻撃後アタの荷物から見つかったとされるものだ。この荷物中の資料は、飛行機がアタや仲間のイスラム教徒たちによって乗っ取られたという疑惑を確認するものだと言われた。ジョエル・アッヘンバッハは、2001年9月16日、ワシントンポストの記事で次のように書いた。

「アタはワールド・トレード・センターに最初に突入したアメリカン航空11便を操縦していたと見なされている。ボストンのローガン空港にあった彼の荷物の中に残されたアタが書いた手紙には、彼が殉教者として天国に行けるために、自殺を計画していると書いてあった。荷物には、サウジアラビアのパスポート、国際運転免許証、ボーイング旅客機操縦法のビデオ教本と、イスラム教のお祈りの時間表があった」(〝You Never Imagine, A Hijacker Next Door.〟「隣人がハイジャッカーだなどと夢にも思わない」)

この発見は明らかに、アタとアルカイダによる事件を立件するのに大いに役立った。だが、なぜアタの荷物が、そこで発見されることになったのだろう? アッヘンバッハはこう言っていた。「当局は、アタとアブドゥル・アジズ・アル・オマリが、ボストンで車を借り、メイン州ポートランドまで運転して行き、月曜日夜、コンフォート・インの部屋を借りた… 二人は更に、火曜日朝ポートランドからボストンの短距離便に搭乗し、11便に乗り継いだと考えている」

だが一体なぜアタの荷物は、11便に間に合わなかったのだろう? 9・11委員会スタッフの証言は、余裕のない乗り継ぎがあったことを示唆しており、こう語っている。「ポートランドへの寄り道のせいで、すんでのところで、アタとオマリがボストンを発つ11便に間に合わなくなるところでした。実際、彼等がポートランドでチェックインした荷物は飛行機に間に合いませんでした」(スタッフ供述No.16 2004年6月16日)。しかし、翌月9・11委員会報告が出された時には、この示唆は消えていた。実際、委員会は「アタとオマリはボストンに6時45分に到着した」と書いた後で、「アメリカン航空の11便は7時45分に離陸予定だった」と補足した（9・11委員会報告書）。

もし、荷物を運ぶのに約一時間ほどあったのなら、なぜそれが積み残されたのだろう？　地上職員のミスと考えることも可能だ。しかしながら、アメリカン航空はこう報じている。「アタは、アメリカン航空11便の81人の乗客の中で、荷物が便に間に合わなかった、たった一人の客だった」（ポール・スペリー、WorldNetDaily.com　２００２年9月11日）

さらに不可解な謎がある。もしもアタが9月10日に既にボストンにいたのであれば、なぜわざわざポートランドまで1泊の旅に出かけ、早朝の定期便に乗る必要があったのだろう？　もしもこの定期便が1時間遅れていれば、アタとオマリは、接続便に乗り損ねていたはずだ。もし乗り遅れたとしたら、わずか3人で11便を乗っ取らなければならなかったことになる。おまけにアタは、11便をハイジャックした後、この便のパイロットとして指名されていたと言われている。彼は、何年間もかけて計画した全体の作戦の首謀者だったのに、ポートランドへの旅で作戦中止を宣言しなければならない可能性さえあったのだ。

一体なぜ彼がそのようなリスクの高い旅をしたのか、全く説明されていない。攻撃から1年後、FBI長官ロバート・ミュラーは、9・11の議会共同公聴会で証言して、次のように述べた。「攻撃の前日、モハメッド・アタは…アブドゥル・アジズと落ち合い…メイン州ポートランドまでドライブしました。二人は、南ポートランドのコンフォート・インにチェックインし…二人がそこにでかけた理由は、今日に至るまで不明のままです」（「記録のための証言」共同イン

テリジェンス委員会公聴会、２００２年9月26日）

２年後、９・11委員会は書いている。「なぜアタとオマリは、９月10日の朝ボストンからメイン州ポートランドまで車で出かけ、結局はただローガンに、９月11日朝、５９３０便で戻るだけだったかについて、説得力のある説明となる、物理的、理論的、あるいは分析的証拠は皆無である」（９・11委員会報告書 451n1）

つまり、ミステリーは２つあることになる。一体なぜアタはポートランドへのリスクのある旅をしたのだろう？　そして、なぜ彼の荷物は、11便に搭載されそこねたのだろう？

(17) ハイジャック犯の存在は携帯電話で報告されたのか

４機の旅客機がハイジャックされたという話の根拠は、乗客が機内から家族や政府機関にかけた携帯電話で、中東出身の人物らしきハイジャック犯の存在を報告したことによるものだ。ハイジャック犯の存在は機内電話によって報告された例もあるが、中心的役割を果たしたのは携帯電話からの報告だった。例えば9月13日のワシントンポストでは、チャールズ・レーンとジョン・ミンツ記者が次のように書いている。

「93便の乗客だったグリックからの携帯電話と他の同様な電話連絡が、火曜日のあの恐ろしい朝に、４機ものハイジャックが、どのように起きたのかに関する手がかりを与えてくれる」

同様に携帯電話からの報告が、９・11委員会報告書においても中心的な役割を果たしている。だが、なぜか最初に世界貿易センターに突っ込んだアメリカン航空11便からの携帯電話の報告はない。しかし他の3便からは携帯電話の報告がある。少なくともいくつかのケースでは、電話を受けた人が、電話をかけた人によって携帯電話でかけていると告げられたか、または、着信番号表示によって、それが携帯電話からだと認識したという。

ところが、2006年にザカリアス・ムサウィの裁判で、FBIが提出した報告を見ると、驚くべきことがわかる。それ以前の話と矛盾するのだ。しかしこの数年の間、FBIは、機内のハイジャック犯の存在を報告するのに携帯電話が使われたと主張している新聞報道や9・11委員会報告書を否定しなかった。

FBIのムサウィ裁判の飛行機からの電話に関する報告は、バーバラ・オルソン、トム・バーネットそして他のたくさんの乗客からあったとされる電話に関して問題を引き起した。しかし、この報告はFBI自身に関する問題も引き起している。

(8)で見たように、ムサウィの裁判で2006年に証拠として提出された通話記録は、もともと2001年9月20日の時点で完成していた。もしそうなら、FBIはこの証拠が、実際携帯電話をかけたシーシー・ライルズとエドワード・フェルトを除き、トム・バーネットやその他の報告されている通話を支持しないことを知っていたことを意味する。FBIはすぐにプレスリリースを出して誤りを訂正すべきだったのに、それをしないまま93便に何が起きたかに関してマスコミが嘘の描写をすることを許していた。FBIはどうしてそれをしなかったのか問われるべきだ。

また、バーバラ・オルソンに関するFBIの説明は、(8)に報告したアメリカン航空の声明に照らし合わせると問題がある。FBIによれば、テッド・オルソンの証言に反してバーバラ夫人はアメリカン航空77便から9時18分58秒に司法省へ電話をかけることを試みたが、通じなかったのだ。

そこでどのようなタイプの電話をつかったのかという問題が生じる。93便に関するＦＢＩの報告で、携帯電話であると明記されていない限り、すべての電話は機内電話からである。ＦＢＩはバーバラ夫人がかけようとした電話は携帯からであると指定していないので、どうやら機内電話からかけたことを意味するようだ。しかしながら、２００６年にアメリカン航空の代理人の声明によると、（８）で解説した通り77便には機内電話はついていなかった。

一般市民は新聞報道や映画や９・11委員会報告書によって、３機（１７５便、77便、93便）の乗客たちが携帯電話を使って愛する人たちに、飛行機がハイジャックされたことを伝えたと信じこまされた。少なくとも、これらの電話を受け取った何人かはそれが携帯電話からであることを信じるに足る理由をあげている。

電話をかけた人がそう言ったか、または着信番号表示により携帯番号を確認したからである。しかしながら、ムサウィの裁判で２００６年にＦＢＩが提出した証拠によれば、これらのどの便から誰も関係者に電話をするのに携帯を使っていない。議会とマスコミはこの矛盾がどうして存在するのか調査すべきだ。

議会とマスコミはまたＦＢＩに対してもいくつか質問をする必要がある。なぜマスコミがこのような電話があったと報道し続けるのを許したのか。なぜ２００６年まで待って裁判所に証拠を提出しなければならなくなってから、すべての通話のうち携帯電話からのものは2通話しかなかったことを発表したのか。なぜそのときになってさえプレスリリースを出して誤りを正すということをしなかったのか。また、どうやってバーバラ夫人が77便から電話をかけようとしたと結論したのか、などだ。

重要な問題は、報道された携帯電話からの通話に関係している。それがアルカイダの工作員が飛行機をハイジャックしたという主張を確立するのに重要な役割を担った。議会とマスコミは、どうしてFBIは5年もたってから目立たないように、真実でないと一般市民に公表したのか調査すべきだ。

(18) ビンラディンの責任であるという確固とした証拠はあるのか?

9・11の政府公式説の中では、ビンラディンが攻撃の首謀者であることを原則としている。この話は政府高官やマスコミによって、あたかも確固たる証拠があるかのように語られた。そのような証拠が存在していることは、少なくともそれとなく暗示されたが、しかし一度も明確な提供はなされていない。さらには、FBIの報道官はFBIがそのような証拠をもっているという説に反論している。

9・11委員会の立場

9・11委員会報告書は、完全にビンラディンが9・11攻撃の責任があるという考えに立脚している。それは1998年にビンラディンが、「この地球のいかなる場所でもアメリカ人を殺すことがイスラム教徒の義務であり、それを求める」というファトゥワ(イスラム法に基づく宣言)

を出したことである。(5)ではカリド・シーク・モハメッド(報告書では単にKSMと記述されている)について記述した後、彼が9・11攻撃の立案者で、ビンラディンが許可を与えたと言ったとされる声明に基づいて、いくつもの断定をしている。

9・11委員会は攻撃がビンラディンによって許可され、一部は計画されたと書いている。このような態度はブッシュ政権によって提出された証拠を反映しているのだろうか。

ブッシュ政権は確固たる証拠を提供したか

2001年9月23日にNBCの「Meet the Press」という番組に出演したコリン・パウエル国務長官とモデレーターのティム・ランセットとのやりとりで、パウエルは「ブッシュ政権がビンラディンとこの攻撃を結びつけるはっきりした証拠を、近い将来提出できるだろう」と語り、翌日のニューヨークタイムズも「ブッシュ政権はアルカイダのネットワークがテロ攻撃に関連しているという、はっきりとした証拠を近い将来公開し、世界と特にイスラム諸国に対して、軍事行動が正当化されることを理解されるよう努力をする」と述べた。

しかし、9月24日にホワイトハウスで行われた記者会見では、そのような証拠は極秘であり発表できないと話を覆している。その後も確固たる証拠がないためにそのような書面を発表できないという『ニューヨーカー』の記事が出た。CNNもビンラディン自身がこの事件と関係あることを否定していることや、「もし証拠を見せてくれれば、協力する用意がある」というタリバン高官のコメントを紹介している。

それから5週間たって、この証拠に関する問題をAP通信のキャシー・ギャノンが取り上げた。タリバン高官のムタキが「我々は戦いたくない。交渉するが、独立国のように扱ってほしい。我々は命令を下されるアメリカの地方ではないのだから。ビンラディンが関わったという証拠を見せてほしいと言ったが、アメリカは拒否した。どうしてなのか」とAP通信に語ったのだ。

2001年11月になっても証拠を提出していないブッシュ政権は、「我々はテロリストと交渉しない」とし、証拠を提出する必要がないのだ、と主張したのだった。

ブレア政権はビンラディンの責任を証明する確固たる証拠を提供したか？

10月4日にブレア政権は「アメリカに対するテロ攻撃の責任」というタイトルの書面を提出し，政府が明らかに到達した結論はビンラディンと彼が率いるアルカイダのテロリストネットワークが2001年9月11日の事件を計画し実行した、と述べている。

しかしこの書類は、英国政府自身が裁判に耐え得るほどの確固たる証拠ではないことを認めている。つまり、これは戦争を始めるには十分な書類であるが、9・11事件の責任者がビンラディンであることを証明できる確固たる証拠を提供していない。

FBI…確固たる証拠はない

FBIのホームページに「最重要指名手配テロリスト」というページがある。そこにビンラディンが掲載されており、彼の罪状として「アメリカ国外においてのアメリカ人の殺害、連邦政府施設への攻撃によって死者を出した」とある。その下には以下のような記述がある．「ビンラディンは１９９８年8月7日のタンザニアとケニアの米国大使館爆破事件に関連して指名手配されている。この爆破事件で２００人以上が亡くなっている。その他、ビンラディンは世界中のテロ攻撃に関して容疑がある」（口絵写真A・巻頭口絵2ページ参照）

ＦＢＩのホームページのビンラディンの容疑に９・11事件の記述がないことに疑問をもった「マックレイカーレポート」編集者のエド・ハースは、ＦＢＩにコンタクトして、当時ＦＢＩの主席調査報道官であったレックス・トゥームにその疑問をぶつけた。彼の回答は「最重要指名手配のビンラディンのページに９・11事件の容疑が掲載されていないのは、ＦＢＩが確固たる証拠をもっていないから」というものだった。

結論

ビンラディンが、９・11攻撃の責任者だとする確固たる証拠があるかということに関して、ブッシュ政権と９・11調査委員会は、そのような証拠があるかのような立場をとっている。

だが、ビンラディンが９・11攻撃の責任者であるという確固たる証拠がないと言明して、ビンラディンを容疑者とするテロ行為のひとつとして、９・11をリストに載せていないＦＢＩと食い違う。議会とマスコミは、なぜこのような矛盾が存在するのか、そしていずれのケースにせよ、９・11後に採用された政策を正当化するビンラディンとアルカイダの責任を裏づける十分な証拠が本当にあるのかどうか調査すべきだ。

ペンタゴンに関する疑問

(19) ハニ・ハンジュールはアメリカン航空77便をペンタゴンに突っ込ませることができただろうか?

ハニ・ハンジュールがアメリカン航空77便をペンタゴンまで操縦できたのかということに関しては、ホワイトハウスと9・11調査委員会は、彼がそうしたと主張している。だが、アメリカン航空77便が最後の数分間にたどったとされる軌道を考えれば、彼は大型ジェット旅客機どころか、単発エンジン機さえ操縦する技術をもっていなかったという、主要マスコミで報道された様々な証拠と食い違う。

これについて9・11調査委員会も、ポピュラー・メカニックスもこの矛盾を解決していない。議会とメディアはなぜこの矛盾があるのか、なぜ9・11調査委員会がそれを未解決のままにしているのか追及すべきである。

(20) Cリング壁の穴はどうやってできたのか?

ペンタゴンのCリング(建物名称)にできた穴の原因に関して、ドナルド・ラムズフェルドとリー・イービーは、アメリカン航空77便の機首によるものだと主張している。だが、ペンタゴンビルの仕様書では、航空機の前部は衝突の際に分解するとされている。また、ポピュラーメカニックスは、穴は（機首ではなく）その代わりに飛行機の着陸ギアでできたと主張している。

Cリングの穴の原因を探る中で、いくつかの疑問が現れてきた。もしそれが77便の機首によるものであれば、なぜそれがリー・イーベイの言うように穴から突き出していたかわりに、ケビン・シェーファーの言うようにBリング壁に寄りかかっていたのか？　また、もしASCEのペンタゴン建造物仕様報告書が述べているように、着陸ギアがCリング手前10フィートまでしか行っていなかったのなら、なぜ少なくともふたりの軍将校がA−Eドライブにそれがあったと報告しているのか？　しかし、もっとも肝心な疑問は、米国土木学会（ASCE）報告書が示しポピュラー・メカニックスがはっきりと指摘しているように、もし77便の機首が穴の原因でないのなら、この機首はCリングに到達するまでに分解していたはずなのだから、なぜラムズフェルドとイーベイは機首部分が穴を開けただけでなく、後でもまだそれが見えるなどと報告したのだろうか？　議会とメディアはこのことや他の矛盾点の理由を追及する必要がある。

(21) ペンタゴン攻撃の間、軍の戦闘機がワシントン上空を飛んだのか？

ペンタゴン攻撃時の際に、ホワイトハウス上空で見られた飛行機の正体に関して、米軍は「軍の飛行機ではない」と否定している。だが、E−4B空軍機であったことを示すCNNの飛行機の映像と食い違う（元軍幹部もこの件について同意している）。

9月11日の朝、ペンタゴンへの攻撃以前にワシントン上空に特殊な機能をもつ軍用機があったことは衆知のことになったのだから、議会とメディアは軍用機が何をしていたのか、何を見ていたのか追及する必要がある。また、なぜFAAと軍は下院議員の質問にウソの回答をしたのか、そしてなぜ9・11調査委員会はこのことを問題にしなかったのかも同様に追及する必要がある。

(22) ルディー・ジュリアーニはどうしてタワーが崩壊することを知ったのか?

ルディー・ジュリアーニ(ニューヨーク市長)が、ツインタワーが崩壊することを知っていたことに関して、タワーが崩壊することを予想する歴史的根拠があると主張している。だが、現場にいた数多くの専門家たちと、そしてすべての消防士たちとの証言と食い違う。

9・11口述記録で明らかにされた重要な事実は、タワーが崩壊すると言う言葉が、明らかにニューヨークの緊急管理事務局(OEM)に端を発していたことである。この事務局とジュリアーニはどういう関係なのだろう? 当時OEM長官のリチャード・シェイラーは、ジュリアーニに直接報告していた。

したがって、75バークレー・ストリートにいたジュリアーニと他の人々は、タワーが崩壊すると言われたのだと彼は証言した。だが、そう言ったのは彼自身のスタッフなのだ。タワーが完全に崩壊することなどあり得ないという確信は、実際誰でも持っていたことなのに、どうして彼らは崩壊することを知っていたのだろう?

議会とメディアは9・11調査委員会がやらなかったことをする必要がある。それは、ジュリアーニに、彼と彼のOEMスタッフに対して、ほかの人たちが知りえない何を知っていたのか聞くことだ。

(23) ツインタワーで爆発があったのか?

ツインタワーの崩壊は政府、公式報告、メディアによって、飛行機の衝突とそれによる火災からの損傷による結果とされている。タワー内の爆発は、すべてジェット燃料の火災によるものとされている。崩壊の原因だったとされる爆弾や爆発物があったという説は、それが明白であろうと、ほのめかすだけであろうと、否定されている。

9・11委員会とNIST(米国標準・技術院)の見解

9・11委員会報告書は、タワー内の爆発の証言についてなにも書いていない。ただ、サウスタワーが崩壊した時、ノースタワーの何人かの消防士が、何が起こったのか分からず〝爆弾が爆発した〟と推定したことを指摘しているのみである。

2006年、9・11委員会の共同議長であるリー・ハミルトンは、カナダ放送局のインタビューのなかで、制御解体説について質問され、こう答えている。

「もちろん、われわれは非常に注意深くそれを調べましたが…、なんの証拠も得られませんでした。見つかった証拠はすべて、飛行機によるものでした…。建物の崩壊をもたらしたものは、要約すれば、超高温に熱したジェット燃料がこれらの建物のスティール製超構造を溶解し、崩壊の原因となったのです」

ジェット燃料がスティールを溶解したと述べたことで、ハミルトンは9・11委員会が前提とした説さえも理解していないことをさらけ出した。その説によれば、火災ではスティールが溶けなかったことになっていた。その理由は、直に広がった炭化水素火災は、スティールを溶解するのに必要な温度2800度より少なくても1000度（華氏）低いからである。しかし、ただ溶解はしなくても、熱によってスティールの強度を劣らせただけで崩壊するに充分であったというものである。

ハミルトンのこの点における無知は、9・11委員会が世界貿易センターの崩壊に関して、実質的に何も論じていないことを反映している。たぶんその説明責任はNISTとして一般に知られる米国標準・技術院に委ねられていたからだろう。

NISTの最終報告書によれば、「テロリストが建物にジェット燃料を満載した旅客機を激突させたあと、飛行機の衝撃とそれによる火災によってタワーが崩壊した」と記載されている。

また爆発物が介在してのではないかという疑問については、たった1行だけこう指摘している、「NISTは、WTCタワーが2001年9月11日以前に仕掛けられた爆発物を使用した制御解体によって崩壊させられたのではないかという別の仮説を裏付ける証拠は見出せなかった」さらにこの説明を捕捉するのが以下の主張である。

衝突と火災になった階の下の区域では、いかなる爆発の（NIST、ニューヨーク市警察、港湾局警察、ニューヨーク消防署によって集計された）証拠はなかった。

衝突と火災になった階の下の区域と議論を制限したことで、爆発があったとしても、それは衝突や火災によるものとして説明がつくとNISTは考えたようだ。他の爆発があったのかどうかということが、この章で探求されるべき疑問である。この疑問は、もちろん、タワーが制御解体で崩壊したのかという、より根源的な問題に関連している。

証拠調べが明らかになるにつれ、そのような爆発はなかったという主張が、現場にいた多くの人々、消防士、救急医療隊員、ジャーナリスト、生き延びたノースタワー・サウスタワーの職員、警官などの証言と食い違ってきている。

(24) 第7ビルで爆発があったのか（飛行機攻撃を受けないで倒壊したビル）

WTC7内部で、火災が原因で起こりえるもの以外に、爆発があったかどうかに関して、NISTと9・11委員会は、そのような爆発は起こらなかったと主張している。それらは、ジャーナリスト、救急医療隊員、警官、そしてビル内にいた二人の市職員の証言と食い違う。

(25) 世界貿易センタービルの瓦礫の中に鉄骨が溶解した証拠が含まれていたか？

WTCのがれき中に、スティール（鉄骨）が溶解したいう証拠があるかどうかに関して、NISTそのような証拠はないと主張している。だが、現場の多くの専門家と、WTC7とタワーのひとつから回収したスティールを調査した3人の科学者の報告と食い違いが見られる。彼らの調査報告によると、WTCのがれきから回収されたスティールは、硫化、酸化、蒸発した証拠があることが分かっている。これは、スティールが溶解したことを示しており、NISTの主張とは一致しない。

結論

9・11からまもなく、ブッシュ大統領がアメリカ国民、たぶん特に議会とメディアに対してだろうが、「9月11日の攻撃についてのとんでもない陰謀説に惑わされてはいけない」と発言した。言うまでもなく私たちは同意するだろうが、「9月11日の攻撃についてのとんでもない陰謀説」という言葉の意味は、そのまま額面どおりに受け取るわけにはいかないだろう。

人はこれに、「とんでもない」という言葉は、9・11についてのある陰謀説を、ほかのものと区別するには適切ではないと反応するかもしれない。なぜなら、そのような説はそもそもすべてとんでもないからである。しかし、ブッシュが言う9・11の公式説そのものが陰謀説である。陰謀とは単に「ある不法で騙《だま》す行為、あるいは悪事の行為を共同で行うことに同意すること」である。ある事件についての陰謀説とは、そのような約束事から生じた説にすぎない。

9・11攻撃の公式説によれば、ビンラディンと複数のアルカイダのメンバーが関わった陰謀だとされている。したがって、公式説はひとつの陰謀説にすぎないのである。

科学的な見地からすれば、良い理論と悪い理論とを区別するふたつの判断基準がある。まず第一に、理論は、そこに言われているいかなる事実とも矛盾していないこと。9・11の公式説の批判者の多くは、公式説がこの基準を満たしていないことを責めているのだ。例えば、2機の旅客機の衝突による損傷と火災では、なぜツインタワーが崩壊したのか説明できないではないかと主張する。

しかし、多くのジャーナリストと政治家は、飛行機がビルに衝突したらビルはどうなるとか、スティールが高温に熱せられるとどうなるかといった、科学的・技術的な知識が問われるような問題を判断する資格がないと感じている。

しかし、良い理論のもうひとつの判断基準は、いかなる専門的技術を必要としない。よい理論は首尾一貫していて、内部矛盾があってはならないというだけである。ある説がその内部で食い違いを含んでいたら、それは受け入れられない説である。それがそのような食い違いを非常に多く含んでいたら、それは「とんでもない」説になるであろう。

9・11に関する公式陰謀説には、少なくても25の食い違いがあるので、「明らかにとんでもない」説である。しかしこの説が、ふたつの国への攻撃を正当化するために利用され、その結果として、何千のアメリカ人を含む、百万人以上の死がもたらされたのである。この説はまた、不法な勾留、拷問、裁判所からの令状なしのスパイ行為、人身保護令状請求権の否定といった基本的人権の無視、アメリカ憲法を全体的に台無しにすることの正当化にも利用された。

9・11の公式説という名の下に正当化されてきた違法行為を考えると、議会とマスコミはこの公式説にある多くの矛盾が、実は偽りなのか問いただす必要がある。

※『9/11 Contradictions』の日本語版は2009年中に緑風出版から刊行される予定。

Profile

きくちゆみ

東京生まれ。お茶の水女子大学卒。環境・平和・健康をテーマに書き、訳し、話し、企画する。マスコミ・金融界を経て1990年より環境問題の解決をライフワークに。自給自足を目指して南房総に移住し「ハーモニクスライフセンター」を運営。9.11をきっかけに「グローバルピースキャンペーン」を立ち上げ、米紙への意見広告やハリウッドのビルボードを実現し、『戦争中毒』『9・11事件は謀略か』を翻訳、『テロリストは誰？』『911ボーイングを捜せ』『911の嘘をくずせ』の日本語版を制作して日本に紹介する。

著書に『地球と一緒に生きる』『ハーモニクスライフ自然派生活のすすめ』『バタフライ』『地球を愛して生きる』他。現在、平和省プロジェクト代表、東京平和映画祭プロデューサー。2006年10月に日本で初めての「911真相究明国際会議 in 東京」を成功させる。

2008年11月、2回目となる911真相究明国際会議（東京他、全国5か所）を開催。
http://2nd911.globalpeace.jp/

Profile

デヴィッド・レイ・グリフィン
David Ray Griffin

1970年にクレアモント神学校で博士号を取得。師であるジョン・B・カブとともにプロセス神学の代表的な研究者として知られる。現在、クレアモント神学院名誉教授。退官頃から9.11をめぐる疑惑について調査と発言を始め、神学者らしい精緻（せいち）さと謙虚さで、数々の著作を発表。"The New Pearl Harbor（邦訳『9・11事件は謀略か』"）や"The 9/11Commission Report : Omissions and Distortions" がベストセラーに。政府公式説を擁護する側からの攻撃に、反論本"Debunking 9/11 Debunking"を出すなど、決して妥協せずひたすら真実を追い求める姿勢が多くの支持を得ている。近著"911Contradictions : An Open Letter to Congress and the Press"。議会やマスコミの動向に影響を与え続けている

第2回　911真相究明国際会議の実録DVD
（3枚組・5,500円／税・送料込）
申し込み：info@wa3w.com
FAX：04-7097-1215

オバマ米国は変われるか？

世界を不幸にするアメリカの戦争経済と「戦争中毒」

2001年のノーベル経済学賞受賞者で、アメリカの経済諮問委員長も務めたジョセフ・スティグリッツ米コロンビア大学教授は、2008年10月に国連の金融危機対策部会長に任命された。

彼は、「世界を不幸にするアメリカの戦争経済〜イラク戦費3兆ドルの衝撃」（徳間書店）の中で、「イラクでアメリカ兵数千人が死亡し、五万八千人以上が重軽傷又は深刻な病を負い、アフガニスタンでは七千三百人の兵士が重軽傷又は深刻な病を負い、十万人の兵士が深刻な精神障害に陥って帰国した。帰還兵の補償金、恩給、障害手当なども含むこの戦争の長年にわたる財政的、経済的コストは約三兆ドルに達する。日本経済への負担は三十兆円以上が見込まれ、戦争がサブプライム問題に端を発する金融危機を悪化させた」と述べている。

また、カリフォルニア大学サンディエゴ校チャルマーズ・ジョンソン名誉教授は「軍事ケインズ主義の終焉」（「世界」2008年4月号）で、ブッシュ政権の肥大化した軍事支出が巨額の財政赤字をもたらし、将来の世代に負債を押し付けたと分析する。

彼は巨額の軍事費に支えられるアメリカ経済を「軍事ケインズ主義」経済と呼び、戦争に奪われた人的・社会的インフラは国内の長期的な繁栄に欠かせないもので、戦争が「機会損失」を生じているとと指摘する。

実は、日本の内閣府も2003年にイラク戦争の長期的な経済的影響、戦費及び戦後のコスト負担の影響について分析している。(「世界経済の潮流」2003年春)。この論文では、イラク戦争のコストが直接の軍事費と戦後コストと合わせて1兆9240億ドルに上るという米国のノードハウス教授の予測を紹介している。

さらには、2008年3月22日号の「週刊ダイヤモンド」は「120兆円マネーが動く『戦争ビジネス』の全貌」という特集を掲載した。

戦争が増えると巨額のカネが転がり込む軍需関連企業の内幕と、医療費高騰で病院にも行けない国民が続出する一方で、過去60年で1500兆円以上も戦争に費やしてきた米国の実態を描いている。

米国にとって戦争は利権であり、病理である。「やめられない、止まらない」というアメリカの「紛争バブル」と「戦争中毒」を浮き彫りにしている。戦争中毒の構造は『戦争中毒〜アメリカが軍国主義を脱け出せない本当の理由』(ジョエル・アンドレアス著、きくちゆみ監訳、合同出版)というマンガにわかりやすく描かれている。

日本を不幸にする年次改革要望書

アメリカが日本に押し付けるのは軍事費ばかりではない。米国政府が日本政府に対して規制や制度の改革を求める文書が年次改革要望書で、毎年日本政府に提出される。これはアメリカ政府による日本改造要求であり、内政干渉と思われるアメリカの国益の追求で、日本の国益に反するものも多く含まれている。

例えば、郵政民営化は郵便貯金や簡易保険などの国民の財産を外資に売り渡す側面が強く、三角合併解禁は時価総額が大きい外資が日本の大手企業を買収して傘下に置きやすくして、外資への売国的行為とする意見がある。

医療改革は、外資系保険を利することが目的となる一方で、患者の医療費負担増や医療報酬減額が医療崩壊へと繋がっている。1999年の労働者派遣法改正により製造業への日雇い派遣が原則解禁となり、今日の「派遣切り」を容易にした。近年の要望は以下の通りである。

1997年　独占禁止法改正・持株会社の解禁
1998年　大規模小売店舗法廃止、大規模小売店舗立地法成立、建築基準法改正
1999年　労働者派遣法の改正、人材派遣の自由化
2002年　健康保険において本人3割負担を導入
2003年　郵政事業庁廃止、日本郵政公社成立
2004年　法科大学院の設置と司法試験制度変更
2005年　日本道路公団解散、分割民営化、新会社法成立
2007年　新会社法の中の三角合併制度が施行

マスコミ支配の検証も大きな課題

これらの内容も問題だが、より大きな問題は、年次改革要望書を日本の主要マスコミがほとんど報道しないことである。

２００５年9月11日の小泉総理による郵政選挙の際、自民党や民主党の議員が年次改革要望書を取り上げたが、テレビも全国紙も一切取り上げなかった。郵政民営化が国民の財産を外資に売り渡す側面が強いことを国民に知られてはまずいとマスコミ対策が行われたのであろうか。

大手広告代理店が、企業広告をテコにマスコミ支配をしていることを暴露した政治評論家の森田実さんは、以来テレビに出演できなくなってしまったともいわれる。

９・11の真相究明活動も同じである。２００８年1月10日の参議院外交防衛委員会の私の質問はＮＨＫテレビの中継があったが、一般紙はほとんど取り上げず、産経新聞のコラムでの宮崎哲弥さんと週刊文春が「陰謀論のトンデモ議員」と私を茶化した記事を掲載しただけで、後は無視されたままである。また、あるテレビ局が私の取材を含むニュースの特集番組を決めていたが、突如上からクレームが入ってキャンセルされてしまった。

今回の出版に当たっても、同様のケースがみられた。アメリカの影響が日本のマスコミにまで深く浸透しているのだろうか？　幸い大手新聞やテレビ局の元幹部らも個人としては、この出版やテレビ取材を応援してくれている。本書で述べたように９・11の真相究明の損益分岐点が、アメリカも含め近づいて来ていると実感できる。

メディアに関しては、アメリカの「ワシントン・ポスト」と「ニューヨーク・タイムズ」が、大量破壊兵器（ＷＭＤ）に関するアメリカ政府の主張を鵜呑みにするミスを犯したことに対する検証記事が掲載された。

コロンビア・ジャーナリズム・レビューのマイケル・マシング元編集主幹は、この「メディアの失敗」の理由として、
①歴代で最も情報の管理と操作にたけた政権が現れた
②イラク開戦前の民主党は政権批判を避け、多くの読者も大統領批判の記事に寛容ではなかった。
③情報機関の内部では早くから大量破壊兵器情報の信頼性をめぐる論争があったのに、萎縮と自己規制の結果、メディアは積極的に応じなかったと分析している。（朝日新聞２００４年9月17日）。
「Patriots Question 911」（第1章）でも明らかなように、ＣＩＡやＦＢＩなどの専門官が9・11テロ攻撃の可能性を事前に警告していたにもかかわらず、政権首脳達がそれを受け入れなかったか、無視した状況が明らかになっている。ブッシュ政権の検証に加え、日本政府の対応の検証、そして内外のマスコミの検証も欠かせない。

「国際和解年」にふさわしいChangeを

２００９年は国連による「国際和解年」である。国連は「平和維持と平和構築、紛争予防、武装解除、持続可能な開発、人権や人間としての尊厳の推進と保障、民主主義、法の支配および統治への支援などを通じて、敬意と寛容の立場に基づく敵対勢力間の対話が、和平と和解に不可欠である」と謳《うた》っている。そして和解と恒久的平和の達成に真実と正義が欠かすことので

きない要素であると強調している。世界中を戦争に巻き込んだこの8年間のブッシュ政権の検証、そしてその原点としての9・11の真実の追及こそが未来への責任の出発点である。

2009年1月にオバマ大統領が就任した。物質主義と間接情報の多い現代に「ヒーロー」が存在するという感動を抱くことができた。

そして神から使わされたような英雄が、この8年間世界で最も嫌われていた国の一つアメリカに現れたのだ。民主党国際局長を努めていた私は2004年7月のアメリカ民主党大会に当時の岡田克也民主党代表とともに出席した。

私たちがボストンの大きなドームに入ると、丁度演説していたのが上院議員に当選したばかりの無名のオバマであった。その飛びぬけた演説で売り出し中の彼は、絶叫も派手なジェスチャーもない、伝道師のように静かに説得するような演説だった。「オバマは世界を友にできる！　オバマは世界と和解できる！」と言っているように。

変わるべきアメリカの原点は——9・11の直視と再考から

今回の就任演説で特徴的なのは、象徴的な深い意味のある言葉を散りばめたことと、誰にも意味がわかる事柄を敢えて間接的に表現したことだ。

例えば、「私達の国は、暴力と憎しみの際限ないネットワークと戦っている」というのは世界から嫌われてしまったブッシュ大統領の失政を現しており、また「先人は軍事力だけが私達を守るのではないことや、またそれを好き勝手に使えないことを知っていた」「イスラム世界との関係では、互いの利益と互いの敬意を基本として共に歩む方法を探す」とは、こうした政策の転換を明確に表わしていた。

演説で彼が訴えたことは「変えてはならない価値はしっかり守り」、「変えなければならない政策はしっかり変える」ということである。

オバマ大統領の最初の外国首脳への電話会談は、イスラエルによるガザへの攻撃を浴びていたパレスチナのアッバス首相であった。ユダヤ人の支援を無視できないアメリカ大統領が世界で真っ先にパレスチナの首相に電話するということは、政治生命と自身の生命との両方をかけた決断だったと思われる。またロビー活動制限や情報公開、ホワイトハウス職員の給与カットなど、抵抗が予想される政策を次々と実行している。

このオバマ大統領登場によって変わるべきアメリカの原点は――9・11の直視と再考、そして9・11体制のリセットにあると思う。

Yes, he can! Yes, we can!

本書は三カ国に在住する人々との緊急出版である。情報等の不十分な点は、是非読者からご教示いただければ幸いである。9・11を国会で取り上げることは勇気のいることだが、それを出版することはリスクを伴うことである。今回その出版を快諾してくれたクラブハウスの河西保夫社長の熱意に敬意を表する。そして、資料収集を担当してくれた秘書の小林史子さんと長女の藤田愛、そして危険な国会追及を励まし続けてくれた妻、藤田玲子に心からお礼を言いたい。

巻末資料

資料

国会質疑／テロは犯罪か、それとも戦争か？

国会での議論を知っていただく上で、編集したのがこの資料である。私の質問と政府の答弁の重要な部分だけを抜粋しているが、全体をお読みになりたい人は、国会会議録システム http://kokkai.ndl.go.jp/ から検索していただきたい。

序章9ページで述べた、「テロは犯罪か、それとも戦争か」という福田総理に対する質問のやり取りが以下である。福田総理は「テロは犯罪」と明確に答えているが、「犯罪」であるならば、警察による捜査、さらに犯人の逮捕と裁判という手続きが必要なはずである。しかし、日本はそうした手続きを経ずにアメリカの要請に基づいて、さまざまな形での戦争協力を行ってきた。泥縄式の海外派兵である。

参議院本会議
平成19年11月28日より抜粋

○藤田幸久君
総理、テロリズムは犯罪ですか、それとも戦争、つまり武力紛争ですか。これこそ本法案の最も根幹を成す大前提であり、逃げずにお答えください。

もし犯罪とするならば、犯罪者が潜伏する他国の政権を別の国の軍隊が武力で倒すことも容認することになりませんか。また、テロを戦争と考えるとしても、この間、アメリカが行ってきた先制攻撃には、証拠がないままに勝手な言い訳で他国を攻撃することを認める危険性はありませんか。

総理、そもそもテロとの戦いとはだれのだれに対する戦いですか。これが不明確であるがゆえに、不朽の自由作戦、ＯＥＦが無差別、報復的になり、市民に対する大量破壊戦争と化したとは思われませんか。九・一一同時多発テロを受けて採択された国連決議一三六八は、テロ実行犯の引渡しによる解決と正当防衛としての米国の自衛権を認めたもので、他国の体制変換を目的とする戦争として認めたわけではないと思います。総理の見解を求めます。

テロリストの掃討を目指す最近のＯＥＦの軍事活動は、むしろテロを誘発し、憎しみの連鎖をもたらしています。対テロ戦争の在り方の検証と見直しが必要と思われますが、お答えください。

○内閣総理大臣（福田康夫君）

テロはいかなる理由をもってしても正当化できず、断固として非難されるべきものであります。国際社会は、テロ対策の抜け穴をつくらないよう、テロ防止関連条約の作成を通じて、いわゆる典型的なテロ行為に該当するものについてはこれを犯罪とし、各国がこれを処罰するための法的枠組みを着実に整備してきております。

一方、九・一一テロ攻撃は、高度の組織性、計画性が見られるなど、通常のテロの事例とは次元が異なり、国連憲章第五十一条による武力攻撃に当たるものと考えられます。また、二〇〇一年九月十二日に採決されました決議一三六八において、安保理は九・一一のテロ攻撃を国際社会の平和と安全に対する脅威であると認定しました。

当時、米国等は、このテロ攻撃の中心的役割を果たしているとされるアルカイダ及びそれを支援するタリバンに対して、米国に対する更なる攻撃を防止し又は阻止するためにアフガニスタンの軍事施設への攻撃等の行動を開始しましたが、この米国の行動は適法な自衛権の行使であると考えております。

（中略）

こうした国際社会の取組の一環である不朽の自由作戦下の米国の活動は、九・一一のテロ攻撃によってもたらされた脅威を除去するための活動であり、適法に自衛権を行使するものとして開始されたものであります。また、御指摘の安保理決議第一三六八号が国際社会に求めているテロ行為を防止し抑止するための努力にも当たるものでありまして、御指摘のような他国の体制変換を目的とする戦争であるとは考えておりません。

○藤田幸久君

福田総理から御自分のお言葉でお答えいただきたく、再質問をさせていただきます。テロの定義について、計画性、組織性がある武力抗争と、そして元々テロリストというものは犯罪性があるというお話でございましたが、アフガニスタンに対する攻撃が始まってからその意味が大きく変わってきているという実態が私はあると思っています。

テロリストは、かつてはタリバンの中に紛れていた、しかし今は市民の中に点在しているんです。したがって、アフガニスタンに対する戦争は、市民をこれだけ大きく巻き込んだ戦争になっているわけです。総理の答弁の中には、この市民が大変な被害を被っているという、その大量破壊戦争的な戦争の実態についての答弁がございませんでした。

（中略）

初めはテロというものが一般的には犯罪性があるけれども、今回のこの九・一一には組織性、計画性があるということで対テロ戦争が始まったわけですが、実態とすれば、今はむしろ犯罪者としてのテロリストに対して、市民の協力も得ながらこのテロリストを追い出し、そしてテロリストの温床を、そして麻薬の温床を変えるような、人道復興支援を中心とした支援活動に大きな転換が必要ではないかというふうに思っておりますので、そのことに対して福田総理から直接生の言葉でお答えをいただきたいと思います。

○内閣総理大臣（福田康夫君）

テロ行為はこれを犯罪とすると、こう申し上げましたね。そして、その上で、一方で九・一一テロ攻撃は高度の組織性、計画性が見られるなど通常のテロの事例とは次元が異なる、で、国連憲章第五十一条による武力攻撃に当たると、こういうふうに申し上げたところでございますので、そういうことで私は答弁をしたつもりでございます。

それから、ＯＥＦが市民に対する大量破壊戦争と化したということでございますが、これは私の認識とは違います。国際社会の認識とも違うと思います。そういうＯＥＦが治安活動をする上で市民に対して危害を与えるということは、これはそういうことを目指しているわけじゃないけれど、起こり得ることでありますけど。これは、どういう治安活動においてもそういうことはあるんです。そんなことは常識的に分かるでしょう、皆さん方も。

そして、それを増す、それを超えるアフガニスタンにおける社会的な、経済的な、政治的な効果が発揮しつつあるわけですね。そのことに着目すべきであるというように考えております。

ＮＨＫでも中継された９・11の疑問の数々

「犯罪」だとすると「犯人」は誰か。アメリカ政府は、9・11の事件があった日の夜に「犯人はアルカイダ」だと発表している。しかし「犯罪」を捜査しているＦＢＩホームページ上でのオサマ・ビンラディンの指名手配書では、彼と9・11テロとの関係は一切触れられていない。（巻頭カラー口絵参照）

そもそも9月11日に、誰が何をしたのか、日本人

24人に何が起こったかのという基本的事実について、私は外交防衛委員会と質問主意書で丹念な質問を開始した。

参議院外交防衛委員会
平成20年01月10日より抜粋

○藤田幸久君
今回の法案の原点は九・一一なわけですけれども、九・一一というものはそもそもアルカイダあるいはアルカイダのみによる犯行でございますでしょうか、それからその根拠は。私が国会の審議記録等を見た限りにおいては、政府側の答弁というのは、こういう物証があるとか、こういう捜査の報告があるということではなくて、ブッシュ大統領がこうおっしゃった、だれがこうおっしゃった、ゆえにアルカイダであるというような答弁以外に客観性や説得力のある答弁というのはいただいていないんですけれども。
改めてお伺いしますが、九・一一というのはアルカイダあるいはアルカイダのみの犯行なのか。その根拠について総理からお答えをいただきたいと思います。
○内閣総理大臣（福田康夫君）
日本政府として九・一一同時多発テロ事件以降、いろいろなレベルでもって米政府の関係機関等に対して事件関連情報また各政府機関の対応について照会して情報交換を行ってきております。我が国は、このように入手した非公開情報や外国政府等が作成した報告書等の公開情報を総合的に勘案しまして、九・一一テロ事件は国際テロ組織アルカイダによって実行されたものと判断をいたしております。
○藤田幸久君
じゃどういう捜査をされ、これは直接、間接あると思いますけれども、その結論に至ったのか。当時官房長官ですから一番お分かりだったんだろうと思うんですけれども、総理にまずお伺いをしたいと思います。
○内閣総理大臣（福田康夫君）
政府は、九・一一テロ事件の発生を受けまして、在ニューヨーク総領事館に設置されました対策本部に警察庁の国際テロ緊急展開チームを派遣しまして、米国法執行機関との連携や行方不明邦人の身元確認等に関する情報収集を当時いたしました。
○藤田幸久君
犯罪による犠牲者が二十数名と聞いておりますが、そのほとんどの方々がニューヨークで勤務等をされていた方、それから数名は、四機ハイジャックされたわけですけれども、そのうちの何機かに乗っていた二名とかいうことを伺っておりますけれども、具体的に邦人の犠牲者は何名で、特にその航空機に乗っていた方は何名で、どういう方法でその確認をしたのかということについて、外務大臣にお聞きしたいと思います。

○国務大臣（高村正彦君）

御遺体が発見された十三名と、それから米国の裁判所で死亡宣告がなされた十一名、計二十四名の邦人が犠牲になっております。

そのうち、飛行機に搭乗されていた方は二名であると承知をしております。

○藤田幸久君

つまりこれは犯罪ですね、テロですから。犯罪というのは捜査で、したがって実際に犠牲者に対しても、当然政府として犠牲者に対するやっぱり報告が必要であると。それから、情報が新しいものが入ってきたならば当然、ただ毎年九・一一で慰霊祭等をされるだけじゃなくて、そういう対応もしてこられているんだろうと思いますけれども、実際にこの六年間で御遺族に対してしっかりした報告も含めたケアといいますか、されてこられているんでしょうか、外務大臣。

○国務大臣（高村正彦君）

犠牲者の御遺族に対しましては、緊密に報告、支援を行ってまいりました。特に、御遺体の確認、米国政府が支給する補償金の請求手続に関する情報提供については遅滞なく実施をいたしました。また、御遺体の一部が発見された十三名の犠牲者の御遺族に対しては火葬等に係る支援を行いました。

○藤田幸久君

まず、ペンタゴンでございますけれども、ちょっとパネルをごらんをいただきたいと思います。

（資料提示）

これ一枚目は、これは全部いろいろな映像その他が具体的なエビデンスとして残っておりますので、それを集めたものでございます。これだけはたまたま合成したものでございますけれども、要するに、ペンタゴンにこれだけの幅の飛行機が突っ込んでいるんです。757というのはかなり大型の飛行機です。幅が三十八メートル。ところが、実際ごらんになって分かるように、この飛行機が突入したにもかかわらず、これだけの穴しか実は空いていないと、これだけの幅の実は穴が空いていないと。

それから二枚目ですね。これは、火災が起きたということでワシントンの消防士が消火活動に当たっておりますけれども、これを見ても、とてもとてもこれだけの幅、それから尾翼の高さに当たるような建物が破壊をされていない。と同時に、この手前の芝生ごらんいただきたいと思いますが、芝生にも全然残骸がないんです。

それから三枚目です。これは、これもやはり同じペンタゴンですけれども、これは上に書いてありますけれども、屋根がそのまま残っているというふうに、このアメリカのテレビ局で字幕が入っています。つまり、飛行機が突入したにもかかわらず、ほとんどこれだけの大きさの傷だけで、屋根が落ちていないわけですね。

それから、次の写真をごらんいただきたいと思います。これ穴が空いていますけれども、これ石破大臣よく御存じのとおり、ペンタゴンというのは非常に強固な幾重にも五角形になっている建物ですけれども、それをこれ貫通しているんです。御承知のとおり、飛行機というのはできるだけ機体を軽くするために軽い言わば材質でできているものが、こんなに穴を空けられるはずがないというのが、例えば具体的にはこれペンタゴンの物証として分かることです。

（中略）

それから、御承知のとおりこの四機の飛行機のフライトレコーダーもほとんど出てきていない。それから、ペンタゴンには監視カメラが八十何台ありますけれども、五機の監視カメラの映像が出てきただけで、ほとんど出てきていない。

（中略）

ニューヨークにおいて飛行機が最初に突入してから一時間半ぐらいたってからペンタゴンに飛んでいるわけですね、飛行機が。その間、その首都の防衛省に飛行機が突っ込むというようなことがあり得るんだろうか。そして、実際にこうした、今申し上げたような状況が起こっているということについて、大変航空機にもお詳しい大臣でございますので、こういった事実についてどうお考えになるのか、それからこういったことが日本においてもあり得るとすれば、あるいは日本が同盟としておりますアメリカの防空体制がこういうことであるということも含めまして、今申し上げたような事例について防衛大臣から見解をお聞きしたいと思います。

○国務大臣（石破茂君）

やっぱり合衆国としても相当に意表をつかれたということだと承知をいたしております。

じゃ、日本ではどうなのだということでございますが、それはそのような飛行機がどの国籍なのか、それを乗っ取って操縦している者が何なのか、その意図が何であるのかということによって対応する法制が異なるのだと思っております。これが日本国籍の飛行機でなければ、領空侵犯措置というのは外国の航空機というふうに定められておりますから、これは該当しないのだろう。しかしながら、単に高度をどんどん下げておるということだけで我が国に対する急迫不正の武力攻撃というふうな法的な評価ができるかといえば、それは困難な場合があるかもしれない。だとすれば、ぎりぎり考えると、航空自衛隊に対して治安出動を命令するということしか今の法体系では難しかろう。さすれば、閣議決定等々の時間的な余裕をどう見るかという議論、そして航空機には多くのそれこそ無辜の民が乗っておられるわけですから、その場合にどうするのかという議論はやはり私はしておかねばならぬのではないかと思います。

○藤田幸久君

もう一つ紹介したいのは、ニューヨークの事例でございますけれども、このパネルをやはりごらんをいただきたいと思います。

（資料提示）

一枚目が、よく出てくる写真でございますけれども、この二つのタワーがハイジャックされた飛行機に突っ込まれたと。突っ込まれた直後なら分かるんですけれども、時間がたってから、これは、相当の距離に建物の物体が飛来しています。百五十メートルとか。爆発したかのようにいろんなものが、残骸が飛んでいるこの映像でございます。

（中略）

それから、実は日本政府も関係をして、国土交通省と消防庁の方々が参加をした調査団が実は行っております。調査団に参加をした方々が日本人の女性にインタビューをいたしまして、そうしましたらその日本の女性の方が、実は自分が逃げていく段階において爆発があったということをおっしゃっておられるんですね。これが消防庁及び国土交通省が参加をした報告書にも出ているんです。

（中略）

第七ビルというものが崩壊しているんですね。崩壊したというのはこれ映像見ていただければ非常にはっきりするんですが、この写真ですけれども、この写真の、ビルが四十数階ですけれども、ごらんください、こういう形で落ちているんです。五、六秒で。つまり、真空において自然落下したぐらいのスピードでこの写真の建物がすとんと、歌舞伎のせり舞台を、せりが落ちるようにすとんと落ちているんです。しかも、この原形のまま崩れずに対称性を持ったますとんとこれ落ちているんです。飛行機は突っ込んでないんですよ。火災によって七時間後にこんなビルがすとんと落ちているということがあり得るかと。

実は、これは九・一一コミッションレポートというアメリカ政府、議会が作ったレポートですけれども、これは二〇〇四年七月にできたレポートです。このレポートに何と今私が申しました第七ビルの崩壊のことは触れられてないんです。この中に、一切。

（中略）

実は、この九・一一の直前に、つまり九月の六、七、八、九のウイークデーでございますけれども、このハイジャックされたＵＡという航空機の会社とそれからアメリカン航空それからこのツインタワーの大きなテナントでありますメリルリンチそれからもう一つの会社に対してプットオプションが掛けられている。プットオプションというのは、後で浅尾さんにお聞きしたいと思いますけれども、要するにインサイダー情報を得て、このUAの株それからAAの株が下がることによってぼろもうけをしているんです。

しかも、ぼろもうけをして、そういうことがあったということについて当時のドイツの連銀総裁、日銀総裁に当たる方ですが、エルンスト・ヴェルテケという方が、ニューヨークとワシントンの攻撃にかかわった人々が欧州の証券市場のテロ・インサイダー取引にかかわって利益を得ようとした多くの事実が明らかになっていると。直前に航空会社、保険会社、商社や金や石油市場の不可解な売買が行われていると連邦銀行の総裁がここまでおっしゃっているんです。

そこで、財務大臣、こういうプットオプションが、こういうことが行われたということはこれ大変重大な事実でございまして、こういったことが行われたということについて、当時担当でなかったかもしれませんけれども、政府として情報をお持ちであったのか、あるいはこういったことが起こったということに対してどういうふうにお考えかということを額賀財務大臣にお聞きしたいと思います。

○国務大臣（額賀福志郎君）

今の先生が御指摘の点につきましては、報道があったことは承知をいたしております。その上で、政府といたしましては、金融機関に対しまして本人確認の義務化、それから疑わしい取引の届出の義務化、それからテロ集団に対する資金供与は犯罪であるというようなことをきちっと決めまして、国際金融システムが悪用されるようなことがあってはならないという対応を取らせていただいたわけでございます。

○藤田幸久君

プットオプションというもののこれは相当の規模で情報を持って、そしていろいろな意味での経験がある人々がかなり事前情報を持って動かなければこういったことは成立し得ない。そして、このことが、つまりアフガニスタン、パキスタンの国境にいるようなアルカイダのテロ組織のような、私はどの程度の組織か分かりませんが、これだけの規模のことをやるということがそれだけの組織、ネットワーク等でできるものか。これはいずれにしましても大変な規模のオペレーションではないかということの意味について金融出身の浅尾委員にお伺いをしたいと思います。

○浅尾慶一郎君（民主党参議院議員。野党提出法案の提案者として出席）

御質問でございますので、プットオプションというものは、株価、株をある一定の価格で売る権利を買う商品だというふうに認識をいたしております。

今の御質問の趣旨は、九・一一の前に、九・一一以降にそのユナイテッドないしアメリカンという航空会社の株価を、当然その事故が起きることをだれも知らないわけですから、その前提で売る権利を買っていた者が何者かいて、そして九・一一の事件があった後、ユナイテッド及びアメリカンの株価が暴落をしたので、大変な利益をその段階で上げる可能性があった、そういう取引があったということの御質問だと思いますので、そうしたオプションをもし情報を持って買っている人がいたとすれば、これは当然のことですけどインサイダー取引になると思いますし、大変なことだろうなというふうな認識を持っています。
○藤田幸久君
総理大臣、したがいましてこの原点の確認と、それに基づいたテロとの戦いにそもそも参加をすることの是非、方法、その基本的な問題について私今日いろいろ質問してまいりましたけれども、その全体についての今後の、本当にテロとの戦いというものに参加をする根拠があるのか、そして必要があるのか、そして本当にテロを根絶するためにはどんな形の対応をしていったらいいのかについてお伺いをしたいと思います。
○内閣総理大臣（福田康夫君）
我が国として、米国が明らかにした情報を含む各種情報を総合的に判断して九・一一同時多発テロはアルカイダにより実行されたものと、こういう判断をいたしております。現時点でなすべきは、そのようなアルカイダ等によるテロを根絶することでございまして、国際社会はそのために結束してテロとの戦いに努力を傾注していると、そういうことですね。

文書による質問で明らかになった日本政府の怠慢

国会では本会議や委員会での質問以外に、内閣に文書で質問を行い回答を得る「質問主意書」という手段がある。私の場合江田参議院議長の名前で内閣総理大臣に質問の文書を提出し、内閣は質問を受け取ってから約一週間以内に江田議長を通じて回答しなければならない仕組みである。国会議員に与えられた有効な手段ともなっている。

私は、２００９年1月10日の外交防衛委員会で質問し切れなかった事柄についての質問主意書を作成し、1月24日に参議院に提出した。それに対する答弁が2月1日に届いたが、極めて不満足なものだった。「米国政府が公開した情報によれば～承知している」「独立調査委員会報告書、米国国家運輸安全委員会報告書、米国連邦危機管理庁の報告書によれば～

承知している」「米国国務省ホームページ～承知している」などの記述があふれており、私の質問を受けて答弁を担当する外務省職員たちがインターネットを調べながら書いたとしか思えなかった。そこで、2月12日に再質問主意書、さらに3月27日に第3回質問主意書を追加提出せざるを得なかった。詳しくは私のホームページに掲載されている質問主意書と政府答弁を読んでいただきたい。http://www2.y-fujita.com/cgi-bin/index.php

これら三回にわたる質問主意書からわかったのは、24人の被害者を出したこの巨大犯罪に対して、日本政府はほとんど主体的な調査や救援活動を行ってこなかったということである。さらに私が外交防衛委員会で行った数々の疑問に対して、明確な回答を避けるものばかりだった。

平成20年1月24日
米国同時多発テロに関する質問主意書

2001年9月11日に発生した米国同時多発テロ（以下、「同時多発テロ」という。）については、イタリアの大統領や首相を歴任されたコシガ氏をはじめ各国の閣僚経験者や元政府高官などからアルカイーダ犯行説に関して様々な疑問が呈されており、また、公表された事件当時の写真・ビデオ等からそれらの発言を裏付けるものが見受けられる。同事件の犠牲者について政府は24人と説明している。他方、インド洋等での自衛隊艦船による補給活動の前提となっているのが、同時多発テロの脅威の除去である。これらのことを考えれば、政府は当事者意識を持ってこの事件の真相について国民に明らかにするべきである。

そこで、以下質問する。

1　同時多発テロとアルカイーダとの関係について、本年1月10日の参議院外交防衛委員会において、福田内閣総理大臣は、「いろいろなレベルでもって米政府の関係機関等に対して事件関連情報また各政府機関の対応について照会して情報交換を行ってきております。我が国は、このように入手した非公開情報や外国政府等が作成した報告書等の公開情報を総合的に勘案しまして、9・11テロ事件は国際テロ組織アルカイーダによって実行されたものと判断をいたしております。」と答弁しているが、アルカイーダのみによる犯行なのか、アルカイーダ以外の者が関与していないのか、明らかにされたい。

（答弁）アル・カイーダは、その思想に共鳴する者や支持者等と漠然と連携した組織であり、御指摘の同時多発テロ事件（以下「同時多発テロ事件」という。）の実行に関与した者のうち、アル・カイーダの構成員を明確に峻別することは困難であるが、同時多発テロ事件はアル・カイーダによるものと判断している。
15　日本人犠牲者に関して、以下について明らかにされたい。
（1）氏名、年齢、勤務先及び御遺体の発見場所
（2）DNA鑑定実施の有無
（3）航空機に搭乗していた方の便名
（4）御遺体の確認方法
（5）御遺族からの要望等に対して我が国政府が行った支援内容
（6）米国政府が御遺族に対して行った事件の概要説明の内容
（答弁）15の6について
　米国政府が同時多発テロ事件の邦人犠牲者の御遺族のみを対象として同時多発テロ事件の概要説明を行ったかどうかについては承知していないが、同国政府は、同時多発テロ事件に関する報告書を公表し、同時多発テロ事件をめぐる状況につき調査した結果を明らかにしている。

平成20年2月12日米国同時多発テロに関する再質問主意書

2　実行犯とされている19名は、すべてアル・カーイダ関係者か。また、この19名のうち数名は、自ら生存を名乗り出、サウジアラビアなど居住国の米国大使館等に抗議したと報じられているが、政府は承知しているか。
（答弁）　同時多発テロ事件に何らかの形で関与した者のうち、アル・カーイダの構成員を明確に峻別することは困難であるが、実行犯とされる19名については、アル・カーイダ関係者であると認識している。右19名のうちの数名と同姓同名である人物数名が、米国当局等に抗議を行ったとの報道は承知している。
8　ペンタゴンのホームページで公表されているペンタゴンに突入した航空機のエンジンとされる写真は、ペンタゴン内部であるか、それとも外部であるか。一般的に飛行機の機体ではジェットエンジンは特別に強固な材質によって製造されていると認識している。ペンタゴンでは、残骸の中にあったジェットエンジンの一部とされる物体の写真が公開されているのだが、その概形をとどめたジェットエンジンの写真または記録があるかどうか承知しているか。米国政府はアメリカン航空77便の2つのエンジンがどうなったのかについて、どのような説明をしているか。また、今まで世界で起こった航空機事故で、ジェットエンジンが概形をとどめなかったような実例はあるか。
（答弁）　アメリカン航空77便の2つのエンジンがどうなったのかについて、9・11独立調査委員会報告書には記載がない。今まで世界で起こった航空事故

について、ジェットエンジンが概形をとどめなかったような実例の有無については承知していない。なお、運輸省航空事故調査委員会（当時）が昭和49年に設立されて以降、同委員会が調査を行った航空事故においては、そのような例はない。

10　何故、こうした機体のエンジンなどの実物がこれまで一度たりとも公開されず、写真とつき合わせての事実確認がされていないのか、政府の見解を示されたい。更には、当日ハイジャックされたとされる四機の旅客機の部品であるとされるものの実物が公開され多くの専門家によって科学的に鑑定された記録はあるのか、また、実物がどこかに保管されているのか、日本人犠牲者のこともあり、米国政府からはどのような説明を受けているのか。

米国国家運輸安全委員会（以下「ＮＴＳＢ」という。）は、収集した記録や部品等を、自国民が犠牲となった日本国政府などの調査団による閲覧を認めることを法的に義務付けられている、と言われているが如何。日本政府はＮＴＳＢへのこうした調査を行ったか。また行ったとすればその内容を明らかにされたい。

（答弁）　本件についての米国政府の対応について、政府として見解を示す立場にはない。また、米国政府からは特段の説明を受けていない。

米国国家運輸安全委員会（以下「ＮＴＳＢ」という。）は、事故の犠牲者の家族に対して、事故の経緯や原因等について説明することを義務付けられていることについては承知しているが、収集した記録や部品等を自国民が犠牲となった他国の政府などの調査団による閲覧を認めることを法的に義務付けられていることについては承知していない。また、我が国政府によるＮＴＳＢへの調査は行われていない。

16　第7ビルは、（イ）真空の中で無抵抗で落下する速度のように素早く、舞台から沈むように崩壊した。（ロ）ビルの内側に向かって崩れ落ち、残骸は外側に飛び散ることなくビルが建っていた場所に山のように積もった。（ハ）高層ビルの電気、水、エレベーターなどの動力をコントロールし、窓もほとんどなく壁も床も強度に作られているメカニカル・フロアーも含めて、鉄骨全体が一気に沈むように崩壊した。こうしたことが、火災によって起こり得るものか、政府の認識を示されたい。

（答弁）　火災によって御指摘のような経過でビルが崩壊するかについては知見がないため、お答えすることはできない。

23　ペンシルヴァニアに墜落したユナイテッド航空93便の破片が10キロ以上にも散在し、墜落現場にはほとんど残骸が残されていないとの報道もあったが、政府は事実関係を承知しているか。また、搭乗していた日本人は墜落現場の近くで発見されたのか。また、この飛行機のボイス・レコーダーは、遺族が聞くことができたとされるが、日本人の遺族も聞いたのか。

（答弁）　御指摘の事実関係については、承知していない。また、ユナイテッド航空93便に搭乗していた邦人の御遺体が発見された場所及び同便に搭載されていたボイスレコーダーの録音内容を当該邦人の御遺族が聞いたかどうかについては、承知していない。

25　前回政府答弁書では、「米国政府が公開した情報によれば～承知している」「独立調査委員会報告書、米国国家運輸安全委員会報告書、米国連邦危機管理庁の報告書によれば～承知している」「米国国務省ホームページ～承知している」等の記述が極めて多い。これら諸報告書の中には、平成14年までに政府が米国に各種調査団を派遣して行った調査などでは解明できなかった内容は盛り込まれていないのか。もし新たな内容が含まれていたならば、政府は、テロ事件の捜査、遺族の立場に立った真相解明の立場から、これらの報告書を作成した米国関係機関に直接照会等を行ったことはないか。また、その結果を遺族に報告したり、テロ特措法や新テロ特措法の内容や、今後の対テロ対策等に反映させてこなかったのか。

（答弁）　米国政府による各種報告書には、当然のことながら、我が国として承知していなかった内容が含まれている。同時多発テロ事件に関する未確認情報は、数も多く、その精度も様々であると見られ、米国政府はこうした情報のすべてに対して説明を行ってきたわけではないが、各種報告書を作成し、公表している。我が国としてはこれらの報告書は米国政府による事実究明及び再発防止に向けた努力の結果によるものと受け止めており、特にこれらの報告書の内容に関して米国関係機関に照会を行ったことはない。

平成20年3月27日　米国同時多発テロに関する第3回質問主意書

10　前回の質問主意書8の「ペンタゴンのホームページで公表されているペンタゴンに突入した航空機のエンジンとされる写真は、ペンタゴン内部であるか、それとも外部であるか」との質問に対する答弁がない。政府の見解を示されたい。さらには、このエンジンとされる写真はアメリカン航空77便のものと断定されたのか。断定されたとするならば、いかなる方法で断定されたのか。また、前回答弁書「8について」で、「ジェットエンジンが概形をとどめなかったような実例について、運輸省航空事故調査委員会（当時）が昭和49年に設立されて以降、同委員会が調査を行った航空事故においては、そのような例はない」とある。飛行機部品には全て機体番号が記載されており、そこから機体が特定されるが、9・11事件のように機体番号もほとんど特定されない現場も存在するような例は、運輸省航空事故調査委員会が設立されて以降存在するか。

（答弁）　御指摘の米国国防省のホームページで公表されている写真は承知していない。運輸省航空機事故調査委員会（現在の国土交通省航空・鉄道事故調査委員会）が設立されて以降、同委員会が調査を行った航空事故において、事故機の機体を特定できなかった例はない。

11　前回答弁書「10について」で、「米国国家運輸安全委員会（以下「ＮＴＳＢ」という。）は、事故の犠牲者の家族に対して、事故の経緯や原因等について説明することを義務付けられている」とあるが、日本人犠牲者24名の家族についてはどのような説明を行ったのか。何名の犠牲者の家族が説明を受けたか明らかにされたい。

1　合計何名の家族が説明を受けたか。父、母、兄弟、姉妹等の内訳を明らかにされたい。

2　説明を受けた家族の在住していた国名を明らかにされたい。

3　説明を受けるための旅費、滞在費等は誰が負担したか。

4　説明者の内訳、所属、肩書きを明らかにされたい。

5　説明及び現場視察の時期と場所を全て明らかにされたい。

6　説明に用いた映像、写真、図面及び資料等の概要を明らかにされたい。

（答弁）　米国国家運輸安全委員会が同時多発テロ事件の邦人犠牲者の御家族に対して事故の経緯や原因等について説明したかどうかについては承知していない。

12　前回答弁書「18について」で「米国連邦危機管理庁（ＦＥＭＡ）の報告書には、第7ビル崩壊に関する報告が記載されていると承知している」とあるが、前回の質問主意書18の「独立調査委員会報告書と米国国立標準技術研究所報告書（ＮＩＳＴ）の報告書には、第7ビル崩壊に関する分析結果や報告がほとんど記載されていない」ことについて政府は承知しているのと理解してよいか。また、ＦＥＭＡ報告の中で、「第7ビルの火災の特定及び建物がどのように崩壊したかは現時点では不明である。最も良い仮説を立てたとしても（崩壊が）起こる確率はごくわずかでしかない。この問題の解決のためには、更なる調査、捜査、分析が必要である」と記載されていることを承知しているか。飛来した火災によって建物が崩壊するという事例は、首都などの防災や危機管理などにとって極めて重要と考えるが如何に。また、以上に鑑み、第7ビルの崩壊などに関する米国政府による再調査が必要と考えるが、如何に。

（答弁）　９・11独立調査委員会報告書及び米国国立標準研究所の報告書には、第7ビル崩壊に関する直接の言及はないと承知している。

また、米国連邦危機管理庁の報告書の中においては、第7ビルについては、延焼による火災によって崩壊につながったが、火災の特質及びこの火災がどのように建物を崩壊させたかは現時点で不明であるなどの記述があると承知している。

同時多発テロ事件は、首都の防災及び危機管理において重要な参考となる事例であると認識しているが、米国政府による再調査については、我が国として判断する立場にはない。

18　前回答弁書「22について」で、「大型機を操縦するために必要となる技量を確保するために必要な訓練及びその時間については、個人差等もあることから、一概に回答することは困難である」とある。日本の法令に基づいて訓練を行っている航空大学や航空会社での大型飛行機操縦訓練では、その必要最低限度の期間は約何時間か。一般的なこととして、飛行学校でセスナ機の免許を取得した者が、ボーイング757型機のような大型機を操縦できるようになるまでに、どのような訓練と時間が必要か、見解を示されたい。

（答弁）　航空法（昭和27年法律第２３１号）第29条第４項の規定による国土交通大臣の指定を受けた航空従事者の養成施設の設置者である航空会社においては、２００時間以上の飛行訓練が要件となっている事業用操縦士の資格の技能証明を有する者を採用した後、一般的には、1年程度の訓練を実施した上で、大型機の操縦に必要となる航空機の型式についての限定を受けさせているものと承知している。

なお、お尋ねの「航空大学」の意味するところが必ずしも明らかではないが、独立行政法人航空大学校及び日本の大学において大型機の操縦訓練は行われていない。

また、「セスナ機の免許を取得した者」の意味するところが必ずしも明らかではないが、航空従事者技能証明を受けている者が大型機の操縦に必要となる航空機の型式についての限定を受けるためには、例えば、前述のとおり、航空会社において1年程度の訓練を実施しているものと承知している。

この3回の質問主意書で、日本政府がなんら主体的な調査や救援活動を行ってこなかったことと、まともに答弁せず逃げ回っていることが明らかになったが、他方、かなり多くの基本的事実が以下のように確認された。

①　実行犯と言われた19名のうちの数名と同姓同名である人物数名が、米国当局等に抗議を行ったとの

報道を日本政府は承知している。
② 以下を日本政府が確認。
・アメリカン航空77便の2つのエンジンがどうなったのかについて、9・11独立調査委員会報告書には記載がない。
・今まで世界で起こった航空事故について、ジェットエンジンが概形をとどめなかったような実例の有無については承知していない。なお、運輸省航空事故調査委員会（当時）が昭和49年に設立されて以降、同委員会が調査を行った航空事故においては、そのような例はない。
・運輸省航空機事故調査委員会（現在の国土交通省航空・鉄道事故調査委員会）が設立されて以降、同委員会が調査を行った航空事故において、事故機の機体を特定できなかった例はない。
・航空従事者技能証明を受けている者が大型機の操縦に必要となる航空機の型式についての限定を受けるためには、例えば、前述のとおり、航空会社において1年程度の訓練を実施しているものと承知している。
・9・11独立調査委員会報告書及び米国国立標準研究所の報告書には、第7ビル崩壊に関する直接の言及はないと承知している。また、米国連邦危機管理庁の報告書の中においては、第7ビルについては、延焼による火災によって崩壊につながったが、火災の特質及びこの火災がどのように建物を崩壊させたかは現時点で不明であるなどの記述があると承知している。
③ 以下は、日本政府が行っていないことである。
・日本政府は、米国国家運輸安全委員会（以下「NTSB」という。）は、事故の犠牲者の家族に対して、事故の経緯や原因等について説明することを義務付けられていることについては承知しているが、収集した記録や部品等を自国民が犠牲となった他国の政府などの調査団による閲覧を認めることを法的に義務付けられていることについては承知していない。
・我が国政府によるNTSBへの調査は行われていない。
・我が国としてはこれらの報告書は米国政府による事実究明及び再発防止に向けた努力の結果によるものと受け止めており、特にこれらの報告書の内容に関して米国関係機関に照会を行ったことはない。
・米国国家運輸安全委員会が同時多発テロ事件の邦人犠牲者の御家族に対して事故の経緯や原因等について説明したかどうかについては承知していない。
・同時多発テロ事件は、首都の防災及び危機管理において重要な参考となる事例であると認識しているが、米国政府による再調査については、我が国として判断する立場にはない。

つまり、日本人24名の犠牲者を殺した犯人の捜査をする意志など初めからなかったことを自ら認めているようなものだ！

そこで、4月24日の外交防衛委員会で再び、9・11に関する疑問と、日本人犠牲者の方々の支援を政府はどう考えているのか、質した。

2008年4月24日　外交防衛委員会における議事録より抜粋

第4章166ページにあるように、私は先ず、FBIのホームページがビンラディンと9・11との関係を示す証拠がないことを認めているという事実関係と、9・11調査委員会の議長や副議長を勤めた人々の口から、CIAや航空調査委員会（FAA）などが資料提出を拒んだりしたため、報告書が不十分であることを認めた点についてやり取りを行った。

○藤田幸久君

今日幾つかお配りした中で、発言の中の三ページにロン・ポール下院議員という方が出ています。初期の段階で大統領に手を挙げていた方でテキサス州選出の現職の共和党の下院議員でございます。

この方が、これまでの各種調査は多かれ少なかれ隠ぺいであり、実際に何が起こったかについての真の説明がされていないと。それで、第3のビル、つまり第7タワー、飛行機が突っ込んでいないのにすとんと落ちてしまった、それで、当日だれもが飛行機への搭乗を許されなかったのに対し、なぜビンラディンを含む多くのサウジアラビア人は帰国できたのか、つまりアメリカにいたサウジアラビア人のビンラディンの関係者が帰国をしているんですね、飛行機を政府側の方で調達をして。それで、十九人のうち十五人がサウジアラビアからという理由で、彼らはイラク戦争の口実に使ったのだと、これ現職の共和党の下院議員がここまでおっしゃっておられます。（中略）ここまでのこのロン・ポール議員等のコメントについて御存じかということと、これについてどうお考えかということを質問通告してございますけれども、高村大臣、どう受け止められますか。

○国務大臣（高村正彦君）

このことについて事前には知っておりませんでした。どう考えるかと言われましても、まあ1人の議員の方がこういうことを言っておられるということを認識するということであります。

前々から藤田議員もいろいろ言っておりまして、私は藤田議員の人柄はよく知っていますから、自ら思ってもいないことをおっしゃる方ではないということはよく分かっておりますが、このロン・ポール議員については私は知りませんので、特にどう考えるということは特に、ああ、こういうことを言っている方もいるのかなと、こういうことでございます。
○藤田幸久君　この五ページの真ん中辺のアメリカ軍の元空軍大尉のウィテンバーグという方が、私自身、九・一一にかかわった一七五便と九三便の二機の飛行機を操縦したことがある。テロリスト又はテロリストと呼ばれた人々が172機、つまりセスナの訓練を、フロリダで訓練を受けていたということになっているわけですが、いきなりこの大きなボーイング757とか767の大きな飛行機の操縦席に座り、機体を垂直に操縦することが可能とは思えない。機体はまさに空から降ってきたような操縦ができたということになっている。私にはそのような操縦はできなかったと。

それからもう一人、これもやはりアメリカの陸軍大尉だった方ですけれども、その九・一一で墜落した四機のハイテクの高熱合金エンジンが火や衝突によって完全に破壊、燃焼、粉砕又は溶けてしまうことなどはあり得ないと保証できる。破損、つまり壊れることはあり得るけれども、破壊されて消えてしまうということはない。一体四機のエンジンはどこに行ってしまったのか。

四機飛行機が突っ込んだことになっているわけですけれども、そのフライトレコーダーだとかボイスレコーダーも出てきたものが少ないし、それから機体はジュラルミン、ステンレス等で弱いわけですけれども、エンジン部分というのは非常に強いと、なのに出てきていないと。これは専門家がこういうふうにおっしゃっているんですね。

今日は国交省の方来ておりませんけれども、普通の事故においては、日本においても航空調査委員会があるわけですけれども、エンジンが消えてしまったような事故に遭遇したことはない、それから機体番号等が、部品番号等が確認されなかった事故はないというようなこともおっしゃっているんです。

こういうつまり専門的な方が物証的にもおかしいと言っていることは、これだけいろんな疑問が出てきているということは、原点がここからあってアフガニスタン戦争といっているわけですから、これやっぱり私は検証すべきじゃないかと思いますが、こういうコメントに対する評価と、これを政治的にやはり取り上げる必要があると思いますけれども、これは石破防衛大臣にお聞きしたいと思いますが、いかがでしょうか。
○国務大臣（石破茂君）

機体に関係することではございますが、私は答弁する立場にはございません。

私も、済みません、不勉強でこういうことを一つ一つ存じておるわけではございません。ただ、エンジンが全部跡形もなくなっちゃったとか、そういうことがあるかどうか、一般論としてはないのだろう。ただ、その飛行機が突っ込んで、あのビル全体がもう、あれだけ高いビルですから、あれが崩れて、その衝撃たるや、ただ事ではないのであって、普通の航空機事故とは全く違うような力が働いたのだと、こう素人なりに思うところでございます。

私の立場でお答えすることではございませんが、私も、これをよく読んで、実際にどうすればこういうことが起こるのかと、本当になくなっちゃったということはどういう場合に起こり得るのかということは、個人的にはそれは非常に関心のあるところではございます。

○藤田幸久君

一月に外務省からいただいた資料、つまり日本人の方が九・一一で二十四名お亡くなりになっておりますす。そういう方々の御遺体の確認方法等について資料を出していただいております。この一枚紙でございます。

邦人犠牲者二十四名のうち、御遺体が確認されているのは十三名で、残る十一名については米国の裁判所により死亡宣告がなされていますと。つまり、確認されていないんですね。だから、裁判所の宣告があったというだけで死亡をされたというふうに日本政府は受け取っておられるわけですけれども、一月にお聞きしたときも、DNAをしたのかどうかということについても資料がありませんという答弁だったんです。

それで、実は最近になっていろんな事実が明らかになってきておりますし、ドイツ銀行という建物の上でかなり多数の御遺体が、おととしですか、見付かったりとか。それと、アメリカにおいては、この航空事故調査委員会というものが遺族に対してその経緯等々について説明をしなければいけないという法律があるんです。

日本人に関しても、私は当然、アメリカにおいてこういう事故に遭っているわけですから、私は質問主意書に書きましたらば、そういったことは存じていないという答弁でございましたけれども、アメリカ国内において、アメリカの遺族に対しては航空事故調査委員会が報告をするという義務がある以上、日本政府として当然要求をして、この日本の遺族の方々にとってやはり満足のいくような、そういう対応をすべきであるし、とにかく、いろんな事実がむしろ最近になって出てきているということがあるわけですから、そうした御配慮をしていくべきであると思いますけれども、高村大臣、いかがでございますでしょうか。

○副大臣（木村仁君）

死亡宣告をされておりまして死体が発見できない遺族等につきましては、政府としてもいろんな形で最大の支援を行っておりますけれども、結論的に言えますことは、その過程で御遺体を確認してほしいという要望が遺族から出たことは承知しておりません。それから、米国国家運輸安全委員会からの事故の原因について説明を受けたいという御遺族の意向もございません。

この事件が、米国国家運輸安全委員会がその原因等について遺族に対して説明を行うべき事項に含まれるか否かは必ずしも明確ではありませんが、いずれにせよ、御遺族がそのような希望を持っておられないということを踏まえて対応をしてまいりたいと考えております。

○委員長（北澤俊美君）

私の方から外務省に申し上げますが、質問者は質問通告で答弁者を指定しているわけです。だから、それが仮に外務省の立場として副大臣とかあるいは局長に答弁させるということであるならば、事前に質問者に了解を得るということか、あるいはこの場で答弁要求者が詳細については担当者に答弁をさせるというきちんとしたけじめを付けるべきであって、質問者の意向を勝手に変えて答弁者を決めるというのは、この委員会としては極めて遺憾でございますので、外務省としてきちんとした手続を踏むように私から要求しておきます。

○藤田幸久君

今副大臣の方から、御遺族から希望があればという話でしたけれども、私はそんな問題じゃないと思うんですね。そもそもアメリカにおいては、こういう事故調査委員会があって、アメリカの家族であれば、それを報告する義務があるということを伝えるぐらいのことは当然日本政府としてすべきじゃないんですか。そういうものがあれば、当然のことながら知ってみたいという、いわゆる九・一一直後はみんな動転していましたから、もうとにかくそんな中で聞くことすらはばかるみたいな雰囲気があったかもしれないけれども、ところが、どんどんどんどんいろんな情報が出てきて、こういったアメリカ政府のこの独立委員会ですらかかわった人がそこまでおっしゃっているわけですから、それに対して、しかもこれが理由でもってアフガニスタン戦争、イラク戦争等に日本もかかわっておるわけですから、これはやっぱりそういう形の、何か人ごとのような対応では私は困るというふうに思っております。

それで、私はたまたま、このコミッションレポートというのは、そういう議会とそれから大統領府の方から権限が与えられてできた報告である、そしてこの存在というものが一番権威のある存在であるということは日本政府も認めておられる。（中略）外交防衛委員長の名前で、いわゆるクレディビリティーについて、どういう真意でこのキーン委員長、それからハミルトン副委員長がそういうことをおっしゃっておられるのかについて是非照会をする問い合わせをしていただくように、委員長及び理事会の方々にお願いをしたいと思います。
○委員長（北澤俊美君）
ただいまの藤田議員の要求につきましては、後刻理事会で協議をいたします。
○藤田幸久君
時間も迫ってまいりましたので、最後に石破大臣、それから高村外務大臣にお聞きをしたいと思います。
○国務大臣（高村正彦君）
この文書はアメリカの公的文書でありまして、確かに、委員から教えられるところによりますと、個々的にはいろいろ問題にしている方が多いわけでありますが、やはりアメリカの中で、上下院とも野党が過半数を持っている中で、そういう中で特別のこれを全体的に否定するような動きがあるというようなことも私はまだ聞いていないわけでありますし、それに対して委員個人がいろいろ疑問を持って、そしてそれに対して問題を提起するというのは、それは意義のあることだと、こういうふうに思いますが、日本政府として果たして直ちにそれに対して調査に入るべき事案かどうかというと、私はそういうことでもないと。やはり国連においても九・一一というのは、まさにそういういわゆる謀略によって何かアメリカが自作自演でやったというふうには全くとらえられていないわけでありますし、そういう中で日本政府が今、ほかでもない委員の御指摘でありますけれども、直ちにこれを疑問を持って調査に入る、そういう事態ではないと、こういうふうに思っております。
○国務大臣（石破茂君）
外務大臣と同じであります。

ただ、だれが何を言っているかというのはよく読んでみなければいけないなと私は改めて思っているのですが、例えば委員がお触れになりましたロバート・ミューラー氏が言っている、それは証拠が見付からなかったと言っているのか、証拠を全く残さないように巧妙、周到にやったのだと読むか、それはまたいろんな読み方があるんだろうと思っております。

それから、合衆国においていろんな人がいろんなことを言っている。それは、私は、日本政府としては今外務大臣がおっしゃったとおりであります。私自身そういうものをまた時間があればよくきちんと検証してみたいなと思いますし、また私は、むしろそれをやることによってだれが何を得るのだということ、真珠湾においてもよく謀略論というのがございますが、それをやることによってだれが何を得るのかということもよく理解をして検証してみなきゃいかぬだろうと思っております。

いずれにしても、歴史の変わり目というのは委員御指摘のとおりであって、なぜこのようなことが起こるのか、冷戦が終わった後のテロの時代とは何なのか。新しい世界の秩序というのはどうつくるべきなのかというような視点からもいろんな議論、検証は必要だというふうには思っております。
○藤田幸久君
私は謀略とも自作自演とも言っておりませんが、両大臣からそういう表明があったということは、このハミルトン議員も含めまして、謀略、自作自演ということの潜在意識がおありなのかなという感想をもって、質問を終わらせていただきます。

さらに10月22日には参議院本会議で質問をする機会を得た。この本会議での質問の結果、河村健夫国務大臣（官房長官）が「可能な限り遺族の支援にあたりたい」という意思表明をし、政府がテロ被害者に対する取り組みを開始するという嬉しい結果を得ることができた。道は遠いが、第一歩を踏み出すことが出来たわけである。

2008年10月22日
参議院本会議における藤田幸久の質疑議事録
新テロ対策特別措置法改正案について

○藤田幸久君
昨年十一月の参議院本会議において、テロとは犯罪ですか、それとも戦争、つまり武力紛争ですかという私の質問に対し福田総理は、典型的なテロ行為は犯罪であるとした上で、九・一一テロ攻撃は高度の組織性、計画性が見られるなど、武力攻撃に当たると答えました。

テロという犯罪が組織性、計画性を持って行われた以上、だれがどのように犯罪を行ったかの裏付けに基づき戦いを進めるべきと思われますが、官房長官、いかがですか。また、この戦争は一体だれのだれに対する戦いなのか、明確にお答えください。

また、刑法改正に伴い、ミャンマーの長井カメラマンやアフガニスタンのペシャワール会の伊藤和也さんなど、海外で殺害された邦人の事件捜査のために近年は捜査関係者を現地国に派遣しています。九・一一調査委員会の報告が出たのが刑法改正後の二〇〇四年七月であることから、アメリカに捜査関係者を派遣して日本人犠牲者二十四名に対するテロ行為の事実関係を捜査すべきと考えますが、官房長官の見解を伺います。

そもそも、事件後七年も経過していながら、アメリカ司法省はビンラディンを公的に告発する手続を取っていません。また、FBIのホームページは、世界の最重要指名手配者の一人であるビンラディンの容疑として、タンザニアとケニアの米国大使館爆破事件のみを挙げ、九・一一とのかかわりを挙げていません。

（中略）

テロとの戦いの原点であるこれらの基本的事実を日本政府としても米国政府に確認すべきですが、いかがですか。もし確認ができないならば、不朽の自由作戦に関連する海上阻止活動への協力の根拠に欠けるということであり、いったん補給支援活動などを停止すべきではありませんか。官房長官、いかがですか。

（中略）

事件の一年後の二〇〇二年九月十二日、被害者家族の一行はニューヨークで小泉純一郎元総理と面会しましたが、その一人で一人息子の敦さんを失った白鳥晴弘さんは、小泉元総理に以下のように直訴しました。

日本政府は知りませんよという態度を取っているように思えてならない、補償をしてくれというのではなく、何が起こったのか、どういう状況なのかという情報の集約と公開、そして最低限の通訳やガイドなど、私たち被害者に対応していただきたい。

これに対して歴代総理が白鳥さんたちに何もこたえていないという事実を官房長官はどう認識されますか。また、日本政府として御遺族のこうした訴えにこたえるつもりがあるか、お答えいただきたい。

また、遺族の一人は、外務省に対してアメリカ政府や関係機関と連絡を取って対応してほしい、被害者に対する補償金に対して所得税が課税される、アメリカでは全額控除されている、日本でも控除する対策を講じてほしいとお願いしましたが、補償交渉に対しても何ら支援もアドバイスもないと述べています。実際に、日本政府が被害者の家族を集めて状況を説明する会合は一度も開かれていません。政府からは時折、各家族にアメリカの各官庁や州政府が作成した分厚い英文の文書、保険や補償に関する重要書類などが何の日本語による説明もなく送り付けられております。そして、日本赤十字から限られた渡航費支援があったものの、日本政府からはその後の度々の渡航費や宿泊費などの支援も一切されていないとのことです。御家族のこうした要望に誠実にこたえるのがテロとの戦いの第一歩と考えますが、こうした要望への対応について外務大臣からお答えいただきたい。

（中略）

また、アメリカ航空事故調査委員会は、米国人遺族に対しては事故の内容についての報告義務があると認識しています。四月の外交防衛委員会で木村副大臣は、事故の原因について説明を受けたいという日本人遺族からの要望はないと答弁していますが、私がお会いした家族の皆さんは是非希望したいと言っておりますす。そもそも、そうした仕組みがあるということを御家族に対して紹介するのが日本政府の責任ではないでしょうか。今からでも調査委員会にそうした申入れを行う意思があるのかどうか、外務大臣の見解を伺いたい。

官房長官、本年六月十一日に米国下院で以下の決議案が可決され、司法委員会に付託されたことを御存じですか。第二条、侵略戦争を不正に正当化するため、イラクが安全保障上の脅威であると誤った宣伝を行い、二〇〇一年九月十一日の攻撃を、不正に、組織的に、犯罪的な意図を持って利用したこと。第三条、戦争のための間違った論拠を捏造し、イラクが大量破壊兵器を所有したと米国民と国会議員をミスリードして信じ込ませたこと。第八条、国連憲章を侵して主権国家イラクを侵略したこと。第三十三条、九・一一以前に寄せられた、テロリストが米国の攻撃を計画しているというハイレベル情報の警告を度々無視し、その対応に失敗したこと。第三十五条、二〇〇一年九月十一日の攻撃に関する調査を妨害したこと。

長官、これはブッシュ米国大統領に対する弾劾決議案の条文の一部なのです。民主党のクシニッチ議員の提案によるもので、ロン・ポール元大統領候補など二十四人の共和党議員を含む二百五十一人が賛成し、百五十六人が反対とする百票ほどの大差となりました。任期中に本会議でこの決議が通ることはないようではありますが、アメリカ内部から地殻変動が起きているのです。ブッシュ政権で国務長官を務めたパウエル長官がオバマ大統領候補への支援を決めたこともその流れと思われます。ブッシュ大統領の戦争の政治が終えんを迎えていると思います。また、今後アメリカに対して大きな転換を求める流れが世界中から沸き上がる兆候を感じます。こうした流れに対する官房長官の所感を伺います。
○国務大臣（河村建夫君）
（中略）

九・一一同時多発テロ事件の実行犯についてのお尋ねがありました。

FBIのホームページに掲載された最重要指名手配者としてのビンラーデンの容疑について、九・一一同時多発テロ事件への言及がないことは承知をいたしております。しかしながら、二〇〇二年二月六日、米国連邦捜査局、FBIは、議会証言において九・一一同時多発テロ事件をアルカーイダ及びビンラーデンとリンクさせる証拠は明確であり反証不能である旨述べたと承知をいたしております。

我が国としては、各種情報を総合的に判断して九・一一同時多発テロ事件はアルカーイダにより実行されたものと判断しており、この点につき現時点で改めて米国政府に事実関係をただすことは考えておりません。

いずれにしても、我が国は国際社会によるテロとの闘いの一翼を担い、国際社会の連帯において責任を果たしていくとの決意であります。補給支援活動は我が国の国益を懸け、我が国自身のためにしてきた活動であり、補給支援特措法の延長は是非とも必要であります。

米国同時多発テロ事件の被害者御遺族への対応についてのお尋ねがありました。

政府としても、事件直後から御家族の御意向も踏まえつつ、御遺体の確認、米国政府が支給する補償金の請求手続や補償金の非課税に関する情報提供等、御遺族に対して種々の支援や情報提供を誠実に行ってまいりました。今後とも、御遺族から御要望があれば、可能な限り御遺族の支援に当たってまいりたいと考えております。

（中略）

ブッシュ大統領に対する弾劾決議案に対するお尋ねがありました。

本年六月十一日、米下院会議においてブッシュ大統領を弾劾する決議案を下院司法委員会に付託する動議が可決されたことは承知しておりますが、同決議案が下院で可決された事実はありません。

（中略）

○国務大臣（中曽根弘文君）

米国の同時多発テロ事件の被害者の御遺族への対応についてのお尋ねがございました。

政府といたしましては、事件直後から米国政府が支給いたします補償金の請求手続や補償金の非課税化に関する情報提供等、御遺族に対して種々の支援や情報提供等、御要望を踏まえた支援を行ってまいりました。今後とも可能な限り御遺族の支援に当たってまいりたいと考えております。

次に、米国国家運輸安全委員会への申入れに関するお尋ねでございますが、米国同時多発テロ事件に伴うハイジャック事件につきましては、同委員会が説明を行うべき事故に含まれるか否か必ずしも明確ではございません。これまでも御遺族に対しまして様々な情報の提供を行ってきておりますが、今後具体的な御要望があれば、政府として何ができるか検討したいと考えております。

資料

9・11調査委員会共同議長への質問状と回答全文——藤田幸久

これまでの、国会質問などを踏まえ、私は2008年12月10日付けで9・11調査委員会の共同議長であるケイン元知事およびハミルトン元下院議員に以下のような書簡を送った。

——

ケイン元知事およびハミルトン元下院議員殿

「対テロ戦争」と24名の日本人犠牲者を出した9・11の攻撃に関する審議を行ってきた日本国国会の参議院外交防衛委員会の委員として、私は、貴殿に9・11事件の調査委員会の共同議長としての役割に関して幾つか質問させていただきたいと存じます。私はこれまでケイン知事には直接お目にかかる光栄の機会はございませんが、ハミルトン下院議員には、4年前ウッドロー・ウィルソンセンターで日本の民主党代表団をお迎え頂いた際に、お目にかかる光栄に浴しております。

私の関心は、貴殿は現時点で『9・11調査委員会報告書』（以下「報告書」）の信頼性をどうお考えかということです。参議院の委員会で私は指摘しましたが、貴殿は、信頼性に欠ける情報が調査委員会に提出されたという理由で「報告書」に関する疑いを表明されていることを存じております。しかし私は、それらを超えて、これまでに私の目に止まった他の問題に関する貴殿のご意見も伺いたいと存じます。私は8つの質問がございます。

第1問　オサマ・ビンラディンが9・11事件の背後にいたという「報告書」の推定を、貴殿は今でも支持しておられますか?

貴殿は、2006年の御共著『前代未聞：9・11委員会の内幕』（〝Without Precedent: The Inside Story of the 9/11 Commission〟、未邦訳）の中で、

逮捕されたアルカイダのメンバーたちに直接接触することが出来なかったと述べておられます。攻撃計画に占めるオサマ・ビンラディンの役割について、CIAがカリッド・シーク・モハメッドから得たとされている情報を「報告書」に引用していますが、そのモハメッドに直接接触できず、さらに、その尋問を見ることも、またCIAの尋問担当官をインタビューすることさえも許されなかったと付け加えておられます。

その結果、「我々は…拘束された者たちが提供した情報の信頼性について、評価する術がなかった。モハメッドのような人物が真実を語っているかどうか、どうして我々に判断できただろう」と貴殿は書いておられます。（『前代未聞（Without Precedent）』270ページ）

また、連邦検察局（FBI）ホームページの「最重要指名手配テロリスト」のオサマ・ビンラディンのテロ行為罪状リストに、9・11事件が入っておりません。さらに、なぜ9・11事件が記載されていないのかという質問に対し、FBIのスポークスマンが「FBIはビンラディンを9・11に結びつける確たる証拠を持っていないから」と答えている事実があります。

貴殿はこの事実をご承知だったのでしょうか。もしご承知であったなら、そのことがなぜ「報告書」の中に記述されていないのでしょうか。

いずれにせよ、貴殿の調査委員会はアメリカ国民と世界に向けて、オサマ・ビンラディンがこの攻撃の責任者であると報告しましたが、貴殿にはどのような証拠があるか、お答え戴ければ幸いです。

第2問　委員会のフィリップ・ゼリコウ事務局長が述べた幾つかの矛盾が明らかになっています。それでも、彼が中心的な役割を担って作成された「報告書」が、信頼に足るものであると貴殿は今でも思っておられますか？

フィリップ・シェノン（ニューヨーク・タイムズ記者）著『調査委員会：9・11調査の検閲されない歴史』（〝The Commission: The Uncensored History of the 9/11 Investigation〟、未邦訳）によると、ゼリコウ氏は9・11調査委員会の事務局長に志願したとき、ブッシュ政権との関係について率直に全てを明らかにしていません。

特に、ゼリコウ氏がコンドリーザ・ライス現国務長官と近い関係にあったこと（ライス氏と本を共同執筆している事実）や、彼女の要請でゼリコウ氏が、2002年版アメリカ合衆国国家安全保障戦略（その後イラク攻撃の正当化に使われた）の草稿を書いた事実、これらをゼリコウ氏は明らかにしなかったことをシェノン氏は明らかにしています。

また、貴殿の御共著『前代未聞』（270ページ）によれば、調査委員会が作業に着手した時点でゼリコウ氏は既に、彼の大学の恩師であるアーネスト・メイ氏と一緒に、「報告書」の概要（アウトライン）を書いていたことです。シェノン氏の著書によると、その概要は「各章の見出し、中見出し、小見出し」などの詳細わたり、しかも、この概要の存在が調査委員会のスタッフには秘密にされていたことが書かれております。（シェノン著『調査委員会』388〜389ページ）

さらにゼリコウ氏は、「報告書」が完成するまではホワイトハウス高官たちとの接触を全て断つと約束したにもかかわらず、コンドリーザ・ライス氏とカール・ローブ氏の二人に連絡を取り続けていたとされます。（『調査委員会』106〜107ページ）

以上の事柄を踏まえても、貴殿は、この「報告書」が信頼に足るものであると信じておられますか？

第3問　連邦航空局（FAA）が関係した旅客機について報告したタイムライン（時系列）が、「報告書」では、北米航空宇宙防衛司令部（NORAD）から入手したテープに基づいて改訂されています。貴殿は今でも、その改訂が正しいと思われますか？

貴殿の御共著には、「NORADの担当官たちによる公開証言」において、担当官たちが「事実ではない9・11の説明をし、この説明は意図的な隠ぺいに近い」と書かれています。（『前代未聞』261ページ）。9・11調査委員会のスタッフは素早く反応し、NORADの担当官たちが調査委員会に嘘をついたと非難しました。

この非難の根拠は、調査委員会がNORADから入手した9・11の「FAAとの交信記録」テープです。「報告書」はこれらのテープに基づき、FAAは77便、93便、175便が激突したあとになって空軍に通報したと述べています。

そこで、質問します。NORADが調査委員会に嘘をついたとお考えならば、NORADが提供した録音テープはなぜ信用できるのでしょうか。これらのテープによって改訂された説明も、嘘ではないかと疑うべきではないでしょうか？

何故なら、この新しい事実は、報告書が空軍にとって都合がよく書かれていることになるからです。NORADの説明では、「軍が対応できる時間内に通報を受けたことになり、そのような対応の妥当性について疑問が起こることになる」と「報告書」自体も述べており、軍の立場が悪くなっていたことを指摘しています。

ペンタゴンに突入したとされる77便に関しては、

9時24分に通報を受けたというNORADの報告は不正確だと「報告書」は主張し、「2003年5月の調査委員会での証言が示唆したとおり、軍がアメリカン航空77便に対応するのに必要な14分間はなかった」。としています。

NORADの「9時24分には通達されていなかった」というテープのおかげで、空軍の〝対応の妥当性〟に関する問題が排除されたという事実を考慮すれば、そのテープが捏造されたと疑うべきではありませんか?

第4問　9・11当日の朝のドナルド・ラムズフェルド国防長官の行動について、「報告書」の記述は正確であると、貴殿は今でも確信しておられますか?

ホワイトハウスのテロ対策担当特別補佐官リチャード・クラーク氏が、彼の著作『爆弾証言 すべての敵に向かって』(〝Against All Enemies〟【2004年に日本語版既刊】)の中で、あの朝のラムズフェルド長官の行動について異なる説明をしています。クラーク氏は、彼がホワイトハウスで主宰していたテレビ会議に、ラムズフェルド長官も参加していた、つまり会議の最初の9時15分から、そこにいたとクラーク氏は言っています。

しかし「報告書」によると、ラムズフェルド長官はその時刻には自分の執務室にいてCIA担当官の報告を受けており、その後、ホワイトハウスのビデオ会議に参加したときは10時を過ぎていたことになっています。

「報告書」がクラーク氏の話と食い違っているだけでなく、どうして一言も触れていないのでしょう。クラーク氏の本は、調査委員会がまだ公聴会を続けている時期に出版され、アメリカでベストセラーになっていました。もしクラーク氏が間違っていると調査委員会が思ったのなら、テレビ会議のテープをホワイトハウスから入手できたはずです。それをしなかったということは、真実を言っているのはクラーク氏であって、ゼリコウ氏ではないとするのが妥当ではないでしょうか?

第5問　リチャード・マイヤーズ司令官の9・11当日朝の行動について、「報告書」の記述が正確であると、貴殿は今でも確信しておられますか?

この質問をするのは、第4問と同様の食い違いがあるからです。つまり「報告書」は、リチャード・クラークが著書の中で述べていることと食い違っています。

クラークの話では、ラムズフェルドと同じくマイヤーズもペンタゴンにいて、クラークが主宰するホワイトハウスのテレビ会議に9時15分頃から10時まで、「将軍や大佐たちに囲まれて」参加していたとのことです。クラークは、マイヤーズが9時28分にこう発言したと書いています。「オーティス（訳注：オーティス空軍基地）がニューヨークに向かって2機発進させた。ラングレー（訳注：ラングレー空軍基地）は今2機を発進させようとしているところだ」（『爆弾証言 すべての敵に向かって』4〜5ページ）

しかし「報告書」によれば、マイヤーズは国会議事堂でマックス・クリーランド上院議員と会っていて、ペンタゴンが破壊されるまでテロ攻撃が起きていることさえ知らず、10時近くまでペンタゴンには戻らなかったことになっています。（38ページ）

ここでもまた「報告書」はクラークの説明と食い違っているだけでなく、説明に触れてすらいないという事実が、私には理解できません。クラークとゼリコウの仲が悪いことは承知していますが、このように重要な問題で、ゼリコウがクラークの説明に触れることを拒否するに足る理由にはなり得ないでしょう。

そこで、ラムズフェルドに関する説明の食い違いについて質問した第4問と同じ質問をします。上記の情報を考慮に入れてもなお、マイヤーズがどこにいたのかについて真実を語っているのは、クラークの著書ではなく、「報告書」であると信じる根拠は何かあるでしょうか。

第6問　チェイニー副大統領が大統領危機管理センター（ＰＥＯＣ）に到着したときの状況について、「報告書」の説明は正確であると今も確信しておられますか？

この点でもまたクラーク氏の著書と食い違い、ノーマン・ミネタ運輸長官の説明とも食い違っています。

クラーク氏によると、チェイニー副大統領は貿易センターへの二度目の攻撃があった9時3分のすぐあとに、ホワイトハウスの地下にあるＰＥＯＣに下りて（3ページ）。その少しあとにミネタ長官がホワイトハウスに到着し、クラーク氏はミネタ長官に、チェイニー副大統領がＰＥＯＣにいるから会いに行くよう告げたと報告しています（4〜5ページ）。

ミネタ長官自身も、クラーク氏を訪れたあとＰＥＯＣへ下りていき、9時20分頃ＰＥＯＣに入室すると、副大統領はすでに来ていたと証言しています。若い官吏が部屋を出たり入ったりしては、ワシントンに向かってくる飛行機について副大統領に報告しており、副大統領が「命令は依然有効だ」と確認したのを最後に、二人の会話は終わっています（9・11調査委員会の２００3年5月23日付公開証言）。

しかし「報告書」には、副大統領がＰＥＯＣに入ったのは「10時少し前、おそらく9時58分」と書いてあります。「報告書」は、ラムズフェルド長官に関するクラーク氏の説明に言及しなかったのと同様に、副大統領に関するミネタ長官の発言が調査委員会の公開証言の場で行われたにもかかわらず、触れていません。

9・11の5日後という、まだ記憶も新しい日に「ミート・ザ・プレス」というNBCの番組（2001年9月16日放送）でチェイニー副大統領自身が語った説明とも、「報告書」は矛盾しています。この番組で副大統領は、PEOCに到着したあと、ペンタゴンへの攻撃を知ったと述べました。しかし「報告書」では、副大統領は「ペンタゴンへの攻撃をPEOCに通じるトンネルで知った」と書いています（39～40ページ）

以上、「報告書」と矛盾する説明にも拘らず、貴殿はこの件に関する「報告書」の記述が正確であると確信されますか？

第7問　旅客機の多くの乗客が携帯電話を使って、家族などに電話をかけたという話が広く受け入れられていますが、FBIはその事実を否定しました。「報告書」はなぜその事実を知らせなかったのか、理由を説明していただけますか？

FBIが携帯電話説の支持をやめたことが初めて公表されたのは、旅客機からかけられた電話に関する報告をFBIが2006年にインターネットで発表したときです。（http://www.vaed.uscourts.gov/notablecases/moussaoui/exhibits/prosecution/flights/P200054.html）このFBIレポートによると、4機の飛行機からかけられた携帯電話は2本だけ、どちらも93便からで、1本は客室乗務員、もう1本は乗客が、911番に電話をかけています。

2004年8月26日付の調査委員会のスタッフレポートを見ると（http://www.archives.gov/legislative/research/9-11/staff-report-sept2005.pdf）、調査委員会は2004年にこのFBIレポートを受け取ったものと思われます。なぜなら当時は、この93便からはトム・バーネット氏などが多くの携帯電話をかけたと広く信じられていたにもかかわらず、このスタッフレポートでも上記と同様に、かけられた携帯電話は同じ2本しか示されていないからです。

このスタッフレポートが2004年8月26日付であることから、もし貴殿が、調査委員会は「報告書」の発表以前にはFBIから携帯電話に関する報告を受けていないと回答される場合は、この極めて重要な変更を発表しなかったのかお答え願います。また、なぜ『前代未聞』の中で述べられなかったのでしょうか？

FBIが携帯電話説を支持しなくなったことを、調査委員会は「報告書」を発表する前から知っていたのではないでしょうか？

第8問　テッド・オルソン氏は、「77便に乗っていた妻のバーバラ・オルソン夫人から2回電話がかかってきて、飛行機がハイジャックされたと聞いた」と主張しましたが、「報告書」はなぜオルソン氏の話を支持したのか、説明していただけるでしょうか。

　第7問で述べたとおり、旅客機からの電話発信に関するＦＢＩレポートを、調査委員会が受け取っていたと思われるが、それによれば、77便からは誰からも電話はかけられていないことが示されています。

　ところが「報告書」では、テッド・オルソン氏はバーバラ夫人から2回電話を受け、1回目の電話がかかったのは「9時16分から9時26分までの間」（9ページ）だったというテッド・オルソン氏の主張が支持されています。

　バーバラ夫人からかかったとされる電話は、ブッシュ政権にとっては無論、「対テロ戦争」へのアメリカ国民の支持を取りつけるために非常に重要な意味を持っていました。実際にはそういう電話はかからなかったことがＦＢＩレポートでわかっていたのなら、貴殿はなぜその旨を発表しなかったのでしょうか？

　私は、『9・11調査委員会報告書』の信頼性に関する私たちの立場を固めたいと思っております。私の質問に対するお答えを頂ければ幸いです。

２００８年12月10日

参議院外交防衛委員会委員　藤田幸久

　私が送った書簡に対して、送られてきた回答は次の通りである。

――　――

２００９年2月2日

参議院外交防衛委員会委員

藤田幸久様

　9・11委員会の調査結果に関する２００８年12月10日付けの書簡、ありがとうございました。9・11委員会の調査に継続的なご関心と提言をいただき感謝いたしております。

　私どもは、9・11の攻撃および事前の出来事について、9・11委員会報告書が最も信頼できる権威ある報告であると今でも確信しております。報告書は、１２００を超えるインタビューや２５０万ページにもおよぶ文書の調査に基づいたものです。
　インタビューした人々は、自分の意見や記憶していたことを述べました。ときには文書の記録がそうした意見や記憶を反映し、ときには反映していません。報告書はすべての証拠の精査に基づいています。
　将来、9・11の攻撃に対する委員会の理解を、後世の歴史家が修正しなければならないような情報が出現するかもしれません。
　しかしこれまでのところ、同報告の事実の正確性へのまともな異議申し立ては提示もされていないし、認められてもいません。

　以下、貴君のご質問に順を追ってお答えいたします。

1番目　9・11の攻撃がオサマ・ビンラディンの仕業であることに疑いの余地はありません。事実に基づく記録が、詳細にわたって彼に向いております。

2番目　報告に書かれた調査結果や提案は、完全に、またもっぱら10人の委員の見解です。フィリップ・ゼリコウは、委員会のため立派に役目を果たされました。彼は有能な80人のスタッフのうちの一人です。

3番目　私どもは、9・11当日朝の連邦航空局（FAA）と北米航空宇宙防衛司令部（NORAD）のデータの事実関係の記録の調査に多大の自信を持っております。
　電子的な記録は、2003年5月に行われた証言でFAAとNORADが提出した話を裏付けませんでした。NORADとFAAの元職員たちは、2004年6月に出された委員会独自の事実関係の記録を正確なものであるとして受け入れております。

4番目　委員会は、9・11当日朝のラムズフェルド長官の行動に関する説明を評価しております。委員会はその朝について現存するすべての記録を調査し、ラムズフェルド長官を含む関係者にインタビューいたしました。私どもは、間違いがないと信じる情報を提出したのです。

5番目　委員会は、9・11当日朝の統合参謀本部マイヤーズ議長の行動に関する説明を評価しております。委員会はその朝について現存するすべての記録を調査し、マイヤーズ大将を含む関係者にインタビューいたしました。私どもは、間違いがないと信じる情報を提出したのです。

6番目　チェイニー副大統領の9・11当日朝における動向と情報伝達の記録を、委員会は徹底的に調査いたしました。あの朝の記録は、報告書に示された時系列を支持しております。

7番目と8番目　委員会は、ハイジャックされた航空機からかけられた通話の記録をひとつひとつ丁寧に調べました。それらの通話はエアフォン（機内取り付けの電話）からかけられたものです。私たちがみつけた証拠は報告書の脚注、殊に第1章に、委員会が通話記録を調べて判明した詳細が示されています。

今日まで、委員会が提出した提言のおよそ8割が採用され、実践に移されています。9・11委員会の調査結果に対して更なる関心をいただき、ありがとうございました。

敬具

トーマス・H・ケイン　リー・H・ハミルトン

（翻訳協力・千早、森田玄）

――――

これは、主張の裏づけとなる根拠を全く示していない回答である。

逆に言えば矛盾が自明すぎるために、根拠を示すことができずに、こうした回答しかできなかったのであろう。

しかし、せっかくサイン入りの書簡で回答をいただいたので、今後「9・11の真実を求める政治指導者たち」のサイトなども活用して、公開上のやり取りを行っていきたい。

いずれにしてもオバマ政権が政治決断のできる政治環境づくりを国際的に支援していきたい。

資料

2001年9月11日——その日アメリカはどう動いたか

9.11の事件の流れを把握するための事件当日の動き「タイムライン」を作成した。2004年の時点で最も正確だった西川渉氏作成による航空リンク集「航空の現代」のタイムライン(巻末の「参考資料一覧」参照)を下敷きにして、その後判明した疑問や事実を加えて整理したものである。司法省のオルソン訟務長官が妻のバーバラから電話をもらったという話は2004年の時点までは真実と思われていたのだが、その後、そうした事実がありえないことがほぼ証明されることとなった。そうした公式説側の証言と、実際の記録とを並べて掲載したのがこのタイムラインだ。さらに読者の皆さんが修正を重ねてゆくことで、全体の流れが浮かび上がってくることを期待したい。

9月11日

08:20＿ アメリカン航空77便(AA77)がワシントン・ダレス国際空港からロサンゼルス空港に向けて離陸。ダレス国際空港はペンタゴンから30マイル西に位置する。

08:21＿ アメリカン航空11便(AA11)の機内から、スチュワーデスのベティー・オングがシートバック・フォン(座席の背もたれに取り付けられた機内用の電話)からノースカロライナのアメリカン航空予約センターに「スチュワーデス二人が襲われ、乗客1人がのどを掻ききられ死亡した模様。犯人がコクピットに乱入した」と通報。別のスチュワーデスのエイミー・スウィーニーからも地上管制官に電話があり、飛行機が激突するまで静かな声で会話を続けている。

08:24＿ AA11の機長、ジョン・オゴノスキーまたはハイジャッカーの1人が、トークバック・ボタンを押したので、ボストン管制塔ではコクピットの声が聞こえるようになった。犯人が「われわれには計画がある。静かにしていればOKだ。この飛行機は空港へ戻る。誰も動くな」と言っているのが聞き取れた。

08:25＿ ボストン管制塔は各所の管制センターにAA11がハイジャックされたことを通報した。しかし北米航空防衛司令部(NORAD)への通報は、その後5分ないし10分かかっている。通報が遅れた理由は不明。

08:30___ この時点でホワイトハウスにはチェイニー副大統領、コンドリーザ・ライス国家安全保障問題補佐官、それにノーマン・ミネタ運輸長官がいた。その後、チェイニー副大統領は地下の大統領緊急司令センター（PEOC）に降りて、フロリダにいるブッシュ大統領と連絡を取りながら指令する。しかしチェイニー副大統領が地下に降りた時間について、911委員会報告書は10時ちょっと前としており、ホワイトハウスにいた人々の証言と大きく食い違っている。

08:36___ AA11のスチュワーデス、ベティー・オング、機体が大きく一方へ傾いたのち、水平に戻ったと報告。さらにエイミー・スウィーニーが急降下を始めたと連絡。

08:36___ NORADの報道官マイク・スナイダーが米国連邦航空局（FAA）からAA11がハイジャックされた旨の報告が届いたと発表。

08:37___ 管制官が、UA175のパイロットに南方10マイルのAA11が見えるかどうかを確認。見えるという反応があり、接近しないようにとの警告が行われた。

08:40___ マサチュセッツ州オーティス空軍基地から2機のF−15がスクランブル発進。UA175を追う。パイロットはボストン上空でハイジャックが起きたとの連絡を受けている。

08:41___ UA175の機長がニューヨーク管制塔に「AA11の機内で誰かがマイクで全員席につくようにと話しているのが聞こえる」と報告。

08:42___ ニュージャージーのニューアーク国際空港からユナイテッド航空93便（UA 93）がサンフランシスコへ向けて離陸。搭乗していたのは44人という報告と、33人という報告の食い違いがある。

08:43___ FAAからNORADに、UA175もハイジャックされたとの連絡。

08:46___ マサチュセッツ州オーティス空軍基地から2機のF−15戦闘機がスクランブル発進。AA11を追う。

08:46___ AA11が世界貿易センター（WTC）北タワーの94階と98階の間に激突。激突時のスピードは時速490マイル（時速784キロメートル）。94階以下の人々、ビルからの脱出を開始。その頃、南タワーでは場内アナウンスが「安全ですから建物に留まってください」と告げたが、聞こえなかった人が多く、あるいは無視して、人々は脱出し始めた。

08:48＿ テレビとラジオで飛行機が世界貿易センター北タワーへ衝突したとの第1報が流される。

08:49＿ UA175、予定の航路から外れる。

08:50＿ サンフランシスコのユナイテッド・エアラインの整備士がUA175のスチュワーデスから電話で部品の問い合わせを受けている最中、彼女が「オーマイゴッド。乗務員が襲われて殺された。ハイジャックされた」と叫び、電話が途切れた。

08:51＿ ブッシュ大統領、フロリダのサラソタの小学校に到着。小二の児童16人と、新しい教育政策のプロモーションの写真撮影のため、子供達の童話の朗読を聞き始める。

08:53＿ 管制塔から周囲の飛行機にUA175がハイジャックされた可能性を知らせる。

08:55＿ 司法省訟務長官のテッド・オルソンは、妻バーバラ・オルソンがAA77から「犯人はボックスカッターとナイフを持っており、乗客を後部座席のほうに集めている」との電話をかけてきたと主張。法務省に同機がハイジャックされたと連絡した。後にアメリカンエアラインが同機の客席には電話がなかったことを発表する。オルソンがなぜこうした主張をしたのかの真意は不明である。

08:56＿ AA77のトランスポンダー（航空機の飛行位置を知らせる装置）の信号が停止する。同機はオハイオ州南部（ケンタッキー州北東部）で機首を180度回転させワシントンへ戻り始める。ペンタゴンから330マイルの地点である。

09:00＿ ペンタゴンは警戒レベルを通常から1段階上げて「アルファ」にした。この「アルファ」の警戒レベルはAA77が衝突するまで継続されている。これを2段階引き上げて「チャーリー」としたのは衝突の後である。

09:01＿ ブッシュ大統領は後に、「自分は教室の外で中に入るのを待っていた時、飛行機がタワーに突っ込むのを見た。テレビがついていたからだ」と語った。しかし、

1 機目のAA11がWTCに衝突する場面が放映されたのは翌日である。ブッシュ大統領がその時間に果たしてテレビを見ることができたのか、なぜこんな発言をしたのか不明である。

09:03___ UA175が世界貿易センター南タワーの78階と84階の間に激突。

09:05___ ブッシュ大統領はまだサラソタの、エンマ・ブッカー小学校2年生の教室で「ヤギさんのお話」を聞いていた。首席補佐官のアンドリュー・カードが入ってきて大統領の耳もとに「2機目の飛行機が世界貿易センターに衝突しました。アメリカは攻撃にさらされています」と告げた。
ブッシュ大統領はそのまま「ヤギさんのお話」を聞き続けている。同行テレビ記者の録画によればその後15分ないし18分間にわたって教室に留まっている。なぜ大統領は、すぐに動こうとしなかったかが大きな疑問になっている。ブッシュ大統領は「私のために一生懸命読んでくれている小さな子どもたちの気持ちに不安を与えたくなかった」と釈明している。またシークレット・サービスが大統領へのテロ攻撃を防御するためのアクションを直ちに起こさなかったことも疑問視されている。大統領がこの小学校にいることは公にされていたからだ。

09:06___ FAA、軍に対して公式にUA175がハイジャックされたことを通告。

09:08___ FAA、ニューヨーク管区を離陸しようとするすべての航空機にそのまま待機するようにとの命令。

09:08 ないし **09:20**___ ニューヨーク発サンフランシスコ行きのユナイテッド航空93便(UA 93)がハイジャックされる。

09:15___ アメリカン航空、国内定期便の出発をすべて停止。

09:16 ないし **09:20**___ AAはNORADに対し、UA93がハイジャックされた可能性ありと通報。これに対する戦闘機のスクランブルは行われていない。

09:17___ FAA、ニューヨーク管区の空港をすべて閉鎖。

09:20___ ユナイテッド航空、国内定期便の出発をすべて停止。

09:21___ニューヨーク市港湾局がマンハッタンに通じる橋とトンネルすべてを閉鎖。

09:23___ ブッシュ大統領が、チェイニー副大統領、ライス国家安全保障問題補佐官、ロバート・ミューラーFBI長官、ジョージ・パタキ・ニューヨーク知事と電話連絡開始。アンドリュー・カード首席補佐官からの報告を受けてから18分後。なぜここまで時間がかかったのかは不明。

09:23___ ペンシルバニア南部の地震計が、ジェット機が音速を超えたときの衝撃波を記録する。

09:24___ FAA、NORADにAA77がハイジャックされた模様で、ワシントンに向かっていると通報。

09:26___ ジェーン・ガーベイFAA長官はホワイトハウスの承認を得て、全米の飛行禁止措置を命令。米国内に飛行する航空機はカナダに着陸するように誘導。

09:28___UA93のコクピット内のマイクから「ここから出ろ!」の声が地上管制に届く。その後、叫びが聞こえ、ハイジャッカーたちがアラビア語で話す声が聞こえた。FAAは直ちにNORADにハイジャックの発生を通報。

09:30___エンマ・ブッカー小学校のブッシュ大統領はテレビを通じて全米にスピーチ。「明らかに、テロリストによるわが国への攻撃だが、テロリズムは通用しない(Terrorism against our nation will not stand)」と述べる。

09:30___ ユナイテッド航空が、飛行中の定期便に、全機着陸の指示。5分後アメリカン航空も同じ指示。

09:33___ AA77のトランスポンダーは 08:56 にスイッチが切られ、行方不明だったが、機影がレーダーで確認される。ワシントン空港の管制官がレーダーでAA77の機影を確認したのはすでにワシントンから西5マイルの地点だった。

09:32___ ニューヨーク証券取引所が閉鎖される。

09:35___ UA93クリーブランドで突然コースから外れ、FAAに対しフライトプランの変更を要請。目的地をワシントンへ変えるというものだが、パイロットから管制官への何らかのメッセージなのか?

09:36＿ アンドリュース空軍基地を飛び立ったC130輸送機に対し、ワシントン・ナショナル空港の管制官から、AA77を目視確認して欲しいという連絡。C130はAA77を確認し、低空を超高速で飛んでいると報告。

09:37＿ レーダー上のAA77の輝点が消え、ペンタゴンに激突。

09:37＿ UA93の乗客が次々に家族たちに電話。ハイジャック犯が中東系の3人であり、爆弾を持っていることなどを伝える。

09:40＿ UA93のトランスポンダーの信号が停止。

09:45＿ UA93乗客トム・バーネットが妻のディーナに電話。それによると、犯人らは爆弾を持っていると言うが、実際は持っていないらしい。

09:45＿ UA93乗客トッド・ビーマーから家族へ電話。パイロット2人が死に、2人のハイジャッカーがコクピットに入っている。1人がファーストクラスを見張り、27人の乗客が後方に集められている。乗客は犯人を襲撃する相談をしているとの内容。

09:49＿ ラングレー空軍基地を9時30分に飛び立った3機のF−16がペンタゴンに到達。NORADはF−16は時速650マイルで飛行したというが、ラングレーからワシントンまでは130マイルなので、速度は毎時410マイルに過ぎない。なぜこんなにゆっくり飛んだのか。

09:55＿ ブッシュ大統領サラソタ空港に到着、エアフォース・ワン（大統領軍用機）に乗る。

09:58＿ UA93の洗面所から、男性の乗客が911に電話。「ハイジャックだ。われわれはハイジャックされている」。さらに「爆発音が聞こえる。白い煙が流れこんできた」といって、電話が切れた。

09:59＿ 世界貿易センター南タワーが突然崩壊。UA175が衝突した9時3分から1時間も経ていない。北タワーでは多数の消防隊員が生存者を助けるために、まだ階段を登りつづけていた。

10:00＿ 軽飛行機で飛んでいたビル・ライトが管制官から窓の外を見るようにいわ

れ、見まわすと3マイル先（5キロメートル弱）にUA93が見えた。機体が前後に3〜4回揺れたように見えた。機内で乗客とハイジャック犯との格闘が続いているかのようだった。管制官はUA93の高度を聞き、直ちに離れるように伝えた。

10:03＿ FBIがUA93のボイスレコーダーを調べて発表した墜落時間。場所はピッツバーグから80マイルのペンシルバニア州サマセット郡。

10:28＿ 世界貿易センター北タワーが崩壊。AA11が8時46分にぶつかってから1時間42分後。

12:36＿ ブッシュ大統領バークスデイル空軍基地に着き、テレビで短い演説。口ごもりながら発音の間違いが目立った。

15:30＿ ブッシュ大統領、国家安全会議を招集。

16:00＿ CNNが政府高官がビンラディンが関与したとの情報を得ていると述べたと報道。

16:10＿ 飛行機攻撃を受けていない世界貿易センター第7ビルに火災が発生。

16:30＿ NARADがUA93を追撃してないとの公式発表。

17:00＿ UA93の墜落現場の映像が始めてテレビ放映される。

17:20＿ 第7ビル倒壊。

19:45＿ ニューヨーク市警、78人の警察官が行方不明と発表。ニューヨーク市消防局、最初の救助員400人のうちおよそ半数が死亡と発表。

23:00＿ 国家安全会議終了。アフガニスタンへの軍事攻撃を決定。その後、ブッシュ大統領が記者会見で「われわれはウサマ・ビンラディンがテロ攻撃に関与したと考える」と発言。

「9.11テロの真実追究」参考資料一覧

関連動画

民主党藤田幸久議員の911国会追及中継動画
http://kikuchiyumi.blogspot.com/2008/01/blog-post_15.html

ルース・チェンジ2（日本語版）
※YouTubeでは「Loose change」で検索
http://video.google.com/videoplay?docid=4377032998245988095
（Google：1時間23分13秒）

阿修羅掲示板
http://www.asyura2.com/07/idletalk22/msg/631.html

事件当時、公開されたペンタゴンへの攻撃
http://www.judicialwatch.org/archive/2006/flight77-2.mpg

事件直後のペンタゴンの様子と分析
http://www.youtube.com/watch?v=aUR1APplKW0

自由落下速度で崩れるビル
http://video.google.com/videoplay?docid=-2991254740145858863

「ビートたけしの！こんなはずでは!! 4年目の真実」
http://www.youtube.com/watch?v=Habyo6EKIpE

飛行機の衝突を受けていない47階建WTC第7ビルの崩壊
http://www17.plala.or.jp/d_spectator/

第7ビルその2
http://www.debunking911.com/WTC7.htm

NBC 長崎放送「論争続く米同時多発テロ」
http://jp.youtube.com/watch?v=MbzFVX-3u3A

書籍

「爆弾証言 すべての敵に向かって」 リチャード・クラーク著 徳間書店
『911事件の真相と背景』 三浦英明・木村愛二著 木村書店
『9・11は謀略か「21世紀の真珠湾攻撃」とブッシュ政権』 デヴィッド・レイ・グリフィン著 きくちゆみ訳 緑風出版
『9・11マスターキーから何が見える?』 柴野徹夫編 憲法9条メッセージプロジェクト
『「WTC(世界貿易センター)ビル崩壊」の徹底究明 破綻した米国政府の「9・11」公式説』 童子丸開著 社会評論社
『9・11事件の省察』 木村朗編 凱風社
『9・11/イラク戦争コード アメリカ政府の情報操作と謀略を解読する』 木村愛二著 社会評論社
『仕組まれた9・11アメリカは戦争を欲していた』 田中宇著 PHP研究所
『グラウンド・ゼロがくれた希望』 堤未果著 ポプラ社
『攻撃計画—ブッシュのイラク戦争』 ボブ・ウッドワード著 伏見威蕃訳 日本経済新聞社
『ブッシュのホワイトハウス』 上、下 ボブ・ウッドワード著 伏見威蕃訳 日本経済新聞社
『9・11ジェネレーション—米国留学中の女子高生が学んだ「戦争」』 岡崎玲子著 集英社新書
『シークレットパワー・国際盗聴網エシェロンとUKUSA』 ニッキー・ハーガー著 佐藤雅彦訳 リベルタ出版
『9月11日からのラブレター』 グレッグ・マニング著 菅原秀訳 マガジンハウス
『対テロリズム戦争』 読売新聞調査本部 中公新書
『ブッシュの陰謀 対テロ戦争・知られざるシナリオ』 板垣英憲著 KKベストセラーズ
『9・11テロの超不都合な真実』 菊川征司著 徳間書店5次元文庫
『暴かれた9・11疑惑の真相』 ベンジャミン・フルフォード著 扶桑社
『9・11テロ捏造—日本と世界を騙し続ける独裁国家アメリカ』 ベンジャミン・フルフォード著 徳間書店
『9・11の謎—世界はだまされた!?』 成澤宗男著 週刊金曜日

『続9·11の謎─「アルカイダ」は米国がつくった幻だった』 成澤宗男著　週刊金曜日
『マンハッタン9月11日─生還者たちの証言』 ディーン・E・マーフィー著（監訳：村上由見子）中央公論社
『9／11委員会レポートダイジェスト』 松本利秋他訳　WAVE出版
『天に昇った命、地に舞い降りた命』 杉山晴美著　マガジンハウス
『9.11N.Y. 息子からの伝言 テロでわが子を亡くして』 白鳥晴弘著　新風舎
『グラウンド・ゼロの歌』 住山一貞著　創英社／三省堂書店
『青空を見上げて　9.11のテロで逝った父へ』 エミリー・アオヤマ著　潮出版社
『この時代に生きること、働く事』 中村祐・島本慈子著　岩波ブックレット No.702

英文書籍、記事

"9/11 Contradictions An Open Letter to Congress and the Press", David Ray Griffin, Olive Branch Press

"The New Pearl Harbor:Disturbing Questions About the Bush Administration and 9/11", David Ray Griffin,Inter Publication Group

"THE 9/11 Commission Report", 9/11Commission,W.W.Norton&Company,Ltd (**9.11委員会報告書**)

"Christian Faith And the Truth Behind 9/11:A Call to Reflection And Action", David Ray Griffin, Westminster John Knox Press

"Debunking 9/11 Myths:Why Conspiracy Theories Can' t Stand Up to the Facts Investigation by popular Mechanics", Edited by David Dunbar & Brad Reagan,Hearst Books

"Revised&Updated Editiion Debunking 9/11 Debunking:An Answer to popular Mechanics and Other Defenders of the Offcial Conspiracy Theory", David Ray Griffin,Olive Branch Press

"The New Pearl Harbor Revisited:9/11,The Cover-Up and The Expose", David Ray Griffin, Olive Branch Press

"The Commission: An Uncensored History of the 9/11 Investigation", Philip Shenon, Twelve

"Without Precedent: The Inside Story of the 9/11 Commission", Thomas H. Kean, Lee H. Hamilton, Vintage Books

"Against All Enemies: Inside America's War on Terror", Richard A. Clarke, Free Press

"Lawmaker takes 9/11 doubts global", JOHN SPIRI 2008.6.17 The Japan Times

コミック

『戦争中毒』 ジョエル・アンドレアス著（監訳：きくちゆみ） 合同出版
『実録 アメリカの陰謀スペシャル』（全3巻） mashroom.jp 著 宙(おおぞら)出版

雑誌

「『9・11』事件真相を求めて アメリカ同時多発テロに関する数々の疑問」 藤田幸久 マスコミ市民 2008年6月号
「9・11疑惑追及欧州議会に密着!」 SPA! 2008年4月1日号
「国際盗聴網があなたをねらっている」 菅原秀 月刊総合誌『公評』2003年12月号
「岩見隆夫のサンデー時評 502回」 サンデー毎日 2008年3月16日号
「立花隆 私の読書日記『9.11、黒いアテナ、人類の足跡』」 週刊文春 2007年9月27日号

映画・DVD・映像

「911ボーイングを捜せ―航空機は証言する」 Power Hour Productions／（日本語版）ハーモニクスプロダクション（監訳：きくちゆみ／森田玄）
「ZERO―9・11の調査」 ジュリエット・キエザほか

「LOOSE CHANGE 2ND EDITION―911の嘘をくずせ」 A LOUDER THAN WORDS LLC PRODUCTION／(日本語版) ハーモニクスプロダクション(監訳：きくちゆみ／森田玄)

「真実を求める遺族たちの『9／11 PRESS FOR TRUTH』」
9／11 PRESS FOR TRUTH／(日本語版) 人民新聞社

「目撃者 911 EYEWITNESS」 HOBOKEN-TV 日本語 リチャード・シーガル／日本語版：BSMG

9.11真相解明を求める主な国際的なサイト一覧

Patriots Question 9/11 (9.11に疑問を呈する愛国者たち)
http://patriotsquestion911.com/

Political Leaders for 9/11 Truth (9.11の真実を求める政治指導者たち)
http://www.pl911truth.com

Architects and Engineers for 9/11 Truth (9.11の真実を求める建築家とエンジニアたち)
http://www.ae911truth.org/

Scholars for 9/11 Truth and Justice (9.11の真実と正義を求める学者たち)
http://stj911.org/index.html

Pilots for 9/11 Truth (9.11の真実を求めるパイロットたち)
http://pilotsfor911truth.org/

Complete 911 Timeline (多くの出来事を時系列に並べたサイト)
http://www.historycommons.org/project.jsp?project=911_project

Veterans for 9/11 Truth (9.11の真実を求める退役軍人たち)
http://www.v911t.org/

Muslim-Jewish-Christian Alliance for 9/11 Truth (9.11の真実を求めるイスラム教徒、ユダヤ教徒とクリスチャン連合)
http://www.mujca.com/

Fire Fighters for 9-11 Truth（9.11の真実を求める消防士たち）
http://firefightersfor911truth.org/

Lawyers for 9/11 Truth（9.11の真実を求める法律家たち）
http://lawyersfor911truth.blogspot.com/

Religious Leaders for 9/11 Truth（9.11の真実を求める宗教指導者たち）
http://rl911truth.org/

Medical Professionals for 9/11 Truth（9.11の真実を求める医療専門家たち）
http://www.mp911truth.org/

Musicians for 9/11 Truth（9.11の真実を求める音楽家たち）
http://www.musiciansfor911truth.org/

Artists for 9/11 Truth（9.11の真実を求める芸術家たち）
http://www.911artists.com/

9-11 Research
http://www.911research.com/

Physics911.net
http://www.physics911.net/

911 Truth.org
http://911truth.org/

911 Blogger.com
http://911blogger.com/

PrisonPlanet.com
http://www.prisonplanet.com/

Reopen 911.org
http://www.reopen911.org/

市民の活動に関するサイト

We Are Change
http://wearechange.org/

Canadians Demand 9/11 Truth
http://canadawantsthetruth911.blogspot.com/

9/11 Truth Europe
http://www.911truth.eu/en/

We Are Change LONDON
http://wearechange.org.uk/

9/11 Truth Australia（メーリングリスト）
http://groups.yahoo.com/group/aus911truth/

Truth Action Australia（フォーラム）
http://truthaction.org.au/

911 Truth for Aotearoa（ニュージーランド）
http://911truthaotearoa.myfreeforum.org/

ご遺族に関連するサイト

9.11 日本人犠牲者家族のためのホームページ
http://www6.ocn.ne.jp/~jfam911/

September Eleventh Families for Peaceful Tomorrows
http://www.peacefultomorrows.org/

Voices of September 11th
http://voicesofsept11.org/dev/index.php

CNN.com September 11 Memorial（CNNによる事件の記録）
http://edition.cnn.com/SPECIALS/2001/memorial/lists/by-location/index.html

公式サイト

National Commission on Terriorist Attacks Upon The United State
（9.11委員会公式サイト）
http://www.9-11commission.gov/
The 9/11 Commission Report
（9・11 委員会報告書）
http://www.9-11commission.gov/report/index.htm

9.11真相解明を求める日本語サイト

藤田幸久参議院議員ホームページ
http://www.y-fujita.com

「見ればわかる911研究」 童子丸開
http://doujibar.ganriki.net/00menu.html

S.ジョーンズ博士論文「本当はなぜWTCビルが崩壊したのか?」（日本語暫定訳）
http://www17.plala.or.jp/d_spectator/

きくちゆみのブログとポッドキャスト
http://kikuchiyumi.blogspot.com/

グローバルピースキャンペーン
http://globalpeace.jp/

911ボーイングを捜せ（公式サイト）
http://www.wa3w.com/911/

「同時多発テロはヤラセだよ!」千早ブログ
http://insidejobjp.blogspot.com/

「同時テロの不可解な事実」菊川征司
http://www.911myreport.com/index.htm

田中宇の国際ニュース解説
http://tanakanews.com/

テロリストは誰?（公式サイト）
http://www.wa3w.com/

ベンジャミンフルフォード　ブログ
http://benjaminfulford.typepad.com/

公式発表を踏まえた911当日のタイムライン（航空の現代 2004）
http://www2g.biglobe.ne.jp/~aviation/sonotoki01.html

「航空の現代」西川渉
http://www2g.biglobe.ne.jp/~aviation/index.html
↑藤田先生の指示で追加

911の真相は?
http://rose.eek.jp/911/

9・11同時多発テロの大きな疑問
http://club.pep.ne.jp/~nonoyama/9_11Tero.htm

9/11トリック『テロ』は起きなかった　マックレイカー
http://homepage.mac.com/ehara_gen/jealous_gay/muck_raker.html

ドイツ在住美濃口担「陰謀論の利用のしかた―9・11テロについて」
http://www.yorozubp.com/0310/031006.htm

『署名TV』藤田幸久議員を応援し、9.11のテロ事件の真相を追究!
http://www.shomei.tv:80/project-544.html

資料調査協力

MIXI　911 テロ真相究明関連コミュニティ　有志のみなさん、他

巻頭写真　出典

口絵写真 A　米国 FBI
http://www.fbi.gov/wanted/terrorists/terbinladen.htm
口絵写真 B　米国 The Library of Congress
http://www.loc.gov/index.html
口絵写真 C、D モサウイ裁判の資料写真
http://www.vaed.uscourts.gov/notablecases/moussaoui/exhibits/prosecution/
口絵写真 E、H、J　米国国防省
http://www.defenselink.mil/dodcmsshare/newsstoryPhoto/2001-09/scr_200109114a_hr.jpg
口絵写真 F、G、K　米国国防省、GとKは童子丸氏加工
http://www.defendamerica.mil/images/photos/
口絵写真 I　モサウイ裁判資料、
http://www.vaed.uscourts.gov/notablecases/moussaoui/exhibits/prosecution/PE00102.html
口絵写真 L
http://www.asyura2.com/bigdata/up1/source/5772.jpg
口絵写真 M
http://www.kolumbus.fi/totuus/img/wfc3.jpg
口絵写真 N
http://www.plaguepuppy.net/public_html/gallery/xrollingcloudfromtower.jpg
口絵写真 O　オリジナル、URL ともに消失不明

本書のお取り扱いについてのお願い

9.11関連の研究会、講演会、イベント、マスコミ、インターネットなどで、本書を資料として活用するために、複製コピーなどをなされる場合は、原則としてお手数ですが、ご一報ください。また、本書をブログ等を含むメディアでご紹介いただく場合は、カバー画像をはじめ、新しい関連情報をご提供できることがあります。

9.11テロ疑惑国会追及――オバマ米国は変われるか

発行日　2009年4月1日　初版

編著　藤田幸久（ふじたゆきひさ）

共著　デヴィッド・レイ・グリフィン　きくちゆみ　童子丸開　千早

デザイン　中嶋直幸

発行人　河西保夫

発行　株式会社クラブハウス

〒107-0062 東京都区港区南青山5-17-2

TEL03-5766-5514（代）　FAX03-3498-5340

kawany@sohoguild.co.jp

SOHOギルド　http://www.sohoguild.co.jp/

印刷　日本ハイコム株式会社

ISBN978-4-906496-43-3

© 2009　CLUBHOUSE Co;Ltd:　Printed in JAPAN

定価はカバーに表示してあります。

乱丁、落丁本はご連絡いただければお取替えいたします。

本書の一部、あるいはすべてを無断で複写印刷、コピーすることは、

法律で認められた場合を除き、著作者、出版社の権利の侵害となります。